城市社区

生态的文明营造
与理想城市构建

巢小丽　黄亮　编著

中国言实出版社

图书在版编目(CIP)数据

城市社区生态的文明营造与理想城市构建 / 巢小丽，
黄亮编著. -- 北京：中国言实出版社，2024.12.
ISBN 978-7-5171-5022-0

Ⅰ. D669.3

中国国家版本馆CIP数据核字第2025KG3854号

城市社区生态的文明营造与理想城市构建

责任编辑：宫媛媛
责任校对：张国旗

出版发行：中国言实出版社
　　　　　地　　址：北京市朝阳区北苑路180号加利大厦5号楼105室
　　　　　邮　　编：100101
　　　　　编辑部：北京市海淀区花园北路35号院9号楼302室
　　　　　邮　　编：100083
　　　　　电　　话：010-64924853（总编室）　010-64924716（发行部）
　　　　　网　　址：www.zgyscbs.cn　电子邮箱：zgyscbs@263.net

经　　销：新华书店
印　　刷：北京虎彩文化传播有限公司
版　　次：2025年2月第1版　　2025年2月第1次印刷
规　　格：710毫米×1000毫米　　1/16　　15.25印张
字　　数：226千字

定　　价：69.00元
书　　号：ISBN 978-7-5171-5022-0

编委会

编写组顾问

黄　亮　包　焱　束　琴

编写组组长

巢小丽

编写组成员

张志刚　柳婷婷　朱　江　谷雅静

吴华梅　王瑞璞　吴玲倩　朱周燕

崔玉美　励　莹　陈　斌

前　言

  自城市诞生之日起，因其"自由、机遇和丰富的多样性"特征，吸引越来越多的人从农村来到城市，城市快速崛起，城市化率不断提升。城市化过程中，随着人口的增长，城市日渐繁荣、庞大，每座城市在规划、建设、发展过程中均包含并表达了人类对城市生活和所居住环境的美好向往。

  回望数千年城市发展史，从斯卡莫齐的理想城市、乌托邦、太阳城，到霍华德的田园城市、戈涅的工业城、柯布西耶的明日都市、赖特的广亩城市等，这些都是人类对美好城市生活和理想发展追求的直接反映。我国城市的发展也是如此。无论是 21 世纪初开启的"全国文明城市"创建，还是近年来"品质城市""人民城市""未来社区""完整社区"理念的陆续出现，以及上海市"2040 卓越全球城市"战略的提出，人人都希望自己能生活在一座理想城市里面，这座理想的城市不仅承载着人们的居住愿景、生活需求和生存理想，还能在其间感受到便利、闲适、自由与公平，并伴随洁净、温馨、有序、和美的城市环境。

  经验表明，城市品质提升给城市发展带来显著正效应。这直接体现为每个城市所展现出来的优越人居环境和卓越城市品质，会让城市拥有日臻强大的国内影响力或国际都市魅力，推动城市经济社会文化整体生态健康发展，进而让这座城市成为人们所追求理想城市的符号与象征。因此，对美好城市生活和未来世界的憧憬成为人类在城市发展建设中不断前行、开拓创新的强劲动力，致力于对美好城市生活构建和理想城市塑造。

新中国成立以来，我国经历了世界历史上规模最大、速度最快的城镇化进程，城市发展取得举世瞩目成就。最新数据显示，截至 2023 年底，我国城市化率达 66.16%，城市的个数达到 694 个，其中，地级以上城市 297 个，县级市 397 个，建制镇 21421 个。中国城市建设的巨大发展，体现于五个方面[①]：

第一，市政设施明显改善。1949 年底，全国只有 72 个城镇建有自来水厂，供水管道 6589 公里；污水处理厂仅 4 座，日处理能力 4 万吨，排水管道 6035 公里；有供气设施的城市仅 9 个，年供气总量为 3970 万立方米；全年城市维护建设资金支出仅 17 亿元。至 2022 年，供水管道长度达 110.3 万公里，年供水总量 674 亿立方米，供水普及率 99.4%；供气管道长度 99 万公里，年供气总量为 2544 亿立方米，燃气普及率 98.1%；污水处理厂达 2894 座，日处理能力 21606 万立方米，排水管道 91.4 万公里，污水处理率达到 98.1%；生活垃圾处理率达 99.98%，无害化处理率为 99.90%；城市公厕 19.4 万座，市容环卫专用车辆设备 34.2 万辆；城市集中供热面积达 111.3 亿平方米，管道长度 49.3 万公里；城市地下综合管廊长度为 7094 公里；道路照明灯 3352 万盏；全年城市市政公用设施建设固定资产投资达 22310 亿元。城市基础设施及网络不断优化，设施质量持续提升，服务能力显著增强。

第二，交通出行更加便利。1949 年底，全国城市道路面积 8432 万平方米，拥有公共交通设施的城市仅 27 个，公共汽（电）车 2299 辆，步行，骑乘自行车、人力车是市民比较普遍的出行方式。该时期城市交通非常落后，装备陈旧，发展缓慢。到 2022 年，全国城市道路长度达 55.2 万公里，道路面积 108.9 亿平方米，人均城市道路面积 19.3 平方米；公共汽（电）车运营车

---

① 以下有关中国城市发展的五个方面数据均引自中国政府网转发的国家统计局网站所发布的"沧桑巨变换新颜　城市发展启新篇"，网址：https://www.gov.cn/lianbo/bumen/202409/content_6975920.htm，2024 年 9 月 23 日。

辆 70.3 万辆,运营线路总长度 166.4 万公里,客运总量 353.4 亿人次;55 个城市建成轨道交通线路,建成线路长度 9575 公里,运营里程 9555 公里,客运总量 193.1 亿人次;出租汽车 136.2 万辆。交通运输得到持续投入,基础设施建设力度不断加大,运输保障能力显著增强,城市公交、地铁、城铁、出租车、网约车和各类共享车辆极大方便了市民出行。

第三,邮政通信更加方便快捷。新中国成立之初城市邮电通信发展水平低,网络规模小,生产设备老旧,物资信息交流方式落后。伴随改革开放和技术的进步,邮政通信业蓬勃发展,快递业与电商、制造业等行业深度联动,与综合交通运输体系有效衔接,产业链不断延伸,触角直达城市的各个角落。尤其党的十八大以来,通信技术从 3G 追赶、4G 并行到 5G 领先,实现跨越式发展;信息技术不断迭代,"互联网+"融入城市的各行各业,改变着民众生活的方方面面。到 2023 年,地级以上城市(全市)邮政业务收入累计完成 14845 亿元,比 2012 年增加 3.9 倍;快递业务收入 11647 亿元。地级以上城市(全市)电信业务收入 15350 亿元,比 2012 年增加 40.4%;移动电话年末用户 16.4 亿户,比 2012 年增加 38.2%;5G 移动电话用户 7.9 亿户;固定宽带接入用户 6.2 亿户。

第四,人居环境更加优美。我国城市环境基础设施建设经历了从低水平起步到迅速发展的过程。1981 年,城市建成区绿地面积 11.0 万公顷,其中,公园绿地面积 2.2 万公顷,公园面积 1.5 万公顷,人均公园绿地面积 1.50 平方米。随着城镇化进程的不断加快,环境污染治理和生态保护力度逐步加大,城市环境基础设施建设加速推进。党的十八大以来,作为"五位一体"总体布局重要一环的生态文明建设受到高度重视,"绿色城市""海绵城市"建设如火如荼,城市人居环境更加美丽。到 2022 年,城市建成区绿化覆盖面积 282.1 万公顷,建成区绿化覆盖率 43%;建成区绿地面积 258 万公顷,建成区绿地率 39.3%;公园面积 67.3 万公顷,公园绿地面积 86.9 万公顷,人均公园绿地面积 15.3 平方米。

第五,生活水平显著提高。1978 年,城镇非私营单位就业人员平均工资为615元，城镇居民人均可支配收入343元，人均消费支出311元。改革开放以来，城市居民收入大幅增长，消费水平明显提升，生活质量显著改善。党的十八大以来，陆续出台的一系列惠民政策措施，特别是精准扶贫战略更带动了城市居民收入的持续增长，消费水平和生活质量进一步提高。到2023年，城镇非私营单位就业人员平均年工资达120698元；城镇居民年人均可支配收入51821元，年人均消费支出32994元。2013—2023年累计实现城镇新增就业超1.4亿人，城镇调查失业率除2020年、2022年受疫情影响外，其他年份均保持在5.5%以内，城市居民生活水平显著提高。

显然，自新中国成立以来我国城市建设取得巨大进展，人居环境更为优美、设施设备更为齐全、交通运输更为便捷、城市通信更为便捷、生活水平显著提升，我国城市在整体建设和城市面貌上均发生了翻天覆地的变化。

然而，城市的建设和发展又不总是直线前行的，此过程中会出现发展的问题和矛盾。如西方工业革命之后，国外城市化的推进几乎让以"规整道路网格结构、机械划分的用地布局、千篇一律城市景观"为特征的现代主义城市构建方式占领了全世界。从表面上看，现代主义城市模式取得"完胜"。但是，拨开城市发展"迷雾"，现代主义城市模式"霸屏"背后，国外诸多城市在人文、传统、环境等各领域的矛盾和冲突却越来越无可掩盖。即便如纽约、巴黎、东京这样闻名全球的世界城市，近些年来也出现环境恶化、犯罪高发等城市问题。

回看中国城市发展历程，在城市快速发展、取得巨大发展成果的同时，现代城市生活与需求亦发生变化。一方面，进入新时代，社会主要矛盾转化为人民日益增长的美好生活需要和不平衡不充分的发展之间的矛盾，这在城市层面体现为居民生活需求多样化，以及对生存环境优质化、基本公共服务均衡化等的更高期盼；另一方面，全国各个城市在自身发展过程中，所凸显的街区老化、环境污染、公共资源不足、交通拥堵、服务供给效率不够高等系列亟须应对的难题。

显然，世界各国的城市建设均出现发展理想与居住现实之间的矛盾与冲突。当前情境下，如何去构建更为美好的城市，实现城市居住理想与和美城市生活？民众心目中的理想城市与和美城市生活是怎样的，应该包括哪些内容？目前这些内容发展得如何，与民众期许之间的契合度怎么样？哪些领域是相对薄弱的，需要去重点并有针对性地持续关注？等等。这些问题是城市发展和建设管理研究者必然会关注并想要解决的重要议题。而城市社区作为城市生活的基础性单元和最微型空间，就成了观察和研究理想社区、理想城市的最佳视点。正因为如此，上海城建职业学院城市运营管理学院"城市社区生态的文明营造"科研项目应运而生。

人们提及生态文明时多指向广大乡村社区，并主要指向乡村社区的自然生态环境建设与改造，而从理想城市构建的视角来看城市社区生态文明建设与乡村社区生态文明建设目标在本质上是一致的，均指向以人民群众为中心的逻辑起点，和促进所在区域可持续发展的逻辑终点。对城市社区生态的文明营造而言，其范畴不局限于城市社区所构造形成的外在自然环境、人工环境、设施设备等硬件方面，其他的诸如社区经济形态、文化氛围、社会组织、秩序安全、治理技术等城市社区生活所必需的内在性软件方面也应包括在内。

由此，"城市社区生态的文明营造"科研项目试图既构建出一套反映、提升并优化当前城市生活品质、居住品质、生存品质的"城市社区生态（和美）指标体系"，还要以丛书形式撰写一系列系统性探索理想城市美好生活的学术成果。在上海城建职业学院黄亮教授、包焱副院长、束琴副书记等顾问的指导下，经过学院十余名老师的共同参与和努力，科研项目的第一项成果——《城市社区生态的文明营造与理想城市构建》完成。

本书坚持以习近平新时代中国特色社会主义思想为指引，聚焦城市中与民众生产生活相关重要实践性议题，紧密结合城市运营管理学院现有学科优势和师资特色，引入城市生活最微观和基础性单元——居委会社区，跨越工程科学与社会科学分野，综合建筑学、经济学、社会学和管理学等理论视角，从"社区资源、社区规划、社区组织、社区经济、社区文化、社区服务、社区治理、社区环境、社区安全、智慧社区"十个方面进行理想社区和理想城市的思考与探索。

本书各章节内容具体如下：

前言是对《城市社区生态的文明营造与理想城市构建》研究源起、背景、目标和内容的简述，是全书的提纲挈领，之后各章节依次按照顺序呈现各自内容。

第一章社区资源是社区生活的基本前提，也是理想社区的物质载体，探讨理想城市应该拥有和具备的硬软件基本条件及设施设备等配套资源。第二章社区规划是在所具备社区资源基础上，对社区经济布局、环境景观、文化氛围等城市生产生活的全方位布局与设计，要符合城市民众需求，使所居之地达臻美好。第三章社区组织是城市社区中异质性人群所形成的不同社会组织集合，反映了生活在城市同一区域的人们在生活、组织和治理方式的多样性、丰富性和开放性。第四章社区经济是城市生产生活的前提和基础，理想的社区经济形态让所居住区域的民众享有丰富且便利的社会化和商业化服务，且易于就近就业。第五章社区文化是决定城市社区特质、社区凝聚力、社区归属感的重要因素，城市中人们的诸多珍贵情感和感受，如幸福感、满意度、依恋感、归属感皆源于此。

第六章社区服务是中国城市社区出现的最早功能，是在基础设施设备等硬软件资源完备情况下，社区服务管理机构对城市民众服务供给情况和需求满足的程度。第七章社区治理是中国城市发展的新阶段，是共建共治共享社会治理新格局的基础，主要探讨城市社区治理主体的多元、治理主体之间的合作与协同，实现城市社区公共服务的完善、公共事务治理的高效，以及社区秩序的和谐。第八章社区安全是城市现代化程度和社会和谐文明程度的外化体现，主要探讨城市社区公共安全、交通安全、消防安全和应急安全，具体如社区秩序是否有序、和谐，安全隐患、纠纷、不满是多还是少，投诉能否得到及时解决，居住者是否感觉到安心并安全。第九章社区环境，与社区资源、社区规划、社区服务关联性极强，是社区治理主体，尤其社区管理机构对环境维护和营造的效果，让城市居住者体验到舒适、美好与洁净。第十章智慧社区，之所以将之放在最末篇，一方面是体现了数字化、信息化、网络化是时代发展的必然；另一方面强调数字化、信息化、网络化是理想社区构造过程中的技术支撑和效能提升工具。重点探讨和理想社区相关的社区资源、社区组织、社区服务、社区安全等在信息化和智慧化领域的发展应用程度，给城市社区生活所带来的影响，以及如何推动理想社区、理想城市的实现。

本书难免存在缺憾之处，敬请指正。

编 者

2024 年 10 月 20 日

目 录

第一章　社区资源

第一节　社区资源概念

一、社区资源的一般性理解

提及社区资源，通常会联想到以下内容：

社区内一般都有若干公共设施，如公园、运动场、图书馆、社区中心等，为居民的休闲学习与社交活动提供场所，因此，社区公共设施的重要性不言而喻。

小区周围各种各样的商业设施，如便利店、超市、商场、餐馆、咖啡店等，为小区居民的日常生活和购物提供了方便。一些大型综合类商场还为小区居民提供更多的休闲娱乐场所。这样的商业设施不仅满足了居民的购物需求，也为居民提供了一个多元化的活动场所。

社区中相应医疗设施，如医院、诊所、药店等，方便了居民就医购药，为居民医疗保障提供了便利。

社区中的教育资源，如学校、幼儿园、培训机构等，为居民提供学习训练空间，使居民获得更好的教育机会。

社区周边的交通运输及运输配套设施。小区内平时设有公交场站、地铁站等为居民提供便利的公交站点。另外，小区内或有停车场等交通设施，并设有自行车道。

社区的安保设施。小区内平时设有治安设施，如派出所或民警值班岗亭、消防站等，为居民的安全保驾护航。

社区内的文娱配套设施，如剧场、影剧院、艺术陈列馆等文娱设施，满足居民多元化的文化娱乐需求。

二、学术界对社区资源的探讨

（一）城市社区有形公共资源

城市社区公共资源的存在形态和受益范围限于城市社区地域空间，其是由城市社区管理机构、自治组织、社会组织和居民共同拥有或控制的资源。在城市社区的公共资源中，有些是可以观察得到的，或者是直接可以触摸得到的，如社区公共草地、河流、林木、广场、自然景观等，这就是有形公共资源。

（二）城市社区有形公共资源的功能

城市社区公共资源着眼于城市的基层社区，在使用的受益上更加贴近于普通的市民。自然资源和经济资源等有形公共资源在城市社区居民公共生活中直接发挥作用。城市社区公共草地、公园等是城市居民娱乐和文化生活的场所，甚至是城市组织和居民进行经济活动的对象。人力资源常常是容易被人们忽略的一种资源。城市社区人力资源是社区活动得以进行的人员保证，不仅是营利性生产活动的必要条件，也是许多非营利性的公共活动的参与主体。人力资源得不到足够的重视和恰当的动员很容易被浪费，进而影响社区活动的正常开展，即"有人没事干，有事没人干"。城市社区公共设施是城市社区最常见、最重要的经济资源，在社区居民的日常生产、生活中发挥着重要的作用。公共设施不完善，居民的日常生活没有便利性可言。像公园里的健身设施、街道马路边的路灯、水电设施等，都是居民生活离不开的公共资源。财政资金更是社区治理中最重要、最直接的一种公共资源，社区治理许多项目都需要资金支持，没有足够的资金支持，很多项目的开展都具有一定的难度，甚至根本无法开展。因此，财政资金应当是一个广义的货币概念，不仅包括上级政府部门拨付社区管理机构的资金，还应当包括各类慈善机构、公民组织和企业部门捐献或者主动投入社区活动的资金资源。之所以把资金资源看作公共资源，是因为其使用目的是促进城市社区公共利益，在一定程度上具有公有特征。

总之，有形的公共资源是城市社区居民生活的物质基础和保证，一切社区活动皆以它作为前提。这些有形公共资源在传统城市社区治理过程中发挥着基础性的作用，有形公共资源的使用和配置问题也是城市社区治理机构主要调控的对象。但是随着社会的进步，人们越来越把关注点放在文化、组织、制度等无形的资源体验上，这就越来越凸显城市社区无形公共资源的重要性。

（三）城市社区无形公共资源

城市社区中存在大量的无形公共资源，这些无形公共资源有两个特点：第一是无形性，即无法直观发现，但是切切实实地存在，并在城市社区公共生活中发挥着潜在的作用；第二是非货币性，即很难或者不能用货币来衡量的，也很难用金钱购买的。总的来说，主要有以下几种无形公共资源：

一是组织资源。城市社区里存在大量的组织，有官方背景的城市基层政府及其派出机构、党团组织、妇联工会等，有非营利性组织，如各类慈善机构、基金会、志愿者团体等，还有营利性的企业组织，它们都是城市社区公共事务的组织者和参与者。这些组织可以把城市居民的生活、工作有序地调动起来。从这个意义上看，城市居民的生活离不开各类组织，各类组织也不能脱离城市居民而存在。作为一种公共资源的社区组织，是居民私人生活和公共生活得以进行的渠道和媒介，社区组织的发展状况和发展水平直接决定了城市社区公共生活状况。事实上，组织资源是制度化的组织机构，只有规范的、有序的组织结构才成为一种组织资源，这就意味着城市社区组织不仅是其他公共资源整合的主体，其自身作为一种组织资源也要形成规范的、有序的组织关系。同时，我们也应该看到，城市社区存在着各种非正式的组织。非正式组织最早由梅奥通过著名的"霍桑实验"提出。巴纳德将非正式组织看成"一种没有固定形态的、密度经常变化的集合体"，指人的接触、相互作用和聚集的总合。他指出，非正式组织具有两种功能：一是非正式组织可以使人们形成一定的态度、理解、风俗、习惯等；二是非正式组织为正式组织的产生创造条件。在城市社区也存在着大量的非正式组织，社区居民基于感情、习惯、喜爱、相互依赖等形成松散的、没有正式规定的群体。在城市社区治理过程中利用这些群体可以促进正式组织和成员之间的沟通，培育社区成员之间的认同感和向心力，以及在执行社区治理公共政策的时候减少执行成本。

二是制度资源。制度是人类互相交往的行为规则，制度能够抑制人际交往中的任意行为以及机会主义行为。在城市社区中，存在着各种各样的制度，既包括国家法律法规、社区行为规范等外在制度，也包括社区居民在长期生产生活中潜移默化地形成的习惯、习俗、伦理规范等内在制度。我们把制度看成一种公共资源，是因为我们看到制度在调节社会行为、化解社会矛盾以及提高经济绩效等方面有着非常重要的意义。新制度主义理论也把制度看作是促进经济增长的重要内在变量，诺思提出这样的论断：制度在社会中具有更为基础性的作用，它们是决定长期经济绩效的根本因素。如果城市社区各种制度之间能够形成良好的互动关系，排除相互之间矛盾与冲突，就能最大程度地促进市场行为和公共治理行为的有效性，减少社区组织之间、社区组织与居民之间的交易成本，从而形成一种有效的制度资源。

三是信息资源。在大数据时代，信息是一种非常珍贵的资源，谁掌握的信息多，谁就在日益激烈的竞争环境中占据主动优势。城市社区的信息资源主要有几个种类：经济社会发展指标，如宏观社会经济发展状况、财政收支状况、生产指数和消费指数等；国家制度资源的发布情况，如公共政策的内容、新出台的法律法规等；常用生产生活的基本信息，如天气状况、城市道路车流情况、公共突发事件信息等。新制度主义经济学认为，交易成本的存在是由于信息是有成本的，以及信息在交易双方的分布是不对称的。因此，城市社区组织之间、社区组织与居民之间，甚至居民相互之间的相互交往都依赖于充分的信息交流、信息沟通，如果信息交流、信息沟通不畅，就会产生大量的交易成本，不利于城市社区公共事务的优化处理。而如果这些信息资源能够在社区组织和居民之间及时传达和共享，就可以使得社区治理行为和居民私人生活行为变得更有预见性。因此，城市社区信息资源也是一种重要的公共资源。

四是文化资源。文化是一种重要的软实力。文化是一定区域内的群体在长期的生活中所形成的关于本群体的集体记忆、传统习俗、生活方式、行为规范、价值观念以及思维方式等总称。社会学家郑杭生认为，社区文化包括人类的物质生活方式和精神生活方式，前者主要指人们的衣食住行、工作以及娱乐的方式，后者主要是指人们的信仰结构、价值结构（追求、期望和时空价值等）和规范结构（习俗、道德、法律等）。这就是说文化的范畴包括了物质层面的文化和精神层面的文化。之所以把社区文化看作一种公共资源，是因为文化也在城市社区公共生活中扮演着重要的角色，恰当地运用文化传统可以促进社区共识和居民互助行为的形成，在整合其他公共资源时也有助于形成社区组织和成员之间的集体行动，共同解决社区的公共问题。①

三、本书所论及社区资源

综上，城市社区有着丰富多样的资源，主要可以概分为社区公共资本资源、社区公共环境资源、社区公共人力资源和社区公共信息资源四大类。如街道、广场、健身器材、建筑物等是社区的公共资本资源，社区生态、社区绿化、社区照明等属于社区公共环境资源，社区组织（居委会、志愿组织、妇联等）就是社区中的公共人力资源，而社区规范、社区文化和社区精神等方面便属于社区公共信息资源。社区资源是居民日常生产生活和社区发展的重要保障，贯穿于社区规划建设和管理建设中。本书所讨论的社区资源主要是指社区公共资本资源和社区公共环境资源。

第二节　社区资源发展变迁回溯与分析

自城市诞生以来，社区资源一直在不断发展变迁中。社区资源的发展

---

① 叶良海.城市社区公共资源的整合与共享 [J]. 重庆社会科学，2016（12）：40-42.

历程不仅反映了社会、经济、政治、文化和科技的发展趋势与变化，也体现城市发展历程。城市的发展与社区资源变迁有着紧密联系。

一、社区资源发展变迁史

（一）原始阶段的社区资源

中国古代最早的城市产生于公元前 21 世纪的夏朝。中国古代原始社区不仅有街道、集市，还有房舍、手工作坊、庙宇、道观和墓区。社区居民还有自己独特的文化层次、身份、贫富结构和社区自身的管理系统，形成自己丰富多彩的社区生活。[①]

在原始阶段，社区的房屋一般都是以砖木结构或土坯房为主的简易房，建筑较为简陋。这些房屋往往只有一层，仅满足基本居住需求，配套设施并不多见。原始阶段的社区资源主要有以下几个方面内容。

基本生活设施和服务：提供道路、水源、排水系统、公共浴室、卫生间等基础设施及服务。原有的社区也会为了满足人们的日常生活需要而设置集贸市场、商店以及市政设施。

教育和文化传承：原始社区通过设置书院、寺庙等方式提供教育，传承文化。社区里的长者、知识分子，往往充当教育、文化的引导者，把知识、价值观传授给后辈。

社会互助和支持：原始社区是居民互帮互助的重要场所，资源共享，资源配套。原始社区通过建立共有耕地、水井和粮食储备库等，为需要帮助的居民提供基本的生活保障。

社区活动和娱乐：原始社区举办庙会、赶集、文艺演出等丰富多彩的社区活动和娱乐活动。这些活动既为居民提供了娱乐的机会，又增强了社区的凝聚力，增强了居民的归属感。

原始社区在不同的文化和社会背景下，其作用和特点是具体的。由于时代和地域差异，社区资源服务功能并不是一样的。原始社区的服务功能旨

---

① 江亚南 . 中国古代城市社区管理功能浅析 [J]. 兰台世界，2013（3 月下旬）：10.

在提供一个稳定、安全、互助且符合基本居住需求的居住环境。

（二）城市化阶段的社区资源

城市化初期。随着城市化进程的推进，社区建筑物开始呈现多层化的趋势。高层住宅和公寓开始出现，以满足不断增长的人口需求。此时，社区建筑物的设施也开始逐渐完善，如小区公园、商业设施、儿童游乐场等。

城市化中期。在城市化进程中，社区建筑物的功能也开始多元化。除了住宅建筑外，商务楼、办公楼、医疗机构和学校等公共设施也开始在社区内建设。此时，社区建筑物的品质也得到提高，往往采用现代化的设计和建筑材料。

城镇化步入成熟阶段。在小区建设逐步成熟的情况下，小区建筑的规划设计更注重人文关怀，注重可持续发展。社区楼宇具备多种用途，如住宅、写字楼、商业、娱乐等，功能更齐全。此外，绿地和公共景观的绿化环保也成为小区建设的重点。

城市化社区的建筑及其功能包括以下几种：

住宅。最常见的城市化社区楼盘，当属住宅。这些住宅可以是共管公寓，也可以是别墅，也可以是城市住宅区，也可以是高层公寓等。它们为人们提供了栖息之所。

商业配套。商场、超市、零售商店和餐饮场所等城市化社区都会有商业配套，为市民提供逛街、吃饭、娱乐等服务。

社区中心。社区中心是可用于组织各种社区活动的多功能场所，在城市化的社区中都有，包括可满足居民娱乐、文化、体育需求的会议厅、剧场、体育场地等设施。

教育配套。学校、图书馆、幼儿园等教育设施将在城市化的社区中建立起来，让居民有机会接受教育和培训。这些设施为居民日常学习提供了便利的条件。

医疗设施。在城市化社区中，医院、诊所、药房等医疗设施，为居民提供医疗服务及紧急救援服务和药品配送服务。

公共设施。公园、体育场馆、游泳池、健身房、儿童游乐场等公共设施是城市化社区中必不可少的部分，为居民的休闲娱乐和锻炼身体提供了便利条件。

政府机构。城市化社区中设有的政府机构或行政办公场所，如市政府、警察局、法院、邮局等，为居民提供全方位的行政服务法律保护和邮政服务，以方便居民的生活。

这些建筑物和设施共同构成了城市化社区的基础设施，具备为城市居民提供居住、工作、教育、医疗、娱乐和社交等多种服务的功能。

（三）未来城市的社区资源

2020 年清华大学与腾讯研究院联合发布的《WeSpace·未来城市空间》报告，将新技术与城市空间结合，提出未来城市空间发展十大趋势，强调了技术创新所带来的个人空间体验变化。周红君结合浙江省未来社区建设经验，认为未来城市建设应该更加关注社区绿地系统、公共配套设施、公共交通设施和适老化设施等方面。[1]袁奇峰等依托杭州市"之江未来社区规划工作营"，探讨未来社区规划建设，涉及"街区开放、组团封闭"的空间组织模式、功能多元混合的用地布局、低碳生态循环的社区环境、智慧技术的应用迭代及促进多主体参与的协商共治五个方面。吴歆悦等通过对未来社区内涵进行深入研究分析，提出了人本、科技、生态相结合的"未来社区创新建设模式"[2]。

整体上看，人们在探索未来城市社区时已明确了人本思想、高新技术赋能和可持续化发展目标。未来城市社区发展将更加重视智慧化和绿色低碳环保，很多新技术和科技应用都会广泛融入社区建筑，如智能家居系统、绿色能源系统等。以下是其中五个重要应用领域：

第一，利用智能家居系统让居民通过手机或其他设备远程控制房屋的照明、温度、安防等设备。智能住宅还能利用智能传感器和自动化系统来优

---

① 周红君.城市发展整体视角下的未来社区规划建设策略探讨 [J].工程建设与设计，2020（13）：118-120.

② 吴歆悦，李雪艳."未来社区"创新模式初探：以南京玄武老城区区域城市更新为例 [J].设计，2021，34（5）：131-133.

化能源的使用和节省能源，提高住宅的能源使用效率。

第二，利用智能电网及能源管理体系，最大程度地利用可再生能源并提高能源利用效率。智能监控系统将帮助优化能源的分配和利用情况，从而减少能源浪费和碳排放。同时，智能能源管理系统还将为居民和企业提供安全可靠的能源供给，从而实现生态社区的可持续发展和能源资源的有效利用。加强智能能源管理是打造生态社区的必然要求，也是当前社会的发展趋势。

第三，智慧交通是打造智能生态社区的必然要求之一，智慧交通系统将帮助提高运输的效能与安全性。通过智能通信与导航技术等手段实现交通流量的最优利用与实时交通信息的及时传递，进而推广低碳交通方式，如共享出行和电动汽车等；通过智慧交通系统的建立与运用，使社区的运输更加高效安全。因此，智能生态社区在智慧交通方面的运用是随着社会发展而产生的必然要求。

第四，运用智能垃圾管理系统。该系统集成了智能垃圾桶以及分类辨识技术。智能垃圾桶将自动侦测垃圾容量并定时清理；通过分类辨识技术，可以自动辨识垃圾种类并进行精确分类和回收，从而有效减轻人工操作对环境的影响和对资源的浪费。通过智能垃圾管理系统的应用，实现对社区垃圾的有效管理。

第五，应用智能技术手段提供各类社区服务，包括智能门禁系统、在线社区平台、智能物业管理等方面的内容。居民能够通过手机 APP 实现在线社区活动报名、物业服务申请等，进一步提高社区服务的便捷性和有效性。随着社区智能化程度的不断提高，居民的生活也将因此受益。

二、社区资源发展变迁特点及趋势

（一）社区资源发展变迁特点

1.多元化和复合化

社区资源发展变迁的特点之一是多元化和复合化。传统上，社区资源主要包括教育、医疗、文化、娱乐等公共资源。但随着社区功能的不断拓展，社区资源的种类也越来越多样化和复合化。现代社区不仅需要满足居民的基本生活需求，还要适应特殊群体和新兴行业的需求。例如，创业孵化器、共享办公空间、养老服务中心等都是现代社区中涌现出的新兴资源。

2. 整合和协同

社区资源的整合和协同是今后社区发展的大趋势。社区内包含各种资源，但有关社区资源的信息差和管理的专业化分工，往往也影响这些资源是否能被有效充分利用。社区资源的整合和协同可以有效帮助社区管理方实现资源的高效利用。社区管理方可通过在社区内建立资源共享平台和机制，提高整个社区资源的利用效率和服务效果。

3. 个性化和差异化

社区资源的发展应匹配人的个性化发展与差异化需求。不同社区可以根据自身的地位优势和业主需求，采取集中优势和资源侧重。例如，一些社区可能更注重教育资源的发展，而另一些社区可能更注重医疗资源的建设，还有一些社区又可能注重文化资源的建设。所以，社区资源的规划和建设应根据社区特点，注重群体的个性化和差异化。唯有这样才能够更好地满足居民的需求，提升社区的竞争力和影响力。

4. 可持续发展

社区资源要围绕可持续发展做文章。可持续发展是强调经济与环境、社会协调发展的综合性发展模式。可持续发展的社区资源包括节约利用资源、循环利用资源，也包括重视环境保护、重视社会责任等方面的内容。如在小区建设中，为减少对自然环境的影响，为小区可持续发展奠定基础，应注重节约能源利用，提倡使用可再生能源，提倡低碳出行等。

5. 创新和科技驱动

快速发展的科学技术深刻地影响着社区资源的开发。智慧城市解决方案、物联网、人工智能等新技术的应用，可以提升管理效率，提升社区资源的服务品质，打造更加智慧便捷的社区环境。通过智能化的技术，信息化的平台等，能够把社区的资源管理起来，利用起来，能够把服务做得更好，更高效。比如社区交通的智能调度，停车的自动化管理，都可以通过智能管理系统来实现。社区内的各类资源信息、预约服务等，都可以通过信息化平台方便居民查询。科技的发展将为规划和建设社区资源提供更多便利，提供更多可能。

（二）社区资源发展变迁趋势

1. 综合化发展

社区资源开发渐趋全面。这是由于居民对社区资源的需求不再局限于单一功能的满足，而变得越来越多元化、复杂化。例如，现代社区往往需要提供满足不同居民需求的多种功能，如教育、医疗、文化、体育、商业等。因此，为提供更全面、更优质的服务，社区资源的开发将更加注重多功能的集成。

2. 社区共享

在社区资源开发中，社区共享即社区资源共享，是一个重要的潮流。通过社区共享，提高社区公共资源利用效率，增加社区公共服务供给。比如，可以为创业者提供共享的办公场所，可以为社区老人提供共享社区养老服务中心的床位等。社区共享的实现，需要居民具备共享意识，也需要建立和完善社区共享的平台和机制。

3. 社区参与

社区参与是社区资源开发的一个重要方式。社区建设与资源开发，不是仅需要政府或开发商的参与，还需要居民的参与配合。通过参与社区规划、资源调配等环节，使社区居民各抒己见，建言献策，促进社区资源整体开发。同时，社区居民也要积极参与社区的各项活动和服务，利用社区资源的同时也为社区提供服务。

4. 民生导向

民生导向是社区资源发展的趋势。社区资源的开发要以满足居民基本生活需求为出发点，以提高居民生活质量和幸福感为目标，以满足居民基本生活需求为出发点。社区是居民生活的重要场所，发展社区资源要始终以居民的实际需求为导向，以人为本，最大程度为居民服务是发展社区资源的根本目标。

5.环境友好

环境友好是社区资源发展的潮流之一。发展社区资源要以保护环境、发展可持续为重点。要选择能够减少对自然环境影响、提高资源利用效率和能源节约程度的环保材料和技术。同时，在促进绿色发展、为社区可持续发展贡献力量的同时，发展社区资源的也要重视社会责任，遵守相关法律法规。

三、不同国家和我国不同城市、不同街区社区资源差异

（一）不同国家社区资源差异

1.新加坡的社区资源与功能

新加坡作为一个高度发达的城市国家，很注重社区建设和发展。社区资源在提供基本服务、促进社会融合和增强居民福祉方面发挥着重要作用。新加坡按照区域—市镇—邻里中心（社区）—组团"四级中心"制定了明确的规划指标体系，用以指导公共生活服务设施的建设。在市镇总体规划中新加坡被划分为5个大区域，每个区域包含一个区域中心，设有大型商业中心、图书馆、公园、公共服务机构、交通转换站等。5个大区又包含27个市镇，每个市镇设有1个镇中心和5—8个邻里中心。市镇配套的公共设施主要集中在镇中心及其周围，如商业中心、图书馆、公园、学校、医院、养老院、邮政、宗教场所、体育馆、游泳馆、就业中心和交通转换站等。邻里中心一般建有一幢建筑面积5000—10000平方米的综合楼，内设购物中心、邮政、银行、医务所、托儿所等。每个邻里中心包含6—7个组团，每个组团包含4—8幢组屋，组团中心设有儿童游乐场所、便利店等。①

新加坡的社区资源在增进社会融合和居民福祉方面发挥了举足轻重的作用，这些资源在教育领域有广泛的覆盖，在医疗保健领域为居民提供优质的医疗服务。社区资源的丰富多样满足了居民的基本需求，有力地促进了新加坡社会的发展和居民的整体福祉。社区资源的成功得益于政府的支持和社

---

① 郑铭.新加坡社区建设和社区治理模式研究 [J].浙江建筑，第39卷，2022（1）：12.

会的参与，为世界各国提供了一个值得借鉴的模式。

2. 法国巴黎的社区资源与功能

巴黎是欧洲的标志性城市之一，巴黎推出了"15分钟巴黎"计划，其核心是让每个社区都能拥有日常生活所需的功能，人们不再需要驱车前往散落在城市各处的公司、商场、学校或是体育场，几乎所有的需求都可以在家门口得到满足。按计划，巴黎市每年拨款10亿欧元用于街道、广场和花园的维护和美化，每个街区都有专人负责，整治的重点包括服务设施的本地化提升和开敞空间的便民化改造。

"15分钟巴黎"城市建设计划在对每个街区的服务设施现状进行全面分析的基础上，提出服务设施本地化提升的具体措施，包括增设有托儿服务的体育俱乐部和开辟免费户外运动的场地，以便父母与孩子能够在家附近免费进行体育运动；在广场上设置表演空间和开发文化场馆外部空间，以便汇集居民文化活动、增强城市文化氛围；提升商店的本地化服务能力和促进以巴黎制造为标签的本地生产，以便从当地生产商获取新鲜食品和特色产品，并将其直接配送到市民家中和社区市场；建设进修学校与教育培训机构，推行提高识字率、降低失业率的特别计划，以便帮助低收入居民获得在当地工作的机会。[①]

在开敞空间的便民化改造方面，巴黎在PEC战略中提出构建一个由绿色走廊、城市森林、步行路线、水上种植和街区公园组成的开敞空间网络，在为市民建设一个更加绿色的城市的同时，改善生物栖息地条件、提高城市生物多样性、减少空气污染。

为了改善社区环境和增加邻里交往，一些热心居民创办了花园协会，在街区空地上种植蔬菜、水果、鲜花等，为居民提供新鲜的蔬菜、水果和优美的环境。另外，巴黎市也提出了全市"无车化"的设想，对市内交通进行多种改革，限制机动车，减少路边停车位，鼓励步行和骑行等低碳出行方式。巴黎在社区资源供给方面，通过增加公共设施和改善城市规划，提升市

---

① 刘健. 15分钟城市：巴黎建设绿色便民城市的实践 [J]. 北京规划建设，2023（4）：24-25.

民生活品质。

3.引发社区资源差异的因素

各国社区资源的差异是由包括经济发展水平、政府政策、社会文化、地理状况等多种因素造成的。

经济发展水平。发达国家的国民收入通常较高，经济基础也较雄厚，这使得这些国家在一定阶段有财力提供更多的社区资源。其中包括良好的基础设施、卫生保健、教育机会、文化设施、娱乐活动等。

政策因素。不同国家政策对社区资源分配的重视程度也是千差万别的，有的国家对教育和医疗保健给予更多的关注和资源分配；有的国家可能更多的是着眼于基础设施建设或者是社会福利等方面的优先事项。

社会文化因素。不同社会文化对社区资源分配产生不同作用，有些社会更注重社区合作与资源共享，而另外一些社会可能更多体现个人主义和私有财产的主张。

地理条件。地理条件对社区资源的分配也有很大的影响，有些地理上相对偏远或资源匮乏的地区在提供相关基础设施和服务时往往会面临更大的挑战。

这些因素之间互相作用、关系复杂。此外同一国家不同地区也存在社区资源差异，比如城乡差异。

（二）我国不同城市社区资源差异

我国城市的社区随着城镇化的推进和社会经济的发展日益复杂。社区无疑是资源丰富、功能丰富的都市生活的重要组成部分。社区的发展与变化，既与城市居民的日常生活质量有关，又与城市的发展与进步有关。但是，社区资源、功能在不同城市的差异很大。

一线城市。像北上广深这样的大城市，为满足居民的各种需求，社区功能齐全，服务完善。有非常专业的医疗机构、高层次的教育资源和大型的商场、商圈，还有多元化的文化娱乐设施等，社区资源异常丰富。

新一线城市。如成都、杭州、重庆、武汉等城市，社区资源比较全面，有比较丰富的医疗、教育、商业等方面的资源。同时，这些城市还注重发展社区文化和公共设施，为居民提供满足休闲娱乐需求的公园、图书馆、艺术馆等文化娱乐场所。

二线城市。比如，社区资源相对均衡的青岛、大连等城市，虽然没有一线城市丰富的医疗、教育、商业配套，但同样可以满足居民的基本需求。

三线城市。比如，社区资源相对有限的常州、徐州、绍兴、泉州等城市，医疗、教育配套、商业中心规模与一线城市有差距。但这些城市在满足居民基本需求的同时，注重提供卫生服务、社区学校、小超市等基本社区服务。

不同城市社区资源与功能的差异主要受城市规模、经济水平、政府投入等因素影响。大城市社区资源相对丰富，服务种类多样，小城市和县、镇的社区资源相对较为不足。

（三）我国不同街区社区资源差异

上海作为中国特大城市，经济发达，但在不同街道、社区之间存在着资源分布上的差异。

教育资源。一些街区可能拥有更多的学校，既有公立学校又有私立学校，还有国际学校，具有更好的教育设施和师资力量。

医药资源。不同街区存在医院、诊所、医疗设施分布的差异。有的街区医疗机构、大型三甲医院、专科医院比较多，医疗服务比较完善，医疗设备也比较先进。

公共交通。部分街区的公交站、地铁站或轻轨站较多，为居民出行提供了更为便利的多种交通方式。其他街区可能离交通枢纽较远，居民出行方式较为单一。

小区配套。城市大型社区内及周边一般有公园、图书室、健身房等公共场所。这些设施的数量、质量在不同的街区会有差异。部分街区的公园、休闲设施可能会更多一些，休闲娱乐的环境可能会更好一些。

商业及服务配套设施等。商业服务设施的种类、数量，在不同的街区也可能会有所区别。部分街区可能会有更多的商店、餐厅、银行等服务机构，为居民提供更多的服务和更多样化的消费选择。

这些差异与街区所在区域的经济状况、人口密度、政府投入等因素紧密相关。

第三节 理想社区资源

社区资源的充足程度、质量高低，直接关系到居民的生活质量和幸福感，关系到社区可持续发展空间。理想的社区资源包括完善的服务配套设施、完备的老幼服务资源、丰富的社区终身教育资源。

一、完善的服务配套设施

（一）便利的交通

交通配套设施对社区居民出行、生活品质、居住幸福感等方面的影响，是一个社区重要的组成部分。完善交通配套设施可提升社区吸引力，改善居民交通出行条件，促进社区可持续发展。随着城市化进程加快，社区规模和居住人口不断增加，充分考虑和优化社区服务配套交通设施建设具有十分重要的意义。

居民出行方便与否，关键看社区交通配套设施是否完备。交通配套设施的合理规划和建设，可以缩短居民到达社区内外各类服务设施的距离和时间，减少居民出行的费用和负担。如通过合理设置步道、骑行道、公交线路等，鼓励居民步行、骑行，减少私家车使用。

完善小区交通配套设施，提升居民生活品质。通过对社区内交通配套设施的合理规划，增加交通配套设施的密度和覆盖面，使各类公共服务设施（如学校、医院、商业中心等）与住宅小区快速相连，方便居民的日常生活。良好的交通配套设施不仅提升了小区的环境，同时也有助于提升居住者的幸福感。

合理建设小区交通配套设施，既可满足居民需要，又可推动小区的可持续发展，可谓一举多得。合理地规划布局，可有效减少交通拥堵，减少噪声污染，改善小区生态环境质量，促进小区人居环境的改善。与此同时，良好的交通设计，有利于鼓励绿色低碳的出行方式，减少能源消耗，减轻环境影响，从而实现社区可持续发展的目标。

（二）丰富的泊车资源

小区泊车资源是指为小区住户和访客提供车辆停放的场地和设施以及与此相关的配套服务。随着城市化进程的不断加快和汽车数量的迅猛增长，停车成为城市交通管理的一大难题。丰富的社区泊车资源对居民居住、出行至关重要。城市社区的发展，居民的生活品质，离不开必要的社区泊车资源。

具体来说，合理规划社区泊车资源，如采取潮汐停车措施，可有效地解决社区停车难的问题，为居民和访客提供更多的停车位，以减轻城市交通拥堵问题带来的压力，是当前解决社区停车难的有效途径之一。

充足的泊车资源，在减少居民停车难、交通拥堵问题，提高出行便利的同时，也能够促进商业、服务、文化活动的发展。充足的社区泊车资源有利于提升商业设施的人流量，带动周边消费的增长。与此同时，商区车位的充足供应，有利于吸引企业和投资者入驻，进而创造更多的工作岗位，带动经济发展。

充足的泊车资源，有利于改善社区居住条件，提升居民的居住品质。如果社区没有充足的停车位供居民停放车辆使用的话，那么居民不仅难以方便地停放车辆，而且还可能遇到诸如违规停车造成车辆被损坏或被盗等一系列问题。因此，良好的社区泊车资源可以为居民营造一个安全和整洁的停车环境，从而为居民带来更高的居住舒适度和安全感。因此，为促进社区居住质量的提高，改善泊车资源是当务之急。

如何增加社区泊车资源供给是一个综合性的课题，需要各方面的通力合作与共同推动。只有合理规划、利用多功能设施布局与智能技术，多方通力合作，才能以点带面增加社区泊车资源供给和使用效率。

（三）先进的网络设施

社区网络设施是指为社区居民提供网络接入服务的基础设施。随着信息化和数字化技术的快速发展，网络已经成为人们生活和工作中不可或缺的一部分。社区网络设施的便利性对于社区的发展和提升居民的生活质量具有重要影响。

社区网络设施的重要性表现在以下几个方面:

促进经济发展。良好的网络设施可以为社区提供快速、稳定且高效的网络接入服务,使企业能够更加便捷地开展商业活动。通过网络,企业可以进行在线销售、广告宣传等活动,提高企业经营效率,促进社区经济发展。例如,对于教育机构来说,良好的网络设施有利于教育机构开展远程授课,增加教育服务的供给,从而使居民获得更多的教育资源。

网络文化产业发展为丰富居民的文化生活提供新途径。随着互联网的飞速发展和普及率的提高,网络文学作品、网上音乐、网络游戏等网络文化产品种类日趋丰富并不断推陈出新,网络文化产业正日益受到人们的关注和重视。此外,网络设施在改善医疗服务中也扮演着重要角色。网上诊疗技术能够为社区提供便捷的医疗服务,帮助居民进行挂号预约、网上咨询、获取相关医疗资讯等。因此,为使医疗服务更好开展,为社区提供良好的网络设施是十分必要的。为此,政府应加大投入和政策扶持力度,提升全民数字素养,引入先进技术与模式,提高全民网络设施使用能力。同时,为使社区网络设施的可用性和安全性得到保证,要通过建立健全涉及网络发展的体制机制,有效应对网络安全问题等诸多挑战,营造安全的网络环境。

(四)丰富的公共体育卫生设施

随着城市化进程的加快和生活水平的提高,居民对健康和体育锻炼的需求越来越强烈。社区公共体育卫生设施是满足居民体育锻炼需求的重要设施,对提高居民的身体健康水平、增加居民之间的互动、促进社区和谐发展具有重要意义。

适当的体育锻炼是保持身体健康的重要途径。居民可以利用社区公共体育设施,进行各种形式的体育活动,如健身、打球、跑步等,提高身体素质和健康水平。保持身体健康不仅能够提高居民的生活质量,还可以减少医疗费用和社会保障成本。

社区公共体育卫生设施为居民提供相互交流相互认识的机会和平台,

有利于提升社区的凝聚力，促进社区和谐发展。居民通过参与体育活动促进彼此之间的交流，增进社区居民之间的友谊，提高对社区居民身份的认同感，从而共同营造和谐宜居的社区环境，从整体上提高居民的居住质量与社区居民关系和谐程度。

建设社区公共体育卫生设施，有利于引导人们养成健康的生活方式。通过向人们提供优质的体育锻炼资源，促使人们积极参加体育活动，帮助人们养成健身锻炼的良好习惯，提高居民身体素质。

此外，美观安全便利的社区公共体育卫生设施还能提升社区形象，增强社区的吸引力，从整体上提高社区形象和居民的幸福感。

为实现上述目标，需要提高社区公共体育卫生设施的资金投入，加强设施管理，提供多样化的活动项目以及加大宣传与推广力度。

（五）完备的休闲活动广场

社区休闲活动广场是社区建设中不可或缺的一部分，它为居民提供了一个集休闲、娱乐、交流于一体的空间，对促进社区居民身心健康、增进社区凝聚力和活力、促进社区和谐发展具有重要作用。

社区休闲活动广场为居民提供了一个休闲娱乐的场所。居民可以在广场上开展形式多样的活动，比如茶话会、下棋、广场舞等，享受户外活动的快乐，放松身心。上述活动也能促进社区居民分享彼此的生活经验和兴趣爱好，增进居民之间的相互认识与了解，促进居民关系的和谐。

社区休闲活动广场对促进社区居民身心健康、增进社区凝聚力和活力、促进社区和谐发展具有重要作用。良好的休闲活动广场满足居民的休闲需求，促进社区的健康发展，创造更加健康和谐的社区环境，是有效的社区治理手段之一。

（六）整洁的社区花园

社区花园是社区建设中不可或缺的一部分，有利于为居民营造一个美丽、安静、绿色的环境，提升社区的居住品质。

作为休闲活动的场所，居民可以在花园里散步、晨练等，放松身心，缓解压力。社区花园通常也是社区居民的日常交流场所，居民在花园里交流彼此的生活，营造了和谐的人际关系，从整体上改善了社区居民的生活环境，社区花园对增进社区凝聚力和活力具有不可低估的作用。

（七）满足功能要求的社区公共设备

社区公共设备是社区建设中不可缺少的一部分，在为社区居民提供各种服务和便利的同时，对提高居民的生活品质起到了重要的作用，对社区的发展也有重要的促进作用。

完善社区公共设备是促进社区发展和繁荣的重要途径之一，有利于提高社区人气及吸引力。完善社区公共设备，能够从医疗到教育、文化、娱乐等很多方面给予居民便利和服务，提升居民生活的便利性。居民利用公共设备参加社区活动有利于彼此之间建立联系与友谊，促进居民之间的交流与互动，进而增强社区的凝聚力和居民的归属感。因此，社区的公共设备是建立良好社区环境与加强居民之间相互联系的重要途径。此外，良好的社区公共设备还能为社区带来更多的商业项目，促进社区周边经济发展。因此，建设和完善社区的公共设备也是促进社区发展和繁荣的有效手段之一。

（八）及时维护社区公共设备

社区公共设备是社区的重要组成部分，承担着为居民提供各种基础服务的重要功能。然而，随着时间的推移和使用次数的增加，这些设备可能会出现故障、损坏或老化的问题，影响设备正常运行，给居民生活带来一系列的不便。因此，社区公共设备的维护工作至关重要。

及时维护社区公共设备，有利于保障居民基本生活所需。社区公共设备主要包括供水、供电、供暖、供气等相关基础设施，以及人行步道、社区花园、健身器材、儿童游乐设施等生活运动设施。保持这些设备的正常运转是满足居民日常生活需求的重要保障。

维护好社区的公共设备，也有利于吸引更多的居民入住并带动其他资源的投入，使社区的整体发展水平得到提高。另外，良好的公共设备维护管理也可以为社区创造更多的发展机会。所以，定期对社区的公共设备进行维护，对促进社区的发展具有十分重要的意义。

维护社区公共设备是社区工作的重要内容之一，只有定期维护好公共设备，使之处于良好运行状态，才能满足居民的基本需求，提高居民的生活品质，同时能够促进社区的发展和繁荣，因此必须高度重视社区公共设备的维护工作，保证设备正常运行，为居民创造一个良好的居住环境。

二、完备的老幼服务资源

（一）社区托幼资源

随着社会经济的快速发展和家庭人口结构的变化，家庭对社区托幼资源的需求越来越大。社区托幼资源对帮助家长解决幼儿照料难题，促进儿童健康成长和家庭和谐发展起着重要的作用。

满足家长的需求。随着经济社会的发展和家庭择业观念的变化，越来越多的家庭成为双职工家庭，这些家庭对幼儿照护方面需求较大。社区托幼资源的提供能够满足这部分家庭的需求。社区托幼机构可以提供安全、舒适的托幼环境，由专业的托儿人员负责照看、教育和培养孩子，为家长提供放心、便利的托儿服务。这不仅解决幼儿照护问题，还有利于家长专注于工作和事业的发展，提高家庭收入和生活质量，提升家庭幸福感。

促进孩子全面成长。孩子是国家的未来，是国家的希望，孩子的健康成长受到全社会的共同关注。加强社区托幼资源，有利于儿童早期成长发育，促进儿童的健康全面发展。在托幼机构里，孩子们有更多的机会与同龄人接触，这有利于培养孩子早期的社交能力和合作意识；同时，专业老师和保育员能在认知、情感、运动等各方面促进孩子全面发展，针对孩子的个性和需求进行个性化的培养，为孩子的成长和未来的发展奠定坚实的基础。

推动和谐发展家庭。完善社区托幼资源，也能促进家庭和谐成长。不少家庭因家庭收入及事业需求变化，不能由家长亲自照顾子女，有的甚至引起家庭关系紧张。提供社区的托幼资源，一定程度上能够为这些家庭减轻幼儿照护方面的负担，提升家庭幸福指数。同时，社区儿童看护机构还能够为家长提供交流、沟通的机会，使他们通过与其他家长的互动交流、分享育儿经验，进而为家庭的发展提供支持。

（二）社区养老服务资源

随着人口老龄化程度的加深，居民对社区养老服务的需求不断增加。随着人口老龄化速度的加快，家庭在老人照料方面的压力也越来越大。增加社区养老服务的提供有助于使老年人在社区内能够获得健康、安全、保健等多方面的支持，保持健康、积极向上的心态，从而缓解家庭的压力，减少社会矛盾和冲突，保持社会的安定与和谐。

社区养老服务除必要的日常照料，还包括社区开展的各种文体活动，以及组织聚餐旅游等活动，这些活动有利于增加老年人的社会交往，减轻因孤独而带来的心理困扰。

社区养老服务还应该包括，鼓励老年人参与社区建设和社会公益活动，为社区建设和社会公益事业添砖加瓦；社区养老服务能给予老年人展示自身才能、发挥社会价值的机会，使他们能充分发挥自身特长和经验为社区建设与社会公益事业贡献自己的一份力量，使他们的晚年生活变得更充实与有意义。因此，社区的养老服务是延续老年人社会角色的积极方式。

三、丰富的社区终身教育资源

社区终身教育资源是社区为居民提供的学习空间、设备、学习资料以及各种教育和学习的机会等。社区可开办从幼儿园到高等教育的各类教育服务机构，如学校、培训机构等。有条件的社区，还可以建立供居民自主学习研究的学习中心，为居民建立图书室，提供电脑设备等学习资源。社区还可组织职业技能培训、职业发展规划等各类培训课程，帮助居民增强本领，提高素质。除此之外，社区可以组织各类专题讲座、读书会、研讨会，邀请专家学者进行知识分享，为居民提供一个学习交流的机会。

终身教育资源可以满足各年龄层次不同教育水平和学习需求的人们的学习需求。不管是年轻人为提高自己的职业技能，还是中年人为了转行学习，或者是老年人为充实自己的退休生活，都可以通过社区的终身教育资源来获取所需的教育和培训，从而实现个人的终身学习。推进社区终身教育资源建设，需要政府、社区、居民、社会力量等多方合作；重视社区终身教育资源的建设，既可以满足居民的学习需求，又可以带动社区经济人文环境的发展。

社区终身教育资源的提供有利于促进社会公平，使各个社会群体都能获得平等的学习机会，从而达到缩小教育差距、促进社会公平的目的。因此，加强社区终身教育资源供给具有十分重要的意义。

第四节　理想社区资源对理想城市的意义

理想社区资源为城市居民提供方便、安全、健康和丰富的生活环境，满足不同居住人群的多样化需求，促进社区互动和发展。

一、理想社区资源提供基础性生活设施

社区资源是城市居民日常生活的物质基础。住宅、公寓、别墅等不同类型的建筑可提供不同形式的居住空间，办公大楼、厂房、商业中心等建筑可提供办公场所。为支持人们工作，配置办公设施、生产设备和商业设施。居住空间可以作为学校的教育场所，如教室、实验室、图书馆等，供学生学习和教师传授知识。大厦可作为销售和交易商品与服务的超市和商场等商业场所，如零售卖场、餐馆、咖啡厅等。大楼可作为医院、诊所等医疗专业人员的医疗服务和护理场所，如病房、手术室、诊室等，作为休闲娱乐的场所，如剧场、影剧院、体育馆等，供人们观看演出、电影，以及体育比赛，作为会议中心、社区中心、酒吧等社交场所，提供人们交流互动的空间。

二、理想社区资源提升居民生活质量和居住品质

便利的基础设施和舒适的居住环境，能够提升居民生活品质。建筑设施设备，如避免潜在危险的火灾报警系统、消防设备、安全监控系统等安全设备为居民和建筑物提供安全保障。空调系统和采暖系统为人们保持舒适的室内温度；通风系统保证室内空气流通，排除潮湿、异味及有害气体，使空气保持清爽卫生。照明装置提供良好室内照明；供水系统保证饮水等日常生

活所需补给；排水系统向建筑物外排放废水，保持建筑物内的清洁和环境卫生。电梯设备为人们轻松出入高层建筑提供便捷省力方式。智能家居控制系统对照明、窗帘、音响、家电等设备设施进行集成控制。

三、理想社区资源提供多样化需求服务空间与平台

社区文化机构为居民提供文化交流和共享的平台，展示居民的才艺和创作才能。博物馆、画展、文化活动等为居民提供文化体验和参与机会，使居民在拓宽视野和增长知识的同时，接触到不同形式的艺术和创造性思维。学校、图书馆、培训机构等教育机构提供传授知识、学习知识的场所。社区中心、公园、休闲设施等社区资源，可促进居民之间的沟通与互动，帮助人们建立起社交网络、参与社区事务，提升社区凝聚力，促进社区和谐发展。社区学院提供的艺术培训、职业发展规划等可满足不同年龄层次人群的发展需求，促进个人成长和事业发展。

第二章 社区规划

第一节 社区规划概念

一、社区规划的一般性理解

社区规划通常被认为是住宅区域部分的规划，通过对社区资源、环境、经济等方面进行分析和研究，旨在改善社区居民的生活质量，提高社区整体发展水平，实现社区长期发展。社区规划过程一般包括社区调查、分析、制定规划方案、实施和监测等阶段。

从上海市政府发布《上海市15分钟社区生活圈规划导则》来看，社区规划是指以提高居民生活品质为目的，以社区为主要对象而开展的规划研究、编制和实施工作。社区规划评估、编制和实施工作的开展，可在基本满足《上海市15分钟社区生活圈规划导则》整体发展导向的前提下，根据社区面积大小、建设情况以及居民的实际需求，以协商的方式，确定特定社区规划的具体编制层次、内容和深度，以问题导向为出发点，解决实际问题。①

---

① 上海市规划和国土资源管理局.上海市15分钟社区生活圈规划导则，2016（8）：1.

二、学术界对社区规划的探讨

在学术界，社区规划被认为是一项复杂的工作，需要综合运用多种学科知识和技能，通过对社区内资源、环境、人口等方面的分析和评估，制定出一系列可行的发展策略和计划，以提高社区的整体发展水平和居民的生活质量。

从社会学角度，有学者认为社区规划是当代社区发展中长期的执行性计划取向，是社区建设目标最接近实质层次的计划取向。[①] 黄怡在《社区规划》中提出，社区规划是对一定时期内社区的空间资源开发和使用的发展目标、实现手段，以及实施过程中其他相关资源的总体部署。[②] 徐震在《社区发展》中，对社区规划内容概括为"三体"。硬体：社区内有形物的建设，如社区的地理环境、天然资源、道路交通、贸易市场、集会场所、学校、医院、教堂、绿地及其他公共设施与建筑等情况。软体：无形的资源，如社区的文化传统、历史渊源、风俗习惯、理想信念、合作精神、群体认同、宗教信仰及其他所有的社区规范与控制力量。韧体：是内在的关系，包括社区内私立机构、各行各业正式的与非正式的组织、社区内各层级民众的团体组织等。[③] 唐忠新在《中国城市社区建设概论》中认为社区规划内容有"社区现状分析、社区建设的总体目标规划、社区建设各主要部分规划、社区建设的发展条件与支持保障系统"四方面。[④]

有学者认为，社区规划应该包括三个层面的内容：其一，城市层面的社区规划；其二，微观地域层面的社区规划；其三，物质层面的社区规划。还有学者认为，社区规划的内容主要涉及以下六方面：第一，制定本社区经济发展的目标和经济发展的各项政策；第二，制定文教卫生等组织的发展目

---

① 叶南客.现代社区规划的历史衍变与多元进程 [J].东南大学学报（哲学社会科学版），2003（6）：69-75.

② 黄怡.社区规划 [M].北京：中国建筑工业出版社，2021：244.

③ 赵蔚，赵民.从居住区规划到社区规划 [J].城市规划汇刊，2002（6）：68-71.

④ 唐忠新.中国城市社区建设概论 [M].天津：天津人民出版社，2000：278.

标和具体改革措施，以及新增组织与群体的政策规定；第三，根据社区人口增减、流动变化趋势，以及人口变化所引起的对社区各种设施的需求，确定本社区的规模、性质和居民点的布局，保护和治理生态环境、保护文物、改善和美化生活环境；第四，对社区内各种经济实体、居民点、商业网点、文化娱乐场所、绿化点进行合理布局，对各种能源、生活服务基础设施的地理分布及社区交通线路、运输工具进行合理规划；第五，设计与社区发展总目标一致的社会舆论导向，开展精神文明建设，改变陈规陋习，树立新风尚、新观念、新道德，拟定社区规划中各项指标完成所需的法律法规、方针和政策；第六，协调好社区内各单位、组织、个人之间的关系，以及本社区与其他社区在经济、文化、社会发展各方面的关系。

概括而言，社区规划是一个复杂过程，需要综合运用多种学科知识和技能来讨论以下内容：

其一，社区规划的目标和原则。社区规划的目标是什么？应该遵循哪些原则？这是社区规划探讨的基础问题。社区规划的目标应该是以居民为中心，以满足居民的需求和提高居民的生活质量为核心，同时兼顾社区的可持续发展和经济效益。社区规划的原则应该是综合性、可持续性、参与性、灵活性和透明性。

其二，社区规划的方法和技术。社区规划需要运用多种方法和技术，包括社区调查、社区评估、SWOT分析、可行性研究、规划设计和实施管理等。社区规划的方法和技术应该根据具体情况选择，同时也需要不断创新和改进。

其三，社区规划的参与和合作。社区规划需要广泛的参与和合作，包括居民、政府、社区组织、专业机构等各方面。社区规划的参与和合作应该是平等、开放、民主和协商的。

其四，社区规划的实施和管理。社区规划的实施和管理是社区规划的最终目的。社区规划的实施和管理需要有明确的责任和权利分配，同时需要建立完善的监督和评估机制，以确保规划的有效实施和管理。

国外规划领域中所指的社区规划基本上是属于社会规划和社会工作范

畴，通常是指以公众参与为主的规划内容，因此工作的主要内容涉及社区公众参与的组织、过程和程序。[①]

三、本书所论及的社区规划

社区规划涉及多方面内容，如土地利用、交通、公共设施、环境保护、社会经济发展等。社区规划不是孤立的，随着城市发展形成多种生活圈，需考虑城市发展进程中的多方面影响因素，如人口与住房、交通与出行、公共设施与服务、绿色与环保、经济发展与就业、社会参与治理等。而理想社区规划旨在创建一个宜居、可持续发展的生活环境，满足居民需求，提高生活质量。由此，本书主要从居委会社区最微观社区视角，来探索和思考居委会社区规划的完备度、参与性与效能性。

社区规划的完备度体现在其能够全面综合地考虑城市功能布局、生态环境保护、基础设施建设、公共服务设施配套以及历史文化遗产的保护等多方面因素，确保规划的长远性、前瞻性和可持续性。社区规划的参与度强调居民、利益相关者以及政府部门在规划过程中的广泛参与和深度对话，通过民主协商和集体决策的方式，使得规划更加贴近居民的实际需求和期望，增强社区的凝聚力和居民的社区身份认同感。社区规划效能则是对规划实施成效的衡量，包括规划是否在预定时间内成功实施、是否有效解决了社区面临的问题、是否提升了居民的生活质量等。

第二节　社区规划发展变迁回溯与分析

Community Planning，被译作"住区规划"或"社区规划"，前者常被城市规划设计领域引用，后者常被社会学界引用[②]。

英国著名规划专家艾比尼泽·霍华德（Ebenezer Howard，1830—1928）

---

① 孙施文，邓永成.开展具有中国特色的社区规划以上海市为例 [J].城市规划汇刊，2001（6）：16-18+51-79.

② 徐一大，吴明伟.从住区规划到社区规划 [J].城市规划汇刊，2002（4）：55-56，60-81.

于 1898 年提出了"花园城市"的理论；1929 年美国人科拉伦斯·佩里（Clarence Perry）创建了"邻里单元"（Neighbourhood Unit）理论，这种邻里单元规划更多体现为在乌托邦式的思想架构下，是理想状态下以高度理性且标准化的形态、明确的功能、强大且有远见的拥护者来创造新的居住单元，它所面对的生活群体是抽象的、不明确的。

"二战"以后，西方转向以大规模城市更新和住区开发为主要形式，勒·柯布西耶（Le Corbusier）认为从中古时期发展起来的城市，包括巴黎在内，已不能适应现代社会经济发展的需要，必须进行彻底改造。社区规划作为城市规划的一个重要分支，自从其概念诞生以来，经历了复杂而深刻的发展变迁。从早期的简单布局到现代的综合性、多元化发展，社区规划反映了人类对居住环境需求的不断演变以及对可持续发展理念的深入理解。

一、城市社区规划发展变迁史

从历史发展视角来看，社区规划有一个演进的历程和脉络。城市社区规划的发展变迁历史可以追溯到古代城市的形成。自古以来，随着城市的诞生与演进，社区规划在不断地发展与变迁之中，逐渐成为城市发展不可或缺的组成部分。早期的城市规划多基于自然地理条件、防御需要以及宗教信仰等因素，形成了以城墙为界限，宫殿、寺庙等重要建筑物为中心的布局。进入工业革命后，大量的人口涌入城市，社区规划开始注重基础设施建设，如交通、排水、供电等公共设施的规划与布局，以适应工业化带来的城市人口增长与空间扩张。20 世纪，随着城市化进程的加速，社区规划理念发生了显著变化，开始强调人本主义和可持续性原则，注重居住环境的人文关怀与生态平衡。现代社区规划更是融合了高新技术，强调智能化、绿色化，以及对居民生活质量的综合提升，旨在创建更加宜居、高效、和谐的城市生活空间。

在现代城市的发展过程中，社区规划的重要性日益凸显。社区规划的目的是提高居民的生活质量，保障居民的安全和健康。社区规划的发展变迁历史可以分为以下六个阶段：

第一阶段：早期社区规划阶段

早期的社区规划多基于简单的居住和生活需求，重点在于解决基本的住宿问题，规划设计往往以实用主义为核心。19世纪末至20世纪初，随着工业革命的推进，城市化进程加快，大量农村人口涌入城市，导致城市人口激增，居住条件拥挤不堪。这一时期的社区规划主要面临着改善居住环境、提供基本公共服务设施的挑战。城市规划师主要关注城市的道路、桥梁和排水系统等基础设施的建设。城市规划师还会考虑到城市的公共空间和公共建筑的建设，如公园、博物馆、图书馆等，这些主要是针对城市的发展和人口增长而进行的。在过去的几个世纪中，城市社区规划的目的是提高城市的生活质量、促进城市的经济发展和改善城市的环境质量。

早期城市社区规划有如下主要特点：

首先是强调对公共空间的合理规划与设计，目的是提高居民生活质量和社区整体功能性。就像公园、广场和绿地系统的规划已经被纳入城市发展的重要组成部分，用来满足人们对休闲娱乐空间的需求。

其次是注重基础设施完善和交通系统的合理布局，有效促进城市有序发展和居民便捷出行。现在对道路、桥梁和公共交通网络的规划设计，更多的是为实现社区内部与外部环境的顺畅连接。

最后是体现了对居住环境质量的关注，通过合理的住宅布局，创造和谐、美观、适宜居住的社区环境。比如通过限制工业区与居住区的混合，来降低工业污染对居民生活的影响。

19世纪末至20世纪初的早期社区规划，通过对公共空间的优化、基础设施的完善和居住环境的改善，展现了对人本主义关怀的深入体现和对未来城市生活品质追求的前瞻性思考。

第二阶段：花园城市运动阶段（19世纪末至20世纪中期）

20世纪初，英国社会改革家艾比尼泽·霍华德提出了花园城市理念，一般被视为现代社区规划的开端。花园城市理念主张在城市与乡村之间创造一种新型的居住环境，既能享受城市的便利，又能拥有乡村的宁静与绿色空间，人们既能在城市的广场上与喷泉尽情地玩耍，与家人在公园的草地上愉快地野餐，走在整齐的街道上欣赏沿街的花园住宅，也能感受乡野微风拂面，呼吸新鲜空气 [①]。这一理念强调规划的人文关怀和对自然环境的尊重，对后来的社区规划产生了深远的影响。

在花园城市理念指导下，社区规划呈现了以下特点：

第一，规划坚持以人为本，把提高居民的生活质量放在首位，通过在设置时增加绿地、公园以及休闲娱乐设施，为居民创造一个舒适宜人的居住环境。

第二，规划强调社区内部功能的完整性，并力求在社区内部初步实现居住、工作、娱乐等功能的有机结合，尽可能减少居民通勤时间，提升生活便捷性。

第三，规划倡导可持续发展理念，在设计时通过采用绿色建筑材料、推广节能减排技术、设置雨水收集与循环利用系统等一系列措施，减少社区对自然资源的消耗，保护和改善环境质量。

第四，规划重视与周边环境的和谐共生，努力实现社区与自然环境的和谐共融，在设计时通过保护自然景观、恢复生态系统等方式，增强社区的生态价值与美学价值。

花园城市运动阶段的社区规划特点，不仅体现了对居民生活品质的重视，也彰显了对环境保护和可持续发展的坚持，为未来城市发展提供了宝贵的经验和启示。

第三阶段：现代主义社区规划阶段

20世纪中叶，随着现代主义运动的兴起，社区规划迎来了新的发展阶段。现代主义社区规划注重功能分区，追求高效率和科学管理，代表作有法国建筑师勒·柯布西耶的"辐射城"概念。然而，现代主义社区规划过于强调规划的理性和统一性，忽视了人的感受和社区的文化特性，导致许多社区缺乏活力和归属感。

现代主义社区规划的核心特点体现在对功能分区的高度重视、对线性

---

① 黄明华，惠倩.田园城市，花园城市？——对霍华德 Garden City 的再认识 [J]. 城市规划，2018，42（10）：9-17.

和几何形式的偏好，以及对技术进步和未来主义理念的积极拥抱之中。在这个阶段，规划师们力图通过科学方法和理性思维，创造出既能满足人类生活需要，又具有高度组织性和效率的居住环境。他们倡导将居住区、工作区和娱乐区进行明确的分区，希望通过空间上的合理划分，达到提升居民生活质量的目的。此外，现代主义社区规划还强调建筑和环境设计的简洁性、功能性，以及对新材料和新技术的运用，期望通过创新手段解决城市化进程中出现的各种社会问题。然而，值得注意的是，虽然现代主义社区规划在理论和实践上都取得了一定的成就，但其忽视地域文化特性和居民情感需求的倾向，也在后续的发展中引起了广泛的反思和批评。

第四阶段：城市社区规划的现代化危机阶段

在 20 世纪中期至 20 世纪末，城市社区规划面临着一系列的挑战和危机。规划师开始关注城市的社会问题，如贫困、犯罪和种族隔离等问题。城市规划师还会考虑到城市的文化多样性和社会公正问题。

城市社区规划的现代化危机表现在以下几个方面：

一是市场化倾向过强。城市社区规划在市场化的背景下，过于强调经济效益和利益分配，忽视了社区居民的需求和利益。这导致了社区规划中的公共服务设施缺乏，社区居民的生活质量下降。

二是建设过程中的腐败问题。在城市社区规划的建设过程中，存在着腐败问题。一些规划者和开发商为了牟取私利，往往会忽视社区居民的需求和利益，导致规划建设的质量下降，甚至出现安全隐患。

三是社区居民参与度不高。城市社区规划过程中，社区居民的参与度不高，往往只是被动接受规划者的决策。这导致了规划建设与社区居民的需求和利益脱节，难以达到规划的预期效果。

四是规划理念和方法陈旧。城市社区规划的理念和方法往往陈旧，难以适应现代城市的发展需求。这导致了规划建设的效果不佳，难以满足社区居民的需求和期望。

五是缺乏长期规划。城市社区规划缺乏长期规划，往往只注重短期效益。这导致了规划建设的可持续性不足，难以满足城市发展的长期需求。

第五阶段：城市社区规划的后现代化阶段

20世纪后期至21世纪初，随着后现代主义思潮的兴起，社区规划开始强调多样性、灵活性和参与性，城市社区规划进入了后现代化阶段，城市社区规划的后现代化是指在城市社区规划中，采用后现代主义的思想和方法，以满足现代社会多元化、个性化、分散化的需求和趋势。后现代城市社区规划强调社区居民的参与和自治，注重社区文化、历史和环境的保护与传承，强调人文关怀和社会公正，倡导以人为本，重视社区居民的参与和需求，强调社区的文化特性和历史传统的保护。在这一阶段，社区规划更加注重环境的可持续性，探索生态友好型的规划方法，如低影响开发（LID）和绿色基础设施等。

城市社区规划的后现代化阶段有四个方面特点：（1）强调社区的多元性和个性化，允许不同的社区有不同的规划和发展方向；（2）注重社区居民的参与和自治，鼓励他们参与规划和决策过程；（3）关注社区文化、历史和环境的保护和传承，尊重社区的特点和传统；（4）强调人文关怀和社会公正，关注社区居民的生活品质和福利。

第六阶段：当代社区规划

进入21世纪，随着全球化和信息技术的发展，社区规划面临着新的挑战和机遇。当代社区规划强调智慧城市和数字化手段的应用，通过大数据、物联网等技术优化社区服务和管理。同时，社区规划更加重视公平性和包容性，致力于解决社会不平等和提升所有群体的生活质量。此外，面对气候变化等全球性挑战，当代社区规划也在探索更为创新和灵活的适应性策略，倡导可持续发展和生态环境保护。

社区规划的发展变迁历史是人类对居住环境需求不断演变和对可持续发展理念深入理解的反映。从早期的实用主义到花园城市理念，再到现代主义和后现代主义的转变，直至当代对智慧社区和可持续性的探索，社区规划始终在适应时代的变化，不断创新和进步。未来，随着科技的发展和社会的变革，社区规划将继续面临新的挑战，但其核心目标"创造更加宜居、公平、可持续的居住环境"将永远不变。

在我国，社区规划的发展也经历了多个阶段。从 20 世纪 50 年代到 70 年代初期，社区规划主要是由政府主导，在这个时期主要是以社会主义建设需要为主要目的。从 20 世纪 80 年代初期至 90 年代中期，社区规划开始注重居民参与和社区自治，转变为以满足居民需求为主要目的。千禧年以后，社区规划逐渐转向以社区发展为主要目的，开始逐步注重社区的可持续发展和生态保护。

市场化运作使我国居住区规划在理论上形成居住区—居住小区—住宅组团的空间规划结构模式[1]，在空间上形成居住小区与街区式住区相结合的发展形态[2]。单位大院和居住小区是对邻里单位的发展[3]，均是工业化和现代化的产物，在内涵上具有一致性[4]。邻里单位作为一种实用的城市空间组织方式，其合理的居住设计原则利于促进社会公平与社会融合，契合中国城市居住区建设诉求[5]。

在社会转型期，吴良镛提出"完整社区"理念，李郇、彭惠雯等在各地推动美好人居环境与幸福生活"共同缔造"[6]。

二、社区规划发展变迁特点及趋势

社区规划发展变迁是指社区在不同历史时期和社会背景下的发展变化。社区规划是指对社区进行有计划的发展和管理，以实现社区的可持续发展和居民的福利提升。社区规划的发展变迁不仅受到政治、经济、社会文化等的

---

[1] 赵文凯.中国住区规划发展 60 年历程与展望 [J].住区，2009（5）：18-25.

[2] 谭文勇，唐智莉.中国现代街区武住区的兴起发展与思考 [J].城市规划，2021，45（7）：17-25.

[3] 杜春兰，柴彦威，张天新，等."邻里"视角下单位大院与居住小区的比较 [J].城市发展研究，2012，19（5）：88-94.

[4] 赵文凯，张播.居住小区不因市场而失效——小区理论在市场机制下的理解与应用 [J].城市规划，2010，34（9）：61-66.

[5] 李东泉，郑国，罗翔.从邻里单位到居住小区的知识转移分析 [J].城市规划，2021，45（11）：36-42.

[6] 李郇，彭惠雯，黄耀福.参与式规划：美好环境与和谐社会共同缔造 [J].城市规划学刊，2018（1）：24-30.

影响，同时也会受到城市化进程的影响。

（一）社区规划发展变迁的特点

社区规划的发展变迁其实是一个不断演变的过程，需要不断地适应社会变化和需求，以实现社区的可持续发展和居民的福利提升。随着城市化进程的加速，社区规划也逐渐从传统的城市"小区"向城市"社区"转变，越来越注重社区的综合性和服务功能，但是城市化加速也给城市社区带来了新的问题，如社区治理问题、社会保障问题等，因此社区规划也需要相应地进行调整和创新。从传统向现代转型的中国式现代化语境下，中国社区历史脉络与现代社区演化路径的纵贯研究较为缺乏，同时，在当前中国式现代化发展语境下，完整社区正作为新时代中国城乡社区治理的行动指南。[①]

社区规划发展变迁具有以下特点：

1.社区规划发展变迁呈现多元化的特点，不同社区的发展路径和方向不同，要根据不同的社区特点进行规划。

社区规划发展的多元化指的是在规划和发展社区时，考虑到不同人群的需求和利益，采取多种不同的策略和方法，以满足社区的多元化需求。多元化社区规划体现于五个方面：一是基础设施建设，在社区规划中，应考虑到不同人群的需求，如老年人、残障人士、儿童等，为他们提供适合的基础设施，如无障碍设施、儿童乐园、公共卫生设施等。二是社区服务，社区规划应考虑到不同人群的服务需求，如医疗、教育、文化等服务设施，以满足不同人群的需求。三是经济发展，社区规划应考虑到社区内不同人群的就业需求，促进经济发展，提高社区居民的生活质量。四是环境保护，社区规划应考虑到环境保护和可持续发展，采取合理的规划和管理措施，保护社区环境，提高居民的生活质量。五是社会和谐，社区规划应考虑到社区内不同人群的文化和宗教背景，促进社区内的和谐与融合，建立一个和谐的社区环境。

2.社区规划发展变迁需要考虑到社区的可持续性，社区规划发展的可

---

① 韩帅，袁奇峰，李如如，王彦开.从里坊街巷到完整社区：我国社区的模式演变、规划实践及趋势展望 [J] 西部人居环境学刊，2024，39（3）：74-83.

持续性是指在社区规划和发展过程中，考虑到社区的经济、社会和环境因素，以确保社区的长期发展和繁荣。

经济发展的可持续性，社区规划和发展要能促进经济的稳定和增长，提高居民的生活质量和福利水平，在社区规划时需要考虑到就业机会、产业结构、税收收入等因素，以确保社区的经济可持续性。

社会发展的可持续性，社区规划和发展要能促进社区的社会与文化发展，在保障居民的基本权利和福利的同时，提高社区的社会凝聚力和文化认同感，在社区规划时需要统筹考虑教育、医疗、社会保障等因素，以确保社区的社会可持续性。

环境发展的可持续性，社区规划和发展也要促进环境保护和可持续利用资源，减少对环境的破坏和污染，在社区规划时也要考虑到自然资源的保护和管理、能源的使用和节约等因素，确保社区环境的可持续性。

社区规划发展的可持续性既是社区发展的基础，也是社区可持续发展的关键。只有在社区规划和发展过程中，充分考虑到社区的经济、社会和环境因素，才能确保社区的长期发展和繁荣。

3.社区规划发展的参与性是指在规划过程中，社区居民、利益相关者和政府部门之间建立起有效的沟通和合作机制，以确保社区居民的权益和利益得到充分的保障与尊重。参与性规划发展可以帮助社区居民更好地理解和参与规划决策过程，提高规划的可行性和可持续性。

社区规划发展变迁是在广泛的群体参与下形成的，包括居民、政府、企业等各方的合作与协调，共同推动了社区的发展。规划决策过程需要公开透明，保证社区居民和利益相关者能够获得充分的信息，更好地参与规划决策过程。

社区居民可以通过会议、公开听证会、问卷调查等方式参与规划决策过程，提出自己的意见和建议，以确保规划的公平性和合理性。除了社区居民，还有其他利益相关者比如企业、非政府组织等也应该参与规划决策过程，以确保规划的多元性和可持续性。除此以外，政府部门也要积极参与规划决策过程，与社区居民和利益相关者建立起有效的沟通和合作机制，来确保规划的合法性和可行性。社区规划发展的参与性是实现社区可持续发展的重要保障，需要各方共同努力，建立起有效的沟通和合作机制，以确保规划的公平性、合理性和可持续性。

（二）社区规划发展变迁的趋势

城市社区规划发展变迁的趋势是复杂而多元的，随着城市化进程的加速和人们对生活质量的追求，社区规划的理念和实践都在不断演变。

首先人们更加注重社区的绿色生态设计，通过利用可再生资源、雨水收集、绿色屋顶、生态绿地等手段，实现社区的可持续发展。这种设计不仅可以提高居民的生活质量，还可以改善城市环境，减少碳排放。

其次注重混合功能的开发，传统的社区规划往往是功能分区的，比如住宅区、商业区、工业区等。在现代社区规划中，人们更加注重强调混合功能开发，开始将不同类型的用地混合在一起，形成一种多功能、高效率的土地利用模式。混合功能开发模式可以提高社区的活力，促进人们之间的交流和互动。

以人为本的设计理念：社区规划越来越注重人的需求，从居民的生活方式、出行方式、交往需求等多方面出发，营造更加人性化的社区环境。例如，通过设计适合步行的道路系统、增加公共空间和绿地、提供多样化的住房选择等方式，提高居民的生活便利性和舒适度。

智能化和科技化：随着科技的发展，社区规划也越来越注重智能化和科技化的元素。例如，通过引入智能家居、智能安防、物联网等技术，提高社区的安全性和便利性；通过利用大数据、人工智能等技术，实现社区的智慧管理和服务。

文化和历史保护：在社区规划中，更加注重对文化和历史的保护。通过对历史建筑、古迹的保护和修复，以及对当地文化的挖掘和传承，使社区更具特色和归属感。

公共参与和共享：社区规划越来越强调公共参与和共享。通过组织居民参与规划过程、设计和建设公共设施、共享社区资源等方式，提高居民的参与度和满意度，增强社区的凝聚力。

可持续性和低碳发展：在生态文明营造的背景下，社区规划更加注重可持续性和低碳发展。通过节能减排、推广可再生能源等方式，降低社区的碳排放，实现绿色发展。

社区规划发展变迁趋势主要体现在绿色生态设计、混合功能开发、以人为本的设计理念、智能化和科技化、文化和历史保护、公共参与和共享以及可持续性和低碳发展等方面。这些趋势相互交织、相互促进，共同推动着社区规划向更加人性化、智能化和可持续性的方向发展。

三、不同国家、不同城市、不同街区社区规划的差异

社区规划作为城市发展的重要基石，不仅关系到居民的生活质量，也体现了一个国家的文化、经济和政治特色。不同国家由于历史背景、地理环境、社会结构和发展阶段具有极大的差异性，不同国家、不同城市、不同街区社区规划的理念和实践也各不相同。

社区规划作为一项集城市设计、土地使用规划、环境保护和社会经济发展于一体的综合性活动，在不同国家的实践中呈现出显著的差异性。这些差异往往源于各国的历史背景、文化传统、经济发展水平、政治体制以及社会价值观的不同。例如，欧洲国家如荷兰，其社区规划更加重视公共利益和集体生活质量，强调公共空间的设计和可持续发展。荷兰的城市规划以"紧凑城市"模式著称，通过高密度的城市设计和优秀的公共交通系统来减少对汽车的依赖，提高居住和工作的便利性，同时保护周边的自然环境。在亚洲，新加坡的社区规划则体现了严格的政府干预和前瞻性规划。新加坡政府通过全面的长期规划和严格的规划执行，成功地将有限的土地资源转化为高效、多功能和宜居的社区空间。中国的社区规划受到历史文化和政策的影响较大。在住房建设方面，中国政府一直致力于推动棚户区改造和建设保障性住房，以改善低收入群体的居住条件。社区规划中注重空间层次和街道景观的营造，同时也有许多老式弄堂和传统街区得以保留。例如，在上海的石库门弄堂地区，政府通过保护和改造原有建筑，打造了一个具有历史和文化特色的宜居社区。

以上社区在功能上不仅满足了居民的基本生活需求，还可以提供丰富的社会和文化活动。不同国家的社区规划都反映了各自的社会价值和规划理念，既有着共同的追求，比如提高居民生活质量，也有各自鲜明的个性，比如对私人财产的保护或对公共空间的重视。

（一）不同国家社区规划的差异

欧洲国家的社区规划，更加重视历史文化的保护和公共空间的建设。像德国的社区规划，在"二战"后进行城市重建时，不仅注重恢复历史风貌，还创造了高质量的公共生活空间。柏林的"临时使用"策略允许艺术家和创意工作者临时使用废弃空间，不仅盘活了城市空间，也促进了社区的文化发展。巴塞罗那的"超街区"概念通过限制车辆流动，扩大行人空间，提升了居民的生活质量和社区的环境友好度。

在亚洲，新加坡和日本也有自己的特色。新加坡的"城市绿化"战略通过在建筑物上设置屋顶花园和垂直绿化，不仅提升了城市的生态环境，也增加了市民的休闲空间。日本的社区规划注重细腻和精致，体现在对居住环境的精细管理和公共服务设施的周到配置上。比如东京的"小规模多功能区块"策略是通过小规模、多功能的街区设计，增强社区的凝聚力和灵活性，同时能提高防灾能力。

在非洲和拉丁美洲的一些发展中国家，社区规划面临的挑战和重点则有所不同。以肯尼亚的内罗毕为例，由于城市化进程中的快速人口增长和资源有限，社区规划常常需要应对基础设施不足和住房短缺的问题。内罗毕的卡贝拉（Kibera）是非洲最大的贫民窟之一，近年来通过非政府组织和国际援助，实施了一系列社区改进项目，如改善卫生设施、提供清洁水源和增设教育设施，这些都是社区规划在资源有限条件下的创新尝试。

不同国家的社区规划根据各自的社会经济条件、文化传统和居民需求，形成了各具特色的规划模式。从美国的市场导向到欧洲国家的公共空间重视，从亚洲国家的精细管理到非洲国家的创新应对，社区规划的多样性展现了人类居住环境改善的无限可能。未来的社区规划，无疑将继续融合各国经验，创新发展，以更好地适应全球化时代的挑战。

（二）不同城市社区规划的差异

城市社区规划在不同城市间展现出的差异，往往根植于各城市的地理位置、历史背景、经济发展水平以及居民的生活习惯和文化需求。例如，北京作为中国的首都，其社区规划强调历史文化遗产的保护，比如在旧城改造过程中，会特别注意对四合院等传统建筑风貌的保护和合理利用，同时在新兴社区的建设中，也会融入现代都市的功能需求，如设立综合体、绿色建筑和智能化设施。相比之下，深圳作为一座现代化新兴城市，其社区规划则更注重科技与创新，社区内部的空间布局旨在促进高新技术产业的发展，如在南山区规划了众多高科技产业园区，配备了完善的研发和孵化设施，同时，社区居住区与商业区的融合设计，旨在提高居民的生活便捷性和工作效率。上海作为国际大都市，其社区规划则充分考虑了国际化和多元化的特点，如浦东新区的规划就体现了国际商务区的特色，高层建筑群和开放式的街区设计满足了国际人士的商务和生活需求，同时也兼顾了公共空间和绿地的布局，以提高城市的宜居性。这些例子表明，不同城市社区规划的差异是多方面的，它们不仅反映了各自城市的独特性，也体现了城市规划者对于未来发展趋势的不同理解和把握。

城市社区规划是城市发展中的重要组成部分，它直接关系到城市居民的生活质量和城市的可持续发展。不同的城市，由于其地理位置、历史背景、经济发展水平、文化特色以及政府政策等多种因素的影响，其社区规划会呈现出不同的特点和差异。在本小节中，我们将详细阐述不同城市社区规划的差异，并结合具体例子加以说明。

地理位置是影响城市社区规划的一个重要因素。沿海城市由于地理位置的优势，其社区规划往往强调与海洋的联系，比如通过建设滨海公园、游艇码头等设施来提升居民的海洋休闲体验。例如，上海的滨江地区就是通过规划一系列的滨江公共空间，使得居民可以近距离接触黄浦江，享受江景和休闲娱乐。而内陆城市如成都，则更注重打造绿色生态的居住环境，通过建设公园城市，营造宜居宜业的社区环境。

不同城市的历史背景也会对社区规划产生影响。像有着悠久历史的西安、北京，它们的社区规划往往需要兼顾历史文化遗产的保护与现代化建设的需求。在这些历史城市中，我们可以看到古城墙、历史建筑与现代居住区的有机结合。在西安的社区规划中，它们力求在尊重历史、保护文化遗产的同时，实现城市的现代化发展。在规划时，围绕古城墙周边，社区建设巧妙地融入了传统元素与现代设计理念，采用仿古风格的建筑外观，设置与古城墙景观相协调的绿化带和步行道，既保护了古城墙的历史风貌，又为居民提供了休闲娱乐的好去处。北京的胡同改造也是在尊重和保护历史文脉的基础上，对老城区进行适度的功能更新和生活设施改善，以提高居住环境质量。

经济发展水平对社区规划的影响同样不容忽视。像深圳、上海这样的发达城市，社区规划往往更加注重高科技和智能化的元素。在这类城市的社区规划中，智能家居、共享经济和绿色出行等现代概念被广泛应用，为建设智慧社区，把物联网、大数据、云计算和人工智能、信息技术在社区服务的各领域进行应用，建设便民惠民的服务圈，提供了线上线下相融合的社区生活服务。[①]

文化特色也是影响社区规划的一个重要方面。不同的城市有着不同的文化传统和文化习俗，这些特色在社区规划中也得到了充分体现。杭州作为江南水乡城市，在社区规划中就非常注重水景的营造和园林艺术的融入。杭州许多社区都建有小桥流水、亭台楼阁，为居民打造了极具江南特色的生活环境。

政府政策是影响社区规划的关键因素。不同城市的政府在社区规划上会有不同侧重点和政策导向。比如为了应对人口增长和住房压力，一些城市可能会在社区规划中增加住宅密度，鼓励建设高层住宅。而另一些城市则可能更注重生活质量，推行低密度、多功能的社区规划，以保障居民的生活空间和休闲设施。

不同城市社区规划的多样化差异，是各城市独特的地理位置、历史背景、经济发展水平、文化特色和政府政策等多种因素共同作用的结果。通过

---

① 央广网，王晶．解读《"十四五"城乡社区服务体系建设规划》：鼓励社会力量发展托育、养老服务 [EB/OL].（2022-02-09）. https://news.cnr.cn/dj/20220209/t20220209_525737075.shtml.

比较不同城市的社区规划，不仅可以看到城市规划的地域特色和时代特征，还可以从中学习到各城市在社区建设中的成功经验，为其他城市社区规划提供借鉴和参考。

（三）不同街区社区规划的差异

城市化的进程中街区社区规划呈现出多样化的特点，这些差异往往体现在规划的宗旨、设计理念、功能布局、交通规划、绿化空间配置以及社区服务设施等方面。例如，以居住为主导功能的住宅区，其规划重点在于营造安静舒适的居住环境，注重住宅与公共空间的合理布局，如北京的四合院社区，就是以传统文化为底蕴，强调邻里关系与私密空间的平衡。而商业街区，如上海的南京路，其规划则更侧重于商业活动的便利性与集聚效应，强调行人流线的设计，兼顾交通便捷性与商业氛围的营造。工业区的规划则不同，它侧重于生产流程的高效组织和物流运输的便捷，同时考虑对环境的影响和工人的生活质量，如深圳的高新技术产业园区，就是集科研、生产、居住于一体的现代化工业社区规划典范。此外，还有以文化教育为核心的大学城规划，它们通常围绕教育资源的集中，提供充足的学术交流空间和配套生活设施，如北京的中关村，便是科教资源丰富、高端人才聚集的知识创新社区。总体而言，不同街区社区规划的差异反映了城市发展的多元需求和综合性策略，每一种规划都在为满足居民的生活、工作或休闲需求而精心设计。

在城市规划的众多领域中，街区社区规划是一项至关重要的组成部分。它不仅影响城市面貌，更直接关系到居民生活质量和社区可持续发展。不同的街区社区规划差异体现在规划理念、功能布局、交通设计、公共空间配置以及环境维护等诸多方面。

首先，街区社区规划的理念差异是最为根本的。一些社区采取传统的规划理念，强调住宅区与商业区的分离，追求住宅区的安静和私密性。例如，美国20世纪初的花园城市运动推崇的是一种自给自足的社区模式，通过绿化带和宽敞的道路将不同功能区隔离开来。而现代规划理念则更加强调混合用地，提倡在同一社区内融合商业、住宅、办公等多种功能，以促进社区活力和便捷性。例如，新加坡的滨海湾区就是一个典型的混合用地社区，集居住、工作、娱乐于一体，形成了一个高度集约和多元化的城市空间。

其次，功能布局的差异也是街区社区规划的重要表现。有的社区规划重视居住功能，注重提供各种类型的住宅以满足不同居民的需求。比如，荷兰阿姆斯特丹的东部码头区通过多样化的住宅设计，吸引了不同收入水平和生活方式的居民。而另一些社区则更加重视商业和休闲功能，如美国纽约的时代广场，那里的规划重点是打造一个充满活力的商业和娱乐中心，吸引游客和商务人士。

交通设计方面的差异同样显著。一些社区规划强调车辆交通，街道宽阔，停车设施完善，如美国洛杉矶市的街区规划就是以汽车为中心的设计。而另一些社区则更注重公共交通和非机动车出行，强调步行友好和自行车道的设置，如哥本哈根市中心的街区规划就大力推广自行车出行，限制汽车通行。

公共空间的配置也是街区社区规划的重要组成部分。不同的规划对公共空间的重视程度和设计风格各不相同。例如，巴黎的街区规划就非常注重公共空间的艺术性和历史性，城市中散布着各式各样的广场和公园。而东京的街区规划则更加注重公共空间的功能性和使用效率，如其多层次的人行天桥和地下通道系统，有效解决了人流密集的交通问题。

环境维护方面的差异体现在社区对自然环境的保护和人工环境的管理上。一些社区规划强调生态可持续，如德国弗莱堡的瓦邦区，其规划充分考虑了能源节约和生态平衡，推广太阳能利用和绿色建筑。而另一些社区则更注重城市形象的塑造和维护，如迪拜的棕榈岛，通过人工岛建设和奢华设施的建立，成了一个高端旅游和居住目的地。

不同国家、不同城市乃至不同街区（社区）的规划之间存在差异性。国家层面上，社区规划差异往往体现在各国的经济发展水平、文化传统、政治体制以及地理环境等方面。例如，发达国家与发展中国家在城市规划上的差异，体现在基础设施建设的完善程度、公共服务的普及与质量，以及对环境可持续性的重视程度上。城市层面的差异则更多地体现在城市规模、历史背景、经济结构以及城市管理模式等方面。大都市可能更注重高效的交通系统和商业活动的集中，而小城市则可能更侧重于社区的亲密性和生活质量的提升。至于街区层面，规划差异则更具体化，在居民日常生活的方方面面都有所体现，如街区的布局、住房风格、绿地配置以及公共空间的设计等，这些都直接关系到居民的生活便利性和居住舒适度。不同街区社区规划的差异不仅反映了各个社区的地域特色和文化背景，也体现了规划者对于未来城市生活的展望和追求。无论是国家、城市还是街区，规划的差异都是多方面因素综合作用的结果，它们各自呈现出独特的风貌和特色，同时也面临着不同的挑战和发展机遇。在规划和设计时需要综合考虑各种因素，以制定符合当地特色的规划和设计方案。

第三节　理想社区规划

理想城市是一个充满无限可能和潜力的概念，它不仅是对现有城市现状的批判和超越，也是对未来城市的设想和期待。理想社区，作为理想城市的基础和组成部分，具有重要的意义。理想城市的社区规划应关注社区规划完备度、社区规划参与度及社区规划效能度三方面。

一、社区规划完备度

理想社区规划，是具有高完备度的社区规划。首先，社区的整体布局，不仅要注重空间的合理利用，还要巧妙融合自然与人文景观，营造出既开放又私密的生活空间，确保居民日常生活的便捷与舒适。这种布局完备度不仅体现在道路网络的畅通无阻，还包括了绿地、休闲区与居住区的和谐共存，让每一步都洋溢着生活的诗意。

其次，在社区规划整体配套上，要做到社区可以形成能够满足居民日常生活需求的小型生态系统。从教育资源的均衡分布，到医疗服务的便捷可达；从商业设施的丰富多样，到文化娱乐活动的丰富多彩，每一个细节都是对居民需求的深刻洞察与满足。这些配套设施不仅提升了社区的生活品质，更促进了邻里间的交流与互动，构建了温馨和谐的社区氛围。

最后，在社区规划前瞻性方面，要展现对未来趋势的敏锐把握。它不仅仅满足于当前的居住需求，更着眼于未来的可持续发展，比如绿色能源的应用、智能交通系统的引入以及智慧社区的建设等，这些都为社区的长远发展奠定了坚实的基础。同时，规划还要充分考虑了人口结构变化、技术进步等因素，确保社区能够灵活应对未来的各种挑战。

至于规划需求满足度，要确保规划方案能够真实反映并满足居民的多元化需求。无论是家庭结构的变化、工作方式的转型还是生活方式的多样化，社区规划都力求做到精准对接，让每一位居民都能在这里找到属于自己的幸福空间。这种以人为本的规划理念，使得社区不仅是一个居住的地方，更是一个充满归属感与幸福感的家园。

（一）社区整体布局及配套完备度的实现

理想社区整体布局及配套的完备度，不仅指住房，还包括治安、教育、文化等服务，强调从人的关怀出发，塑造社区精神、维护社会公平、实现社会和谐[1]。《完整居住社区建设指南》明确了完整居住社区的 6 个目标，包括基本公共服务设施完善、便民商业服务设施健全、市政配套基础设施完备、公共活动空间充足、物业管理全覆盖以及社区管理机制健全[2]。一个完备的社区由"硬件"和"软件"两部分构成，"硬件"包括基础设施、公共空间、公共服务，而"软件"的核心在于塑造居住者的认同感与归属感。比如，建设学习型社区也是完整社区建设的重要内容，通过社区教育可改善邻里关系、提升市民素养、促进社会融合[3]。

理想社区规划不仅体现在物理空间的合理规划与高效利用上，更在于其对居民需求的深刻理解与满足，以及对未来发展趋势的敏锐洞察与积极应对。

放眼我国当前社区布局的现状，许多社区虽已初具规模，但在布局上

---

① 吴良镛.住房·完整社区·和谐社会 [J].住区，2011（2）：18-19.
② 中华人民共和国住房和城乡建设部，完整居住社区建设指南，建办科〔2021〕55 号：3.
③ 韩帅，袁奇峰.南海样本：教育现代化促进人的城镇化路径探析 [J].西部人居环境学刊，2023，38（6）：105-114.

往往存在空间利用不均、功能区划割裂等问题，比如居住区域与公共设施的距离较远，造成居民日常生活不便；绿地与休闲空间被压缩，难以满足居民对自然环境的向往。这些现状反映出在规划初期对居民需求及未来发展趋势的考量不足。

理想中的社区整体布局，应是一个高度融合且充满活力的生态系统。它追求的是居住、工作、休闲、教育等多元功能的无缝对接，确保居民在步行范围内即可享受到全方位的生活服务。同时，注重自然与人文景观的和谐共生，通过精心设计的绿地、水系和休闲空间，为居民提供放松身心的场所，增强社区的宜居性和吸引力。

为了实现这样的布局完备度，规划者须具备前瞻性的视野，深入了解并预测居民未来的生活需求变化，将可持续发展理念贯穿于规划始终。通过科学合理的空间布局，优化资源配置，确保每个区域都能发挥最大效用，同时又能相互支持、相互促进，形成一个有机整体。

（二）社区规划前瞻性及需求满足度

对于理想的社区规划，还要具备高度的前瞻性，在规划时不仅要考虑当前的居住需求，更要预见并融入未来社会发展的趋势，既要考虑到社区人口结构、素质、规模和生活方式的变化，又要考虑这些变化所引起的居民对社区生活的新需求，为社区长远发展留下足够空间[①]。比如社区智能化管理系统的引入，可以提升居民生活便利性和社区安全性；绿色生态理念的贯穿，可以促进资源循环利用与环境友好；灵活多变的空间设计，可以满足不同年龄层、不同职业背景居民的生活与工作需求。

居住社区规划需求满足度是衡量社区规划完备度比较关键的指标。它要求规划者深入调研，真正倾听并理解居民的心声，确保各类公共设施、服务配套能够精准对接居民的实际需求。无论是教育资源的均衡分布、医疗健康的便捷获取，还是休闲娱乐的多样化选择，都应在规划中得到充分体现，以构建一个和谐、宜居、充满活力的社区环境。

---

① 张晨，卓琪琪.城市更新中社区规划的实践转向 [N/OL].中国社会科学报，2023-06-21（2676）[2024-08-05]. http://sscp.cssn.cn/xkpd/shx_20166/202306/t20230621_5657377.html.

二、社区规划参与度

一个社区是否有社区规划协商参与平台、协商平台的参与程度、是否引进了专业的社区规划师等，都能反映社区规划居民的参与度，社区规划参与度是衡量社区居民在规划过程中参与程度和效果的重要指标。社区规划参与度高的社区通常会建立多种社区规划协商参与平台，以便居民、社区组织、政府机构等各方能够就社区规划进行充分的沟通和协商。

（一）社区规划协商平台的参与程度

社区居民作为社区的主体，他们的广泛参与是社区规划的生命力，也是实现社区发展的根本动力。理想社区的社区规划协商平台可以成为社区居民表达意见、提出建议的渠道，同时也可以确保规划过程的透明度和民主性。社区规划协商平台的建立有助于收集多元化的观点和需求，为制定更加科学合理的社区规划提供基础。

社区居民的参与让社区规划的理念从注重未来，变为对当下条件和社区规划实施过程的重视，推动形成自上而下与自下而上相结合的社区规划和项目管理机制，建立参与式社区规划制度，整合规划、建筑、景观等专业力量和社区居民、居村委会、驻区单位、社区社会组织等自治共治力量，通过多方协同、民主协商、资源整合，共同推进社区环境改善，达成社区发展愿景[①]。同时社区规划的方法论也从线性理性转变为多元主体协商的综合协调。社区规划协商平台的形式多样，比如在社区规划时向居民公开更新方案，积极鼓励居民参与社区规划的各个阶段，召开公众听证会、问卷式调查和举办规划成果展示会等以提高居民参与度，也可以通过邀请居民参与规划设计，举办一些协商的活动，让居民主动参与选择设计方案，在方案可行的前提下动手设计自己的家园，创造出符合社区居民需要，具有可持续发展理念的社区生活空间。比如，上海市静安区在其"美丽家园"系列社区更新项目中，积极开展了"参与式规划设计"活动，从而增强了社区规划的社会基础，极

---

① 上海市民政局，上海市民政局关于落实"人民城市"理念加强参与式社区规划的指导意见，沪民基发〔2020〕17号，第2-3页．

大提高了社区居民的参与度。

（二）社区规划师的引入

社区规划师在社区规划设计中具有非常重要的地位，专业的社区规划师具备专业的知识和技能，能够为社区规划提供科学、合理的建议和方案。

理想社区的社区规划师会从专业的角度对社区现状进行深入分析，把握社区发展的规律和趋势，为制定符合社区实际的规划提供支持和保障。不同于传统规划师专注于规划设计等前端工作，社区规划师不仅要进行空间的设计和改造，指导项目实施，还要以专业权威引导社区规划中的"民主参与"[1]，协助社区建立社区规划协商参与平台，引导居民积极参与规划过程，有效提高居民对规划工作的信任度和满意度，增强社区的凝聚力和向心力。

在理想社区下，社区规划师的引入，将有助于城市社区规划逐步从专业规划师为人民规划阶段，到社区规划师与人民共同规划的阶段，最终实现由人民自己规划这一公众参与规划的最高阶段，即居民成为规划的主体，真正践行"人民城市人民建，人民城市为人民"的理念，做好城市精细化治理的大文章。

三、社区规划效能度

社区规划效能度是理想社区规划的关键因素。理想的社区规划能够解决邻里关系问题，合理配置社区资源，提供便利的社会服务设施，并促进社区整体环境的和谐发展。这里将生活服务的便利性、公共服务的可及性、日常出行的便捷程度三方面作为社区规划效能度的主要指标。

生活服务设施是否完善与便利，一是社区内的超市、便利店、餐馆、咖啡店等日常消费场所的布局是不是合理，是否能保障居民轻松满足日常生活需求。二是社区内是否有完善的医疗服务设施，比如社区医院、诊所等，在居民需要时是否可以及时获得医疗服务。三是社区是否满足居民的休闲娱乐需求，比如绿地、健身房、游泳池等休闲设施的布局及数量是否可以满足

---

① 澎湃新闻.城市治理社会化：以"社区规划师"引导社区空间治理为例 [EB/OL].（2022-6-23）. https://www.thepaper.cn/newsDetail_forward_18647509.

居民的精神文化生活需求。

公共服务的可及性是理想社区规划的第二个重要方面。社区公共服务的可及与否，体现在社区能否为居民必要的教育、文化、体育等公共服务，比如社区内是否有幼儿园、小学等教育机构，以便于社区居民子女就近入学。同时是否设置了社区图书馆、文化活动中心等文化设施，以满足居民对知识和文化的需求。

日常出行的便捷程度是衡量理想社区规划效能度的重要指标。理想社区规划一般涵盖完善的交通网络，包括地铁、公交等公共交通的规划。在公共交通方面，理想社区规划，一般考虑了社区是否靠近公交站、地铁站等，以便居民能够方便地乘坐公共交通工具出行；还会考虑到社区内的道路是否宽敞、平整，交通标志是否清晰，是否能确保居民出行的安全和顺畅。此外，随着私家车日益增多，停车问题相对严峻，理想社会规划还应考虑社区停车设施是否充足，能否满足居民有足够的停车空间。

通过在规划时完善生活服务设施、提高公共服务可及性、优化交通网络等措施，可以打造一个宜居、便捷、充满活力的理想社区。

第四节　理想社区规划对理想城市构建的意义

社区规划在理想城市和理想社区的营造中扮演重要角色。理想社区规划是一项系统化、整体性工作，既有物理空间硬场景的规划，又涉及服务功能软场景的规划。理想社区规划不仅能提升城市的宜居性、可持续性，还能促进和谐与文化传承。

一、做好理想社区规划可提升城市的宜居性

随着人们对生活质量的要求不断提高，宜居性成为衡量一个城市是否理想的重要标准。宜居性不仅仅关乎环境的舒适与美观，更关乎社区的规划与管理，以及居民的生活便利性和幸福感。理想社区规划能够有效提升居民的生活质量。一个理想的社区，应当是能够满足居民日常生活所需的地方，

包括但不限于便捷的交通系统、完善的教育设施、充足的绿地与公共空间、高效的医疗服务等。这些因素共同作用，不仅能够减少居民的生活压力，还能够提高居民的生活满意度，从而直接提升城市的宜居性。理想的社区规划，还能有效整合教育、医疗、商业、娱乐等公共服务设施，为居住者提供更加便捷的服务，提高整个城市的服务效率和居住品质。一个宜居的社区不仅能够吸引更多居民定居，吸引外来投资、人才，推动城市经济发展和社会进步，还能提升城市形象和品牌价值，增强城市影响力和竞争力。

二、做好理想社区规划可推动城市可持续发展

城市化进程中伴随的环境污染、资源耗竭等问题，日益凸显出城市发展的不可持续性。如何在城市化的浪潮中寻找到一条可持续发展的道路，成为全人类共同面临的挑战。理想的社区规划充分考虑经济、社会、环境三个方面的平衡与和谐，不仅要能提升居民的生活质量、促进社会和谐，还要能有效地保护环境、促进资源的合理利用。理想的社区规划通过科学的空间布局和资源配置，能够有效减少资源浪费和环境破坏。通过增加绿地面积和公共交通设施，鼓励公众使用公共交通，降低碳排放和空气污染。此外，理想社区规划还倡导绿色生活方式，提升居民的环保意识，推动城市的可持续发展。理想社区在规划时采用绿色建筑材料、推广节能减排技术、建设雨水收集和循环利用系统等措施，减少对环境的负面影响，提升社区的自给自足能力，减少对外部资源的依赖。

三、做好理想社区规划可促进和谐与文化传承

理想社区规划充分考虑社会公平，为不同收入水平的居民提供合适的居住选择，通过公共设施共享，促进不同社群之间交流与融合。同时，要尊重并融入当地文化特色，保护历史遗迹，传承城市记忆，构建具有地域特色的理想社区。社区规划时，充分考虑居民的多样性需求，如不同年龄、性别、职业和文化背景下的需求，提供多功能公共空间，如公园、图书馆、体育设施和文化中心等，鼓励居民积极参与社区活动，增进彼此之间的了解和

交流。理想社区规划关注弱势群体特殊需求，通过实施无障碍设计等措施，让每个人都能平等地参与社区生活，构建一个包容性强、人人平等的和谐社区。社区规划融入地方文化元素，增强文化认同，激发居民对本土文化的自豪感和保护意识。例如，可以恢复和保护传统建筑，举办地方文化节庆活动，通过支持地方艺术家和手工艺人等方式，促进文化传承和发展。鼓励文化创新，设立文化创意工作室、艺术展览空间，为居民提供实践文化创意的平台。

第三章　社区组织

第一节　社区组织概念

一、社区组织的一般性认知

社区是人们城市生活的重要空间，是城市基础单元，聚集了各种社会资源，其中组织和社区成员间利益与诉求相互交织。为实现一定目的而产生的协作团体便是社区组织，组织成员可以资源共享，一定程度上满足在社会生活其他领域无法得到的满足感和安全感。

公众一般认为社区组织是促进社区发展和解决居民生活中的实际问题，致力于提供社区服务、组织社区活动、促进社区凝聚力和协调居民利益的由若干主体构成的共同体。传统的社区组织有街道办事处（以下简称街道办）、居民委员会（以下简称居委会）、小区业主委员会（以下简称业委会）等。这些组织大多系官方或依据相关法律、政策成立的非营利性组织。新兴的社区组织有为社区老年人和困难群体提供日常服务的便民服务队、志愿者服务队、夕阳红老年协会，为丰富社区老年人生活的舞蹈队、健身队、老年大学等，为协助社区办、居委会进行常态化卫生维护的创全保洁队等。

在我国，居委会是基层群众性自治组织，是党和政府联系人民群众的重要桥梁和纽带，是社区居民最为倚重的基层社区组织。随着民法典颁布实施，人们更加重视自己所居住小区的物权，除了物业公司为业主提供的"四保一服务"外，社区生活中遇到各种矛盾、纠纷及困难往往交由居委会或业委会协调处理，业委会成为日益重要的协调社区成员关系的自治组织。

二、学术界对社区组织的探讨

（一）社区组织存在的土壤

家庭、社群、社区是现代社会的重要组成单元。其中社群和社区既可以是现实的，也可以是虚拟的。无论何种社群、社区，其共同的特征是通过社群、社区机制参与各种与自身权益和个人价值实现相关的活动，满足社会交往等基本社会需要。社区组织是市民社会中人们参与共享、共治的重要平台。

社区内每个个体在社区生活中会形成一定的群体意识和归属意识，在参加社区组织活动中逐渐形成社区特色。丰富的社区组织活动能拉近社区成员之间的距离。

（二）社会学研究领域有关社区组织的界定

社会学意义上的社区组织，主要讨论社区内成员之间的互动机制和互动模式。社区成员的生产、生活方式甚至人格发展都可能受到成员间互动的影响，这种影响具体会在社区组织内完成和实现。社会学研究领域中，有关社区组织界定还强调其对资源整合、矛盾化解和满足社区其他方面需求的功能。

（三）社区组织与政府关系及社会治理创新

学界认为社区组织建设有助于社区治理，政府应协调更多社会力量和资金参与到社区中，应简化社区组织注册和登记手续，鼓励成立各种社区组织。此外，政府还应通过设立专项资金，购买社区组织服务，让社区组织代为承接政府转移的职能，以多种方式鼓励和资助扶持各种慈善公益类、服务类社区组织。

随着对社区组织研究的深入，学界从管理学、社会学等视角研究社区组织的形成、构造、运行机制，研究改善社区组织结构和运行机制，试图从社区组织建设及其管理运作中探索规律，完善社区组织建设与管理。国内学者研究重点是中外比较研究，比较各国社区组织类型、结构和运行、管理机制以及组织改革和创新。

我国常见的社区组织管理模式，分为社区所在街道办主导的政府主导型、社区所在居委会主导的社区主导型和居民所在的企事业单位主导的单位主导型三类。现实中以政府主导型管理模式为主。然而该类社区组织管理模式存在政府、社区社会职能不分，主导主体不能发挥有效作用等问题。

学术界有关城市社区组织管理创新的研究主要围绕一些典型创新模式开展，比如沈阳模式、青岛模式、上海模式、深圳模式以及江汉模式等。深圳学者在对社区深入调查基础上分类出居民、企业和政府推动的三种典型模式①，分别由居民、企业和政府起关键作用，主要研究社区工作站作为社会"居站分设"后的主要运作形态，突出居委会的群众自治身份、淡化其政府背景。

比较发现，沈阳模式是以调整居委会所辖地域范围为主线，重构居委会为主导的新型社区组织体系，沈阳模式探索将社区事务商议决策机制和执行机制有效分离，让居委会和社区组织互相监督和制约。南京模式和青岛模式则抓主要矛盾和短板，以与居民生活息息相关的社区服务为抓手，旨在将社区组织建设服务于经济发展。武汉江汉模式着力培育和探索更为自主型的社区组织。上海模式根据街道划界，以行政力量主导社区管理，探索两级政府、三级管理和四级网格化管理的行政主导模式。杭州模式注重社区组织管理模式创新，改善"社会复合主体"的管理，建立人员交叉兼职、主体交叉关联、社区项目串联的多层运行、优势互补、多方参与的"多位一体"的组织架构和运行机制。②以上模式都是对政府提供公共服务的补充，社区组织提供商业、公益和部分公共服务，在政治上接受党的领导、业务上接受居委会指导。

---

① 李璐. 城市社区组织管理研究综述 [J]. 湖北社会科学，2014（8）：45−49.
② 李璐. 城市社区组织管理研究综述 [J]. 湖北社会科学，2014（8）：45−49.

（四）社区组织分类

学界常把社区组织与社会组织一起讨论。国内系统研究社会组织的学者将社会组织划分为国家、政府举办的社会组织和非政府组织（Non-Governmental Organizations，NGO）[1]，20世纪80年代，研究者根据组织是否营利进一步划分为非政府组织（NGO）与非营利组织（NPO），把二者归结为具有重要公共管理作用的新型社会组织。更具体的社会组织划分还包括各种基金会性质组织、各种团体及民办或官办非企业组织。社会组织往往具有某种社会职能、有特定的组织目标，根据目标可以划分为政治、经济、慈善互助、文体活动等组织。学者们通常更关注除政治组织和企业组织之外的狭义社会组织，如各种社会团体和人民团体。这些团体服务于城市社区居民，为之提供公共产品及公共事务服务，被统称为城市社区社会组织，简称社区组织。社区组织可内生于社区，也可以政府购买服务等方式从外部引入到社区，各种人民团体或事业性质的组织不在此列。社区组织细分类别如图3-1所示。

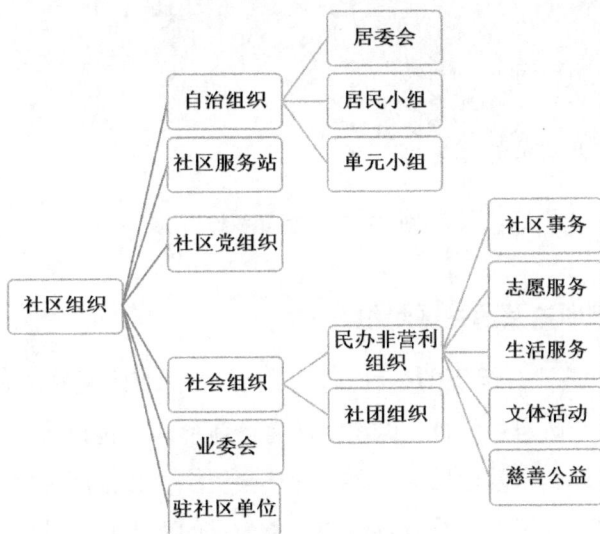

图3-1　社区组织细分类别

---

[1] 周庆智.中国历史与社会情境下的社会组织 [J]. 华中师范大学学报，2019（5）：1-12.

我国城市社区组织发展呈现多元化趋势，但基本社区组织仍以居委会、小区业委会和物业服务公司为主。这三个社区组织之间权责匹配合理程度、运行机制是否良好直接影响其他社区组织的良性发展，也决定社会治理的创新基础。以上三个常见社区组织还会衍生出相应细分组织。

（五）社区组织在城市生活中的作用

无论在发达国家还是在发展中国家，社区组织是除了企业和事业单位外另一落实国家给予社区的公共服务和经济支持的实体，是居住者为争取其政治经济权益而出现的组织形式。衡量社区组织作用的标准是其能否切实提升社区成员的社区归属感，提升凝聚力及社区生活质量。

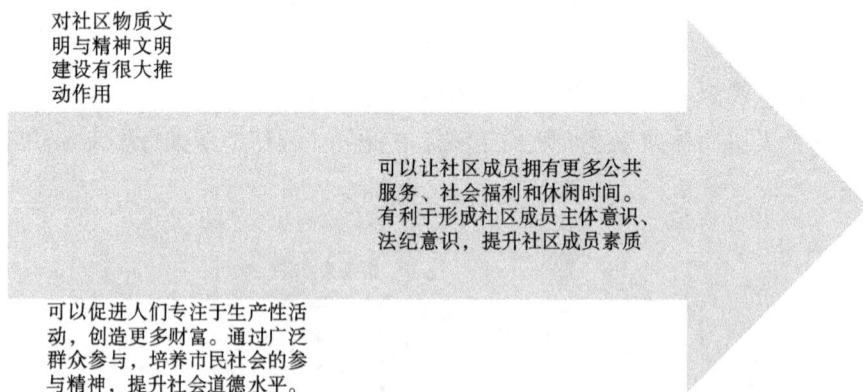

对社区物质文明与精神文明建设有很大推动作用

可以让社区成员拥有更多公共服务、社会福利和休闲时间。有利于形成社区成员主体意识、法纪意识，提升社区成员素质

可以促进人们专注于生产性活动，创造更多财富。通过广泛群众参与，培养市民社会的参与精神，提升社会道德水平。

图3-2　社区组织作用

三、本书所论及的社区组织

社区组织是社会组织的一种。广义上，社会组织是指人们一起从事各种活动的家庭、政府、学校、医院等所有群体形式，包括政府和非政府组织及各种自然群体和自发性团体。狭义的社会组织，特指因某种目标有意识组织起来的群体。社区组织是以自治与服务为目的而出现于社区的地域性社会生活共同体。本书所讨论的社区组织属于狭义社会组织。

第二节　社区组织发展变迁回溯与分析

社区概念最早由德国社会学家滕尼斯提出，之后美国芝加哥学派学者帕克界定社区时开始强调地域、人群和组织联系的特征。20世纪30年代，费孝通把"Community"翻译成"社区"，亦强调居住者的利益诉求和相互交往需要。在工厂、居民区、单位区域内相似生活环境、文化程度和收入的群体形成生产互助、生活轨迹相近并互动的利益诉求相合、社交圈相近生活共同体。

一、我国社区组织的发展变迁

（一）新中国成立初期的社区组织

新中国成立初期，街道办和居委会是最早的社区组织，因服务需求增加才衍生出各类其他社区组织。但它们的共同点是沿着城市社区发展轨迹诞生，具有相对独立性，在政府支持、监督管理和调控指导下，部分或全部实现政府服务、管理社区居民，规划和调控社区经济、文化生活的功能。

截至1955年底，城市社区组织发展迅速，各种人民团体、公益团体、学术研究团体、文艺组织、宗教团体和其他团体如雨后春笋般出现。这一时期建立的社区组织以团结社会各阶层人士、巩固执政党执政地位以及联系国家和城市居民为导向。各种社区组织以党组织为核心形成了管理体制，有的社区组织的建立以国家、国际政策为导向，所以这一时期的社区组织建立已包含了行政色彩，城市传统街居制在生产和社会福利覆盖中的作用让位于"单位社会"。"单位社会"中社区组织覆盖范围极其广泛，有的具有全国性影响，如生产领域的全国性行业协会、专业群、攻关小组，社会福利领域的慈善组织、妇幼保健组织、妇联和各种功能的福利机构与工作站等。

行政型全能社区组织的形成期在1956—1979年，国家开始直接建立和管理全能型单位社区组织。随着公私合营等社会主义改造完成后，城市建立了严格的户籍制度，国家可以通过单位基层组织管理城市居民，城市居民生产生活全面依附于单位。不论单位是盈利的企业还是非营利的事业性质，单位都有义务对成员提供各项福利、服务。单位制社区组织时期，国家通过单位管理城市居民的生产、生活活动，也给城市居民提供相对完善的福利和服务。

（二）社区组织的多元化发展

改革开放之后，城市居民的利益诉求多元化和服务需求差异化趋势日益明显，依靠传统行政色彩明显的全能型单位社区组织越来越不能弥合这些差异，还疏离社区居民对地方政府的信任感。这就需要有社区自治组织帮助达成基于各方理解和认同的一致，比如社区居民在居住物业区内发生的矛盾，无法通过传统的单位社区组织协调。此时业委会、居委会等基层社区自治组织的作用就凸显出来。1978—2012年是多元社区组织探索发展时期，改革开放带来的不仅是社会经济结构深刻变化，也催生了社会组织变革。国企改革和非公有制经济发展使得企业再也无力承担全能型社会服务和社会保障义务。行政型社区组织为了建立新的居民与政府的联系渠道，必须发展新型城市社区组织。

城市中最早产生的社区组织是居委会，在1979年以前它属于辅助性社区组织，重要性远不如单位，直到1982年宪法将居委会定义为基层政权组织，颁布的新《城市居民委员会组织法》重新将居委会界定为"基层群众性自治组织"，在各个社区居委会自治组织基础上又衍生出老年活动中心、旨在满足烈军属和五保户等的综合服务站以及敬老院等社区组织，甚至建立了安置残疾人的福利工厂。这些新型社区组织以承担社区服务为导向，政府引导多重主体参与组织建设。

改革开放以来，城市居民生活逐步减少对单位的依附，政府以社区为单元向他们提供基本服务，居民通过社区组织参与各项公共事务。后来鼓励社会甚至家庭兴办各种福利事业，参与主体日益多元化。借此政策鼓励，民办非企业单位和各种基金会也逐步兴起，但当时国家对于社区组织发展仍持观察态度，主要是基于社区组织不能影响国家稳定考虑，所以20世纪八九十年代，国家出台了系列清理、整顿社区组织的相关政策制度，旨在维护国家稳定的前提下，建立国家主导的社会团体、基金会和民办非企业组织。在这样的背景下，成立了中国少年儿童基金会，鼓励兴办民营医院，并将各类民间组织纳入统一社会管理体系。

从 20 世纪末开始，自发成立的各类社区组织发展迅速，各类基金会也大量涌现。2006 年国家将上述组织统称为民间组织，强调它们的自治性。正是从那个时期开始，我国开始出现类似西方社会中非政府主导、非营利、志愿性质的"第三部门"组织——社区社会组织。到 2012 年，以上三类社区组织总数已达 46 万个，包含社会团体 254969 个、民办非企业单位204388 个、基金会 2614 个。[①]

民政部数据显示，截至 2022 年三季度全国共建设社区服务指导中心480 个、社区服务中心 29077 个、社区服务站 502404 个、社区专项服务机构和设施 50698 个；目前我国正式登记注册的社区组织有：民间团体、民办非企业机构、各类基金会、居委会等。

（三）社区组织发展黄金期

我国城市社区组织无论在实际功能上还是在治理地位上都深受国家政府影响，多数社区组织存在政社一体倾向。从 2012 年开始，社区组织开始以独立法律地位参与社会生活领域，社区组织的治理也被纳入国家治理现代化体系。党和政府新时期政策导向是通过完善社区组织相关立法，以"政社分离"方针促进形成国家、市场和社会力量共同合作的治理格局。社区组织主管部门以行政和资金支持促进社区组织建设、促进社区工作队伍建设。这些宏观、微观政策加速了现代治理型社区组织的形成，截至 2023 年底，我国正式注册社区组织数量已逾 175 万个。中国社会科学院大学、社会科学文献出版社联合发布的《中国社会组织报告（2022）》表明，从所处行业分类，社区组织行业分布进一步丰富。2021 年底，教育领域社区组织数量已有 288341 个；社会服务领域社区组织共 137475 个；文化领域社区组织共 76635 个；体育领域社区组织共 60176 个；工商服务业领域社区组

---

① 罗婧．从团结型社会组织、行政型社会组织到治理型社会组织——1949 年以来社会组织的变迁历史 [J]．清华大学学报（哲学社会科学版），2020，35（03）：200．

共 53093 个；农业及农村发展领域社区组织共 47467 个；卫生领域社区组织共 42833 个；科技与研究领域社区组织共 25514 个；职业及从业者组织领域社区组织共 23303 个；宗教领域社区组织共 5175 个；生态环境领域社区组织共 3925 个；法律领域社区组织共 3489 个；国际及涉外组织领域社区组织共 541 个。近年来，我国社区服务中心和社区服务站数量及增速情况，见图 3-3、图 3-4。

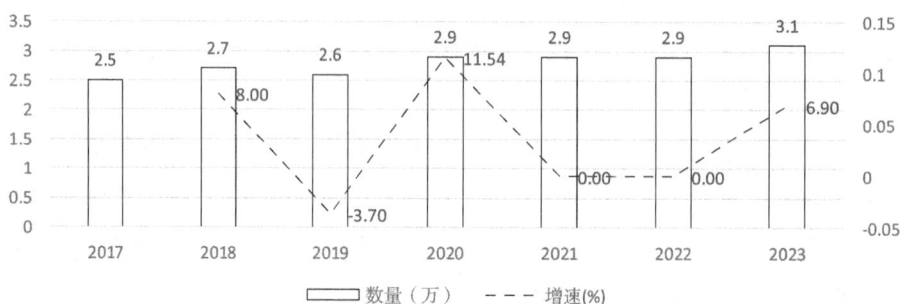

图 3-3　我国社区服务中心数量及增速（2017—2023）

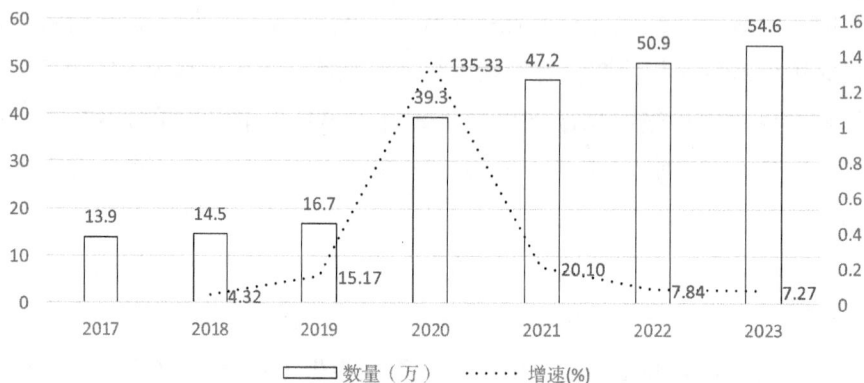

图 3-4　我国社区服务站数量及增速（2017—2023）

二、社区组织发展变迁特点与趋势

（一）社区组织形态是社会结构转型的结果

我国社区组织发展变迁，体现了社会结构变化及其带来的政府、市场和社区居民之间的相互作用与互动。社区组织雏形是城市居民互助型社区组织；我国社会主义改造基本完成后到 1978 年改革开放之前的社区组织行政化色彩浓厚；改革开放之后至党的十八大前处于组织类型探索型社区组织发展阶段；2012 年至今则属于治理探索型社区组织发展新阶段，该阶段社区组织旨在推进在城市社区中建立社会信任，探索新时期有中国特色的社区组织。

1949—1956 年，民国时的保甲制度丧失生存土壤，城市生活中国家以单位形式直接联系和管理民众社会生活方方面面，单位成了"全能"单位，掌管城市居民生老病死的各个层面。改革开放后，包揽生老病死的全链条单位逐渐淡出社会生活，在国家与民众的联系纽带中萌生出多重主体、多种组织，这些社区组织成为替代单位连接政府和民众实现二者互动的纽带。如今，社区组织的平台互动作用日渐受到政府重视。2002 年以后，社区组织才成为替代民间组织和各种自治组织的正式社会组织。那一时期社区组织开始正式承担部分社会福利功能，与西方社会社区组织不同，它并非独立于政府和市场之外的第三部门，而是部分承担了原本由单位承担的社会功能。

社区组织形态是社会结构转型和文化发展的结果。虽然受到外部制度影响，但我国社区组织有着不同于国外社区组织发展的独特规律，尤其是在 1979 年后，我国城市中涌现出一批具有较高自治性的社区组织。如果仅仅从西方社区组织理论出发分析民众参与公共事务的动机，而不是从我国改革开放全局分析，无法正确推演出本土社区组织的变迁规律。我国城市社区组织的发展反映了国家与社会、政府与民众的互信关系和互动渠道的变迁趋势与规律。

（二）社区组织被纳入现代国家治理体系

现代社会的国家—市场—社会治理结构是由政府组织、市场经济组织和非营利组织有机构成的。进入新时代以来，社区组织管理开始由行政型向治理型过渡。

社区治理按照双轨制改革路径，在"国家—市场—社会"框架下，明确其法律地位，界定社区组织在公共事务领域的作用边界，政府以"项目制"形式外包公共服务，并为这些服务提供财政支持，同时也坚持基层党组织对这些社区组织的政治引领。2015年国家出台党建指引政策和法规，强化了党组织在社区组织中的方向性作用，旨在规范社区组织治理，防范治理风险。

新时代的社区治理机制是"国家—市场—社会"迈向"分离—合作"关系，但与西方社区组织运作机制有很大差别。我们的"国家—市场—社会"是在中国共产党引领，政府主导下的分离与合作，政府与社区组织有正式和非正式沟通的各种渠道。这些运作策略和沟通渠道是政府与民间建立信任和达成共识的重要机制。传统社区组织运作机制中缺乏对不同意见和诉求进行协调、沟通与整合的效率，而治理型社区组织正是寻求这样一种良性信任沟通下达成的共识机制。

我国城市社区组织在社会救助、扶贫帮困、社会矫正、文体活动、健康公益活动等领域获得了党和政府的充分支持，在这些方面参与的深度与广度都很大，这种政府—社区组织的治理整合与西方"第三部门"组织的依附式自主治理机制差别较大。我国城市社区组织的自主性的前提是政府倡导的宏观不乱、微观搞活，其组织发展状况与当地经济文化发展水平相关性较大，例如我国长三角、珠三角等沿江、沿海发达地区的社区组织发展较快，资源利用程度较高，这与当地政府的特色培育和鼓励政策也有很大关系，如图3-5所示。部分地方政府甚至主动创办社区公益服务项目洽谈会，促进社区组织和社会活动及企业资源充分联动。

（单位：个）

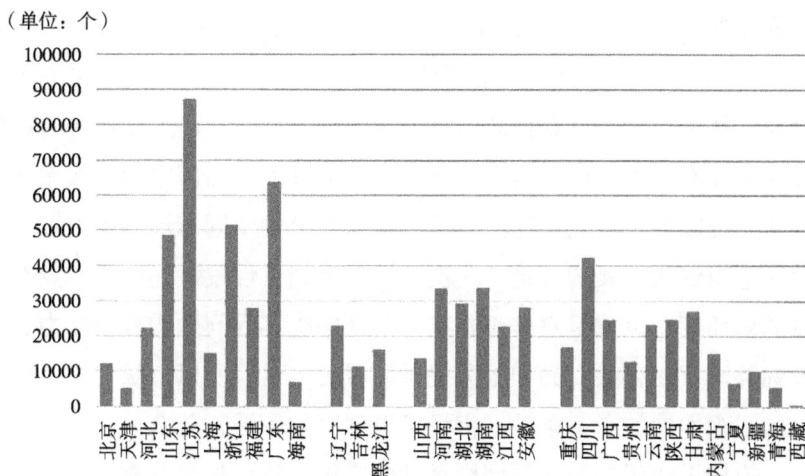

图 3-5 2017 年各省份社会组织个数（数据来源：《中国统计年鉴 2018》）

社区组织不仅代表社会力量，还是联结国家与社会生活的中间组织，是政府与市民联系的重要纽带。社区组织不仅体现了"国家—社会"关系，还体现着"国家—社会组织—社会"关系。所以，我国的城市社区组织离不开政府的充分支持，其自主性根植于国家治理的宏观调控大背景。可见，社区组织能否得到公众与国家的双重信任直接决定了其运行效率和治理机制的有效性。

（三）规范的社区组织建设与发展

我国依法规范和管理社区组织建设与发展。根据我国相关法律的规定，居委会是联系政府和社区群众生活的纽带，随着城市化进程和社会生活演变发展，新的社区组织会层出不穷，对社区管理提出更大挑战，作为社区组织的核心纽带，社区居委会依然作用巨大。在各类新成立的社区组织不断增加、政府服务外包数量增加，服务主体多元化背景下，各种社区组织互相配合、密切沟通能有效促进社区建设，将社区塑造成为宜居、和谐的生活圈。

社区组织演变的内在条件是国家和民众的信任与认知的一致性，传统道德观念、现代法治化、多元化、契约化、民主化和自治化理念等构成了现代社会秩序基础，也深刻影响着治理型社区组织的成型。外在条件是社会结构的变化对传统文化和观念冲击引致的社会秩序变化，外来 NGO 和其他组织的治理理念也不断促进着我国社区组织的治理水平的提升。

首先，社区组织良性发展必须建立在遵守相关法律以及与相关部门的良好合作的基础之上，以获得政府相关部门的支持。然而由于社区组织运行效率的评价标准与市场经济运行效率的评价标准以及与国家治理效率评价标准都存在一定差异，因此如何消弭社区组织与市场及国家治理中的评价分歧才是社区组织健康发展的关键。其次，社区组织良性发展还取决于其在公众中获得的信任度，也就是它是否具有为公众解决实际问题的专业能力，是否能有效弥补国家在公共商品和服务提供领域的不足。所以市场化之外的专业化是社区组织发展的必备条件，市场可以解决的领域，公众可以通过经济组织解决，市场无法延伸至的领域则靠社区组织，然而如果没有专业化，不能切实为社区居民提供帮助和解决问题，社区组织就难以被社区成员接受和认同。社区组织既要在社区事务的专业上获得公众信任，又要在政治上获得国家的信任，这样才能成为沟通民众和国家的良好纽带，才能成为公众参与社区事务的重要平台。现代社会治理发展既有分权趋势又有合作趋势，分权是指社会、市场和国家的分权治理；合作是指多方合作孵化社区组织、社区组织承担更多社会责任等方面。

社区组织治理模式变迁虽有自发演变规律，但也与国家与公众关系变化相关。自上而下的行政型社区组织是新中国成立初期国家团结和管理城市居民生活的重要平台。然而，随着城市居民物质和精神生活的不断丰富，国家越来越难以满足城市居民日益增长的物质和文化需要，此时单位体制下的行政型社区组织开始替代国家主导的社区组织。随着生产力水平不断提高，一些单位型社区组织的经济低效特征日益凸显，引发了组织发展低效性和系列矛盾，于是催生了大量民间组织和基层自治组织。国家如何鼓励和充分发挥这些社区组织的作用，以及厘清社区组织与企业、基层政府等的关系成为国家治理的重大问题。改革开放以来，治理型社区组织开始成熟并逐渐在国家治理体系中占据一席之地。专业化日益成为考量社区组织效率的关键指标，国家通过项目制等目标导向评价社区组织的效率。

三、不同国家、不同城市社区组织的差异性

不同国家、不同城市社区组织存在差异性，即使不同街区的社区组织发展也受历史沿革和外部环境影响而具有不同特性。

（一）世界各国社区组织进化史

社区组织有着复杂的系统进化过程。20世纪90年代以后，全球结社运动使社区组织在社会中快速增长，然而社区组织治理机制的形成也经历了一个复杂的探索过程。社区组织这一正式名词出现于20世纪末，然而追溯人类社会发展史，早期人类社会的部落、氏族社会等共同体是早期社区组织的雏形，是为了协调解决原始社会内部的矛盾冲突而生。

随着氏族社会事务的复杂性不断增大，城邦制国家开始出现，城邦制国家又出现平民和贵族阶层分层。中世纪后城市中有产者的自治传统没有因战乱而失传，反而形成了早期资本主义市民。文艺复兴和市场经济发达促使市民社会形成，资本主义国家公民权利扩大的同时，政府也要承担更大的福利责任，随着大量社区福利责任交由私人承担，政府逐渐把该私域的自治权力以法律形式固定下来，在客观上培育了民间社区组织的存在土壤，同时将部分社会福利责任转交由市民社会自主承担。市民社会集合了众多愿意保护和增进自身福利、价值或利益的市民，他们自愿结合成社区组织以增进社区福利，实现自身价值目标，这些民间自发建立的社区组织不仅丰富了社区物质文化生活，拓宽了社区服务内容，也是现代社区自治组织的最初探索。

工业革命后期发达国家的社区组织发展开始步入快车道，1887年德国社会学家滕尼斯呼吁建设一个"出入相友、守望相助和疾病相扶"的社会团体，他把这种富有人情味的团体定义为社区。后来提供社区服务和建设生活共同体成为各种社区组织发展的内在动因，即现代社会公民让渡出一部分权力来建设自助互助社区组织。当时社区工作者发起的社区睦邻运动成为推动社区组织发展的重要动力。1877年布法罗也成立了慈善组织会社，1884年伦敦成立了社区睦邻服务中心——汤恩比馆，1889年美国也创办了社区睦邻服务中心——霍尔馆。20世纪又兴起了各种俱乐部、学习班、研讨会和

各种文体爱好组织，丰富了社区文化生活。到 1937 年，美国已经成立 500 多家社区睦邻服务中心。1946 年美国成立社区组织研究会，后来又成立社区发展合作组织。1952 年，联合国专门成立社区组织与社区发展小组以促进社区发展。进入 20 世纪 70 年代后，西方国家进入后现代社区组织繁荣兴盛时代，到 21 世纪初西方发达国家社区组织已拥有近 2000 万全职工作人员，其中 28% 人口曾作为社区组织志愿者参与食物银行等各种慈善社区活动，能否参与志愿活动，慈善捐助是否踊跃甚至决定了当地人的社会地位。新型志愿行动形成了固定的公益模式。

（二）新世纪社区组织发展新趋势

进入新世纪后，西方国家社区组织借助信息和互联网技术不断实现跨社区、跨城市和跨国家融合，实现了更大的福利和文化娱乐功能。社区组织以慈善、研究、文化教育和健康娱乐等服务为主，私人部门承担了社区服务的大部分费用，发达国家社区组织开始重视战略合作，引入合作和团队建设，以 SWOT、ABC、VPC、价值链管理等企业管理技术完善社区组织建设并进行危机管理。社区组织管理企业化的同时，其活动日渐超出国界，尤其是以非营利组织为主导正在掀起一场全球性社区组织革命。不同国家的社区组织互相交流、模仿和融合，形成社区组织同盟，共同应对人类面临的问题，许多社区工作者走出国界，促进民间交往，明确社区组织对共同安全和繁荣的责任，发展各种国际人道主义援助，并且不断提高各种援助和合作的效能。由于发达国家社区组织引入了企业管理模式，其活动模式和运作机制也愈发制度化，旨在用信息技术消弭网络合作的不利因素，实现专业化、秩序化、责任制、低成本和高效率。发达国家的社区组织管理模式为基层民主实现提供了范式。政府和权威机构也以资格认证、注册管理、审计管理、财务管理、效率评估、募捐管理等介入方式促进社区组织发展的科学化、正规化和有序化。

由于西方社会结构分化程度越来越高，社区组织也呈现多样化和异质化趋势，通过互联网融合社区各种资源提供不同于政府同质化服务的细分多样化比较优势服务。并用企业全面质量管理模式来创新和丰富组织的服务内容，提升服务和组织活动的效率和品质，以期创造美好丰富的社区生活。归根结底西方国家社区组织发展是其生产力发展、自治成熟度和社会分层的结果，它在当地有效弥补了政府失灵带来的服务空白，但其发展规律却不一定适合世界各国社区组织，社区组织要在政府缺位和市场失灵时发挥有效作用，必须满足以下条件：一是企业和个人具有高度的社会责任感；二是社会自治程度较好；三是社区组织具有较高的自主性，而不仅仅是分包政府服务的职能延伸工具；四是社区组织要引进企业管理思想，能进行战略分析、交流合作和体制改革，能吸收各种先进运作模式。

（三）英美社区组织进化史

1869 年，英国伦敦出现第一个以扶贫慈善功能为主的社区服务组织。后来发展的社区组织大多利用社区资源解决社区问题，完善社区功能，最终促进社区全面、健康、协调发展。在欧美发达国家，有很多 NGO 和社区自主建立的各种团体组织，这些社区组织是根据社区居民需要自下而上设立的。在斯堪的纳维亚半岛上的高福利北欧国家，有很多专职人员供职于社区组织，这一地区服务公民的社区组织是应公民的需求而产生，服务政府的则是根据政府编制需要而设立。

美国公共非营利性社区组织包括基督教青年会（YMCA）、儿童俱乐部、警察运动联盟（PAL）以及以社区为基础的服务俱乐部，它们传统上为孩子们提供一些免费或者低费用的有组织的体育运动项目。举办的项目目标也很多元，有的活动旨在塑造孩子们的体育精神，有的活动旨在为避免危险而减少孩子们在街上游荡。

（四）韩国协同治理型社区组织

东亚的韩国社区组织发展史相对较短，由于政府受到财力限制无力承担社会服务所有功能，同时社区也没有成熟的自治组织，所以只能由政府部门与民间组织通力合作，政府间接引导社区提供服务，在一定范围内增加福利供给。

韩国行政改革倡导私有化和分权化，社会服务供给从政府主导向社区提供福利方向发展，大量民间组织和团体参与到社会福利供给体系中。这些提供福利的社区组织与政府成为伙伴关系，实行公司混合服务体制，官民协力形成社区内服务网络和官民共同治理模式。首尔市城北区的福利提供模式是韩国根据当地特点和居民需求发展出社区福利磋商组织的典型代表，其鲜明特点是公民团体参与提供服务。社区福利磋商组织实际成为社区内公共部门、私人部门、官员、学术专家协商参加社区治理的重要平台。还有一种机制是松散的社会服务协议会运营机制。相较于社区福利磋商组织，此类组织较为松散，大多数由私营机构代表组成，社区成员主体参与程度不高，服务提供的多样性和协作紧密程度受到限制。

（五）日本分层型社区组织

按照社会交往原则建立社区组织的典型例子是日本。东京、神户等地的区以下的社区组织主要有区协议会、联合自治会和自治会或町内会三种。据统计，在这些地区，平均每 300 户家庭约有一个基层社区组织的町内会。

四、不同城市、街区的社区组织差异

（一）国外城市社区组织功能差异

20 世纪 70 年代，美国为应对种族隔离、经济滞胀和城市重建带来的问题以及防止因治安恶化、居住治理等问题造成的社区环境恶化，社区邻里组织的快速发展。1977 年后又建立了"全国邻里委员会"，通过了全国邻里政策法案，这里所指的邻里比社区的范围更小。这个时期常设的社区组织有"社区委员会"或"邻里委员会"，其常见功能是筹集资金、帮助居民开展社区活动并公开、透明地处理复杂社区事务。美国城市社区组织还包括其他青年人组织、兴趣组织、家校联合会、商业协会和教会等不属于社区或邻里组织的非政府组织。虽然上述组织为社区居民提供服务，但并不参与大多数筹集资金及其他社区活动。美国并不把从事房地产交易、陪护看护、社区环境美化、交通维护、环境维护、防火防灾、儿童门诊所、社区健康中心的组织和社区发展组织当作社区组织，因为这些组织的工作人员通常并非志愿者，而由专业人士或政府雇员担当。

在美国城市社区组织的领导层由社区居民选举产生，领导层一般任期一年，这些领导层每年大约开会 5—12 次或根据情况增加会议，日常运作由社区执委会主持工作，每月组织一次以上活动。根据社区事务需要，下设各类事务委员会，委员会成员不能由领导层而是由社区其他居民担任。为保证社区组织独立性不受筹款来源的左右，筹款渠道保持多样性。社区组织预算主要用于宣传和组织活动的经费、社区组织工作人员的报酬、场地房租和办公设备。

社区咨询委员会是邻里联合会的权力基础，委员会每两月开会一次，社区代表也可以临时发起咨询委员会会议，并将社区意见由会议向当地政府和议会反映。

邻里联合会可以向政府部门直接反映问题。邻里联合会常常代表弱势群体利益。市民顾问理事会成员也来自邻里联合会，成为社区居民代言人，他们综合邻里联合会和社区居民建议随时与当地政府和议会沟通。市民顾问理事会每月一次例会，每三个月至少与市长和议会联系一次。

该组织是伯明翰市历史上第二个与地方政府联系如此紧密的社区组织，另一个是地方反贫困项目理事会。

16 岁以上的辖区居民有权参加邻里联合会每两年一次的选举。只有在社区住满 90 天，且 18 岁以上并参加过两次以上社区邻里联合会的居民，才有资格当选邻里联合会工作人员，同时参选人须声明是义务工作者而非专职雇员。邻里联合会及前述的其常设机构都没有专职工作人员。而且房产公司老板和企业主还不能作为候选人，有些邻里联合会投票率甚至高达 70%。

该市社区组织主要针对社区居民进行邻里调查，并发布《邻里简讯》和《全市简报》。

（二）国内外城市社区组织治理架构比较

中国城市社区组织分民政部正式注册、社区或街道备案、未注册备案的三种。民办教培机构和敬老机构一般都注册备案，属于民办非企业单位，民非企注册资金较高，它们开展业务一般能带来收入。然而未备案组织占比更高。我国党群组织覆盖工、青、妇、团、残、老各领域。计生协会、残疾人协会和夕阳红协会往往由政府资助并主导。

基金会和新经济组织是市场经济发展到一定程度产物，它们与经济体制改革中产生的社区卫生服务站和文体协会等形成对比，其运作机制和经费来源，前者主要靠自筹，其负责人为普通社区居民。后者一般由政府财政支持，其负责人一般由街道办或居委会成员兼任或由他们任命。

杭州市政府主导的社区组织及设施包括：建设未来社区样板，为社区提供文体活动、医疗咨询、扶贫救助和调解治安纠纷服务的社区办公室与各种党建警务和社区居民活动室。社区组织经费基本由政府提供。由社会力量组办的社区组织包括民办非企业类培训机构和各种基金会，行政上受辖区街道办和居委会领导，经费上主要靠自筹。

新加坡由于地域狭小，其社区组织设置不同于多数西方国家，全国有人民协会，下辖各层分别是人民理事会，居民委员会、邻里委员会、社区发展理事会、公民咨询委员会。人民协会成立于 1960 年，主要职责包括：沟通协调社区居民与政府关系；促进志愿者服务；增进社区凝聚力，改善社区居民个人技能和生活格调；推动各社区居民参加并促进族群和谐。社区发展理事会具体负责各种增进社区凝聚力的活动并代理一些社区服务和体育活动。新加坡社区最高基层组织是公民咨询委员会，它负责规划、协调和领导社区工作；维护和改善公共设施、改善居住环境和社会治安；组织募捐帮助困难群体，也负责向上一层级社区组织反映民意。

居民委员会通过组织各种联谊会，组织包括文娱活动、对话参观、邻里守望、防卫演习和辅导课程等活动促进和谐社区建设。社区经费来源包括各种赞助。新加坡政府来自社会赞助的会配套 1:3 或 1:4 的财政投入，其中政府负责的社区组织设施设备建设维护费除外。

与新加坡的社区组织相比，中外社区组织的差异主要表现为：中国社区组织治理以政府为主导，是政府治理架构的纵向延伸，而新加坡社区组织管理机构人民协会与政府部门平行，社区发展理事会有时会代行政府部分社会职能，比如体育和社会发展领域职能。议员与社区组织接触通过社区中的公民咨询委员会。中国和新加坡在社会组织机构设置上区别较大，中国社区组织辖各类建设工作委员会，但具体社区工作由居委会开展，各层面委员会无固定编制人员。而新加坡社区工作展开于各社区组织，组织构成比较松散。

虽然中国和新加坡的社区组织都负责下层民意上传，但中国的社区组织职能比较综合，而新加坡的社区组织职能比较单一。经费来源方面，中外社区组织建设都得到政府财政支持，中国社区组织经费来源部分为有偿服务所得。综上所述，国内外社区组织差异与双方的市场体制和社会制度差异相关性很大，但其目标都是旨在提升社区居民生活质量、提高社区凝聚力和构建和谐社区。

第三节 理想社区组织

社区组织是实现理想城市的组织保证。理想社区中，社区组织应该是类别齐全的、彼此之间互动性高，且社交功能和组织凝聚力强，能实现"银发天堂，儿童乐园，上班族栖息港湾"等所有城市居住者的适意开心目标。其中，首要的是有坚强基层党组织的引领，在政治上掌舵护航，在治理结构上不偏离中国特色社会主义方向，在社区服务和管理中以人为本，全心全意依靠人民群众，为人民群众服务。

一、理想社区组织的党建引领

（一）社区党组织的主要职责

（1）宣传党的路线方针政策，贯彻执行党的决议，团结和组织干部群众，促进完成社区任务。

（2）讨论决定本社区建设、管理中的重要问题。

（3）领导社区居民自治组织，保障其权利，完善社区组织办事制度；领导各社区组织依法运作。

（4）联系和服务、教育和宣传、反映和传达、化解矛盾和维稳。

（5）组织党员和群众参加社区建设。

（6）发展社区新党员，做好教育和管理工作。

（二）社区党组织的引领力和组织力

社区党组织引领是社区组织政治先进性、社区治理机制不断优化、社区组织自治功能不断加强、充分发挥服务功能和化解社区矛盾的关键依托，党员干部在社区组织中的先锋模范作用和党组织的自我革命、自我成长能力促进社区组织始终在正确轨道上发展。社区党组织能否做好党建引领，充分发挥其组织力和引领力是理想社区的重要标准，社区成员则监督基层党组织引领力、组织力的效用发挥。

理想社区组织应在党组织领导下，立足于社区实际与资源，塑造社区品牌组织。物业企业、社区组织和业主大会等各级各类社区组织是社区品牌塑造的主体。如国内有的社区，通过文化体育比赛、文艺表演、厨艺擂台赛、扶贫帮困慰问、照料孤老、慈善义拍会、团购商品或装修、集体外出旅游等等，试行建立托老所、少儿放学后的课外学堂、小孩或老人外出的集体接送服务等。

二、理想社区组织的社交与互动

互联网技术加快信息传递的同时，也可能会带来社区成员之间减少线下交流的问题，手机社交功能拓展和短视频节目兴起阻隔了社区组织成员之间的传统人际交往。许多人线下聚会时也盯住手机，专注于虚拟社交圈，人与人之间交往越来越疏离。理想社区组织的友邻互助、情绪疏导能一定程度上缓解这种社交虚拟化危机。

（一）理想社区组织的友邻互助

社区内的帮助是互相的，邻里间在精神和物质层面保持互相支持、相互扶持状态是理想社区的内在特征。如果邻里关系融洽，一旦有人发现社区内部有异常现象和不良行为抬头就会向其他人示警。和谐的邻里关系也有助于互相合作保护环境，避免随意倾倒建筑垃圾和破坏社区花草树木，建立良好的可持续的绿色生态优质社区环境。良好社区人际关系也有助于社区组织中助老工作的进行，在充满温情和关爱的社区组织中，老年群体能够一定程度上避免科技发展对其生存状态的挑战，更能有利于他们安享晚年。

邻里互助既有助于解决日常生活中遇到的小矛盾，也能够增强社区团结和凝聚力。通过邻里互助，社区居民建立起一种彼此信任的关系，并从中获得更多安全感和幸福感。社区中良好人际关系，有利于居民更好地享受社区环境，增强居民服务社区的动力。

（二）理想社区组织的情绪疏导

社区作为人们生活和互动的重要场所，社区组织完备程度、社区组织活跃度等是理想社区组织的现实体现，对人们互动交流、生活品质提升、情绪缓解均产生直接影响。首先，社区组织是完善社区功能，提升社区服务水平的有机架构，是创新社会治理和引领志愿服务的试验平台，社区组织比基层政府更加贴近居民生活，社区组织成为扩大社区居民参与公共活动、投身公益活动和争取公共利益的"助推剂"，在社区组织中社区成员之间互动交流更为频繁。其次，理想社区组织能够帮助社区成员疏导矛盾、修复情绪、解决社区治理难题、化解社会挫折感，打造健康和美社区文化，提供人生价值社交平台，塑造良好社会风尚。

在社区中的生活时间越长，人们对社区依赖越大，从衣食住行等日常生活需求，到教育医疗、文娱生活，都离不开社区组织。社区成员的需求如果在一个组织中无法得到满足，可以在另一组织中得到，多样化社区组织、丰富社区互动载体和平台成为抚平公众情绪、丰富公众生活的重要依托。

三、理想社区组织的生活体验

2018 年中共中央办公厅、国务院办公厅印发的《关于建立健全基本公共服务标准体系的指导意见》中提出，要从国家、行业、地方、基层服务机构 4 个层面构建基本公共服务标准体系。这有望进一步激发社会组织的发展，未来理想社区组织有望涵盖志愿者组织、公益组织、环保机构、教育培训机构、托儿所、晚托班、社区养老院、夕阳红活动中心、社区食堂等，为社区居民提供全方位的服务。

（一）国外的相关实践

欧美发达国家经验表明，理想社区组织能有效提升社区生活质量，落实和完善公共服务不能全部覆盖的领域，助力建设区别于城市 CBD 的温馨社区，其良好人际关系、社区活动伙伴带给社区成员以社区大家庭的体验感。

加拿大温哥华力求完善社区各种组织和设施，通过对社区的建设，重塑地区经济社会发展。温哥华社区组织提供多样性的社交便利、丰富多彩的业余生活，旨在使社区居民下班后能够感受到生活的温馨、舒适。

（二）国内的积极探索

实证研究发现，城市居民大部分活动半径是所在社区的 15 分钟步行距离内，大部分事务也在这个范围内完成。面对人口过度拥挤、交通日益拥堵、环境质量下降、服务供给不足的"大城市病"，下沉资源为社区赋能，满足 15 分钟社区组织服务圈成为理想城市的建设目标。社区组织将生活场景、消费场景、创新场景融合叠加，助力城市居住者的实现美好生活体验。目前北上广深等一线城市正在推进理想社区建设。例如，上海已经将社区生活圈公共设施配置作为规划重点，将生活圈内的社区治理作为基层治理实践场合。

按照这一理想标准，以家为中心的步行 15 分钟可及的社区范围内，要建设完善的社区事务办理、社区矛盾解决机构，其他各种生活、保健、教育和商业体系齐备，公共服务充足。这种便捷性能为城市社区成员带来美好生活体验。

第四节　理想社区组织对理想城市的意义

一、理想社区组织提供城市公共服务

经验表明，丰富的社区组织在不同领域发挥着社会关系的调整功能，如作为第三方代替提供公共服务，降低依靠市场或者政府直接提供服务的成本，满足社区公众的多样化公共服务需求，缓解社区服务供需压力。理想社区组织还能够不断完善社区服务机制、提升社区服务能力。

二、理想社区组织营造良好城市氛围

理想社区组织在充分征求社区居民意见建议的基础上，形成社区居民文明公约，引导居民养成文明礼貌的行为习惯，实现居民自我管理，维护社区良好秩序，体现社区共治精神。通过景观墙、告示牌、海报等宣传社区居民公约和倡导良好风尚。通过亲身参与的方式，影响居民行为习惯，体现有特色的社区习俗文化，营造良好文明社区氛围。

三、理想社区组织提升城市社区凝聚力

理想社区组织举办社区文化活动，制定、发布社区文娱活动日程表，打造富有特色的社区文化，以满足人民精神文化需求。社区与基层党组织、社区组织协作，结合传统节日和现代文化，定期开展文化讲堂、书画交流、亲子互动、舞蹈合唱等各类主题活动，有利于提升社区成员参与度，培育和谐邻里文化和关系典范，提升社区成员凝聚力和归属感。

四、理想社区组织促进城市和谐发展

理想社区组织能够促进社区居民之间的互动和协作，帮助解决居民共同关心的问题和挑战，提高社区的治理效能，为理想城市功能实现提供组织保障。通过加强社区巡逻、建立安全监控体系、开展安全宣传教育等措施，社区组织能够有效降低恶性犯罪率，提高居民的安全感。同时，社区组织还积极参与矛盾纠纷调解、化解社会矛盾等方面的工作，促进城市的和谐与稳定。

五、理想社区组织推动社区品牌培育

在国内，理想社区组织推动社区品牌培育已取得一些成果。例如，在四川省成都市，数百万志愿者参与理想社区发展治理，部分文娱中心类社区组织不断成长，成为我国百强社区组织，服务内容延伸至温江、新津、双流和雅安等区域的街道社区，服务范围涵盖关注老年人晚年生活，关注困难儿童、青少年发展等领域，特别是在促进社区文化培育和建设，形成理想社区组织品牌方面取得积极成果。

第四章　社区经济

第一节　社区经济概念

一、社区经济的一般性认知

传统计划经济体制下，人们对社区存在模糊认识。就社区成员而言，只知有单位而不知有社区，社区被当作单纯的居住场所，而很少将其看作社区成员的利益共同体；就政府和社会组织层面而言，社区只有服务、协助管理职能，社区经济是政府部门的事，社区长期处于被动地位。

改革开放以来，尤其是 20 世纪 90 年代以后，这种状况有了很大改观。1987 年 9 月，民政部在湖北省武汉市召开全国城市社区服务工作座谈会，首次对社区服务的内涵作了定义，并提出了社区服务的发展方向。

如今，社区服务业已成为成熟的经济领域，为社会提供更广泛就业岗位，为多种所有制经济形态发展提供更广阔活动舞台，为启动和完善住宅消费市场提供更现实购买动力。

当前，移动互联网实现了跨时空的人际互动，与传统的社区相对应的有"精神共同体"属性的虚拟社区显现出来。随着 LBS 等基于位置服务的软件在智能手机端成熟应用，虚拟社区和真实社区不断重叠，社区居民的传统生活方式和观念发生改变，社区商业、服务也转变为线上和线下相结合方式。

二、学术界对社区经济的探讨

国内外学者对社区经济进行了广泛而深入的研究。由于国外社区经济建设的实践历程较久远，因而相关研究也涵盖多方面，形成许多研究成果。在社区产业发展规划上，Marie O. Weil 提出要重视服务体系的重塑，以加强公共、非营利和营利部门之间的联系。[①]

对于社区企业的发展，Harvey Johnstone 和 Doug Lionais 认为社区企业与传统企业的区别在于是为社区还是为股东创造利益。[②]

Alison Lingane 则指出发展社区经济应将由工人拥有和经营的企业纳入其中，从而利于社会稳定。[③] 从社区经济发展的要素层来说，Ron Shaffer 等认为，资源、市场、空间、机构和规则、文化和社会以及决策是社区经济发展需要重点考虑的六个要素。[④] Maria Koliou 等基于发展环境的不确定性，提出经济层面的韧性是社区遭遇自然及人为灾害后迅速复原的重要力量。[⑤]

国内学者对社区经济概念的关注始于 20 世纪 90 年代末期，此时社区制在我国刚刚经历了研究、试点与论证，取代街居制成为城市基层管理体制的重要组成部分。在中国文化语境下，"社区"一词区别于国外"Community"概念，更多地带有一种行政痕迹，因此这一时期的研究主要集中在对城市社区经济的本土化学理阐述方面，包括但不限于科学内涵、规划原则、发展模式等。陈宪认为，城市社区经济是"我国经济、政治体制

① Weil M O., Community building: Building community practice, Social Work, vol.41, no.5, 1996: 481-499.

② Johnstone H., Lionais D., Depleted communities and community business entrepreneurship: revaluing space through place, Entrepreneurship & Regional Development, vol.16, no.3, 2004: 217-233.

③ Lingane A., Bay Area blueprint: Worker cooperatives as a community economic development strategy, Carolina Planning Journal, vol.40, 2015: 19-28.

④ Shaffer R., Deller S., Marcouiller D., Rethinking community economic development, Economic Development Quarterly, vol.20, no.1, 2006: 59-74.

⑤ Koliou M., van de Lindt J W., McAllister T P., et al., State of the research in community resilience: Progress and challenges, Sustainable and Resilient Infrastructure, vol.5, no.3, 2020: 131-151.

改革和社会结构分化与整合的产物"①；胡伟认为，社区经济"以各种社区服务业为主，实行市场化、企业化、网络化的运作方式"②。吴铎认为，社区在发展规划时要遵循系统性原则、先进性原则、动态性原则、可操作性原则与规范性原则。③ 陈波、穆晨提出，随着"现代社会中的个体以前所未有的速度、广度与世界的其他部分建立连接，居住在同一城市社区的居民不再普遍共享血缘和社会身份"④，刘奕在社会养老服务平台的驱动模式研究中指出：居民需求逐渐向个性化与多元化发展，社区经济也逐渐形成点多面广的发展形态；对于城市社区经济的研究随之转向更微观的视角，社区养老、社区商业、社区资源配置、社区公益服务体系等都是研究的热点问题；技术革新、基层治理改革、社会环境变化等多重因素叠加促使社区经济各业态发展呈现出新的模式、结构与特征，如：社区养老服务显现出"市场驱动、社会驱动、政府驱动等多维驱动逻辑特征。"⑤ 盛强、武静芬、荣毅龙在北京胡同区空间治理对比研究中指出，社区商业"各级中心分布的位置和业态构成上均表现出高度的韧性"。⑥ 朱志伟认为，特大城市社区资源配置转变为"以政府资源为主、社会慈善资源作为有效补充的政社协同模式"⑦等。徐承红、林敏提出城市社区经济发展的"四位一体"（认知、产业、技术、制度）模型。⑧

　　总体而言，国内外学者关于城市社区经济的研究形成丰富成果，已有

① 陈宪. 发展城市社区经济的思考 [J]. 上海经济研究，2000（7）：17-23.
② 胡伟. 社区经济：一种新的城市经济形式 [J]. 上海经济研究，2001（3）：63-67.
③ 吴铎. 社区建设与发展社区发展规划的原则和内容 [J]. 探索与争鸣，2000（10）：5-8.
④ 陈波，穆晨. 论现代城市社区文化空间存在感 [J]. 福建论坛（人文社会科学版），2021（2）：28-37.
⑤ 刘奕. 从资源网络到数字图谱：社区养老服务平台的驱动模式研究 [J]. 电子政务，2021（8）：40-51.
⑥ 盛强，武静芬，荣毅龙. 社区商业活力的空间韧性——北京胡同区空间治理对比研究 [J]. 城市问题，2021（8）：83-92.
⑦ 朱志伟. 特大城市社区资源配置模式演化与推进机制——以上海市为例 [J]. 福建论坛（人文社会科学版），2020（11）：181-190.
⑧ 徐承红，林敏. 我国城市社区经济：框架、挑战与提升进路 [J]. 福建论坛（人文社会科学版），2022（10）：103-114.

研究充分显示了我国城市社区经济的本土化、阶段性、多元化特征，为深入理解其科学内涵、面临挑战、发展路径等奠定了基础。

三、本书所论及的社区经济

物质是生产生活的基础，经济繁荣的终极目标在于人。理想的社区经济布局应服务于城市中的民众，利于他们的生产、生活、就业等全方位经济需求。本章从社区经济的角度进行理想城市中生态和美社区的探讨，以期推动城市社区经济发展与人民日益增长的美好生活需要相匹配。

社区作为体现人民城市根本属性的基本单元，是服务群众和基层治理的"最后一公里"。以市民步行 15 分钟的范围来组建生产生活空间，强调与市民日常生活规律相契合，实现空间与人的活动相匹配，有效分配公共资源，发挥服务效率。住房和城乡建设部印发的《完整居住社区建设指南》指出，完整居住社区是指在居民适宜步行范围内有完善的基本公共服务设施、健全的便民商业服务设施、完备的市政配套基础设施、充足的公共活动空间、全覆盖的物业管理和健全的社区管理机制，且居民归属感、认同感较强的居住社区。完整居住社区是居民生活、社会治理、城市结构的基本单元。"便民商业服务设施健全"是完整居住社区的建设的要求之一，健全的便民商业服务设施包括一个综合超市、多个邮件和快件寄递服务设施以及其他便民商业网点。

社区经济是围绕社区居民生活而开展的一系列经济活动，其研究对象是社区资源配置和利用。社区经济具有地域性、社会性和经济性的特征。社区经济是区域经济体系中的"毛细血管"，强调一定的地域范围应配置相应的设施和服务。社区经济区别于传统经济中的利润最大化原则，强调福利性与营利性并存、社会效益与经济效益同步发展。社区经济仍然要遵循一定的市场机制，强调社区资源配置效率与价值创造。

本书所论及的社区经济，包括公共收益经济、便民经济和居民就业三个方面。公共收益经济主要是指社区会所、电梯（楼梯）广告、停车收益等；便民经济主要是指餐饮、休闲娱乐、生活服务、家政维修、商务服务、养老服务、医药服务、社区食堂等；居民就业主要是指社会再就业人员帮扶计划和特殊人群安置。

第二节　社区经济发展变迁回溯与分析

城市社区经济是指在城市社区中，由社区成员共同创造、实现，并由社区自主处理、管理的经济活动。城市社区经济的演变，可以从纵向时间和横向空间维度进行分析。

从纵向时间维度看，城市社区经济的变迁史可以分为传统的邻里共同体、政府主导型社区经济、市场经济发展型社区经济和社区协同与合作型社区经济四个发展阶段。在传统邻里共同体阶段，城市社区在形成初期，通常是由同族、同乡、同行等人组成的社区；社区成员之间，因家族、地缘之间的关系，往往具有较强归属意识，形成"邻里共同体"，此阶段经济活动主要以家庭经济为主。在政府主导型社区经济阶段，政府以社区为单位对城市进行规划和管理，并鼓励居民自组织开展福利、文化、教育等活动；这个阶段，收入来源也开始多元化，除家庭经济外，政府所提供的工作和福利也成为居民收入来源。在市场经济发展型社区经济阶段，城市社区经济进入市场经济阶段；社区居民利用社区资源，积极投资和创业；在此阶段，社区经济通过市场化经营，获得进一步发展。在社区协同与合作型社区经济阶段，开始探索协作、共享等新理念，强调邻里关系的重要性，城市社区与城市之间的合作增加，实现共赢共享。

从横向空间维度看，不同类型国家和城市的社区经济也有很大的差异和区别。首先，不同国家社区经济发展程度、社区重视程度和社区经济政策的差异，导致了社区经济发展的差异。例如，一些欧美国家社区经济开发已经达到成熟阶段，发展中国家的社区经济则还有很大发展空间。其次，不同城市的城市建设、经济水平以及城市管理水平上存在着很大差异，对社区经济发展也有不同影响。城市经济体量大、人口数量大的超大城市相对于中小城市可以有更多社区发展模式。

一、社区经济发展变迁历史

社区经济的发展变迁历史可以追溯到人类社会的早期阶段。在人类社会发展的早期阶段，人们主要是依靠狩猎、采集和农业来维持生活。社区的经济活动主要是基于家庭和家族的生产和交换。随着城市的兴起，社区经济开始发生变化。在城市中，人们的生活方式和生产活动都发生巨大变化。中世纪的欧洲，城市成为商业和手工业中心，社区经济开始向城市经济转移。城市中的商人和手工艺人组成行会，行会成为城市经济的重要力量。到了 18 世纪，工业革命的到来彻底改变了社区经济的发展方向，社区经济开始向工业经济转移。城市中的工业成为社区经济的重要支柱。20 世纪以来，随着全球化和信息化的发展，社区经济再次发生变化。城市中的服务业和知识产业开始兴起，社区经济开始向服务业和知识经济转移。

城市的出现和发展对社区经济产生深远影响，社区经济随着城市经济的变化而不断发展。城市出现以来，社区经济的发展可以分为 5 个阶段。

（一）古代城市时期

古代城市时期为公元前 4000 年至公元前 1200 年，是人类早期城市时期。这一时期，城市主要出现在古代中国和古巴比伦、古埃及、古印度，这些城市是人类文明发展的重要阶段，在政治、经济及文化发展史上都有重要影响。古代城市时期，城内居民多以手工业和农业生产为主要经济来源。城市里的手工业者和农民，大部分都属于一个社团，彼此联系紧密。古代城市社区经济也包括公共设施和公共服务，城市居民在使用这些设施和服务的同时，共同维护城市街道、公共场所和设施。

（二）工业革命时期

工业革命时期为 18 世纪末至 19 世纪中期，手工制造向机器生产转变。工业革命源于英国，后逐步扩展至欧美各国。该时期出现了纺织机、蒸汽机、铁路等许多重要技术发明和革新，生产力急剧提高，经济迅速发展，社会结构之发生变化。工业革命时期的社区经济以地区和社会关系为基础，由小型手工业者、小商贩和家庭作坊构成其经济模式。社区经济是工业革命以前比较常见的一种经济形态。人们住在同一小区或附近，社交联系密切，通过商品和服务交换满足生活生产需求。但是，随着工业化的到来，生产模式出现翻天覆地变化，许多手工业者和家庭作坊式的小作坊被迫倒闭。虽然如此，社区经济依然得以维持，并在部分地区有所发展。在一些城市和农村，靠协作和相互扶持维持生计的小手工业者和小商贩依然存在。此外，在社区农业、社区合作社等一些新兴产业中，社区经济也得到发展。越来越多人关注和支持强调可持续性、社会公正和环境保护的社区经济模式。

（三）现代城市时期

现代城市时期为19世纪末到20世纪初，人类进入新的城市化时代。这一时期的城市化过程主要发生在欧洲和北美洲，在其他地区也有所发展。这个时期的城市化过程带来了城市规模的扩大和人口数量的急剧增长，以及经济、社会和文化变革。现代城市时期的社区经济是指城市中由社区居民自主组织的经济活动。这些经济活动包括生产、消费、分配和交换等方面。现代城市时期社区经济具有自主性、合作性和本地性的特点。社区经济是由社区居民自主组织的经济活动，以社区为基础进行生产、消费、分配和交换等经济活动。社区经济的目的是满足社区居民的经济需求和改善社区的经济状况。社区经济强调合作，社区居民之间相互合作，共同创造价值。社区经济在本地进行，强调利用本地资源和促进本地经济。社区经济促进了居民之间的互动合作，发展了社区经济状况，为城市可持续发展注入了活力。

（四）当代城市时期

当代城市时期为20世纪后半叶至今，是现代城市化进程加速发展的时期。这个时期全球城市化进程迅速发展，城市规模不断扩大，城市人口数量不断增加，城市经济、文化、社会等方面快速发展。社区经济是社区内部进行的经济活动，包括生产、消费、流通和交换等方面。在当代城市时期，社区经济成为重要的经济模式之一，其特点包括本土化、社会化、生态化、合作化、创新化等。社区经济强调本土化生产、本土化消费和本土化流通，注重开发和利用本地资源。这一时期的社区经济强调社会行为和文化行为，注重社会公平和社会责任。社区经济注重环境保护和可持续发展，强调生态经济和绿色经济。社区经济强调合作和共享，注重社区内部和社区之间的合作与交流。社区经济注重创新和创业，鼓励社区居民参与经济活动，提高社区经济的活力。当代城市时期的社区经济在一些发达国家得到广泛应用和发展，例如美国的社区经济发展基金会、加拿大的社区经济发展组织等。在中国，一些城市也开始探索社区经济的发展模式，例如上海的社区商业综合体、北京的社区共享经济等。

（五）未来城市时期

城市社区经济在未来将面临一系列挑战，同时也面临着一系列机遇。由于全球城市化进程的不断加快，城市社区经济的可持续性和包容性将越来越受到关注。未来，城市社区经济将进一步追求数字化、智能化，建立起加速社区内外经济活动互动创新的在线协作模式。围绕社会公平和所有制，支持社区经济、社会和环境发展，社区经济也将继续加强对文化遗产的保护和发展。

社区经济的发展变迁既有对制度环境的依赖，也受到文化影响，既有对城市的依赖，也有市场需求变化的促进。随着时代变化和技术的发展，未来的城市社区经济要不断地创新和发展，以满足城市和社区的需求，适应城市的发展。

二、社区经济发展变迁的特点及趋势

（一）社区经济发展变迁的特点

随着社会和经济环境的发展，社区经济的内容和发展模式也在不断演变。其演变的特点主要表现为从传统制造业向服务业转变、从集约化向分散化转变、从单一经济向多元化经济转变、从传统经济模式向创新经济模式转变、从单一资本来源向多样化资本来源、倡导本地化生产、加强社会责任、强调共享经济、强化社区意识、推崇人本主义、强调生态环保、重视品牌建设等转变。在这一演变的过程中，社区经济将继续发挥其重要作用，不断促进当地经济、社会和环境的可持续发展。

1. 从传统制造业向服务业转变

社区经济发展由传统制造业逐步转向服务业。随着科技进步和经济全球化进程的加快，传统制造业面临越来越大的竞争压力，而附加价值和创新程度更高的服务业则成为社区经济的新方向。服务业包括能够为社区带来更多就业和经济增长的医疗保健、教育、旅游、娱乐、金融、信息技术等领域。服务业同时也更加注重人才、技能的培养，所以对社区居民的素质、能力的提高，对社区的发展有更大的促进作用。新兴的共享经济也成为服务业中社区经济发展的重要一环。共享经济通过在线平台连接供需双方，盘活资源，提高社区的资源利用效率和社区居民的生活质量。

2. 从集约化向分散化转变

社区经济发展由集约化向分散化的转变，是指社区经济逐步向小规模、去中心化的模式转变。在集约化的经济模式下，经济活动受大型企业和政府机构管理，大企业和政府机构掌握生产与配置资源的决策权，社区居民的参与度较低。在分散经济模式下，通过自组织、自发行动、更灵活的资源分配和更高的社区居民参与度，社区居民可以更直接地参与到经济活动中来。去中心化的经济模式能够推动社区经济的发展，提高社区居民的生活质量，增强经济发展活力。比如，发展社区经济有利于创造更多就业岗位，增加居民就业渠道；同时，社区居民还可以通过自主经营、共同协作等方式，实现社区资源的优化配置，提高资源利用效率。

3. 从单一经济向多元化经济转变

在追求社区经济发展过程中，随着市场环境的变化，单一经济模式所面临的风险和不稳定性不利于社区经济的长期发展。于是社区开始尝试摸索多元化经济的发展模式，以期提高经济的可持续性。在多元化经济发展模式中，社区可以发展不同的产业，以分散经济风险，提高经济的稳定性和可持续性。多元化经济涵盖了多个产业领域，为社区经济的多样化发展提供了条件。在实现社区经济多元化发展的过程中，需要加强社区内部的合作与协调，建立社区经济协作机制，以进一步提高社区经济的综合竞争力。同时，加大对社区经济的政策支持和资金投入力度，对促进社区经济的可持续发展也具有十分重要的意义。

4. 从传统经济模式向创新经济模式转变

社区经济发展从传统经济模式向创新经济模式转变，主要体现在从传统的资源型经济向知识型经济转型、从集中型经济向分散型经济转型、从传统的产业链向价值链转型、从传统的线下经济向线上经济转型。

从传统的资源型经济向知识型经济转型。社区经济发展越来越注重知识和技能的积累和创新，社区经济的创新经济模式更加注重知识创新和技术创新，以提高社区经济的核心竞争力。

由集中型经济过渡到去中心化。在传统经济模式中，企业多为大型集中型企业，而社区型经济则更多地关注发展规模较小的企业和个体经济，并逐步转型为去中心化经济。社区经济发展的创新经济模式，为了促进社区经济的多样化和灵活性，更加注重创新和发展小微企业和个体经济。

由传统产业链过渡到价值链。为提高社区经济的附加值和竞争力，社区经济创新经济发展模式，更加注重产业链的协同和价值链的创新。社区经济不仅仅是简单的生产和销售，更注重产品附加值的提升，实现效益提升。

从传统的线下经济向线上经济转型。随着互联网的普及和发展，社区经济发展的创新经济模式更加注重线上经济的发展，以提高社区经济的覆盖面和服务范围。社区经济的线上经济包括电商、共享经济、数字经济等，这些新型经济模式为社区经济的发展带来了新的机遇和挑战。

5. 从单一资本来源向多样化资本来源

社区经济的发展离不开资本的支持。过去，社区企业主要依靠传统金融机构融资来支持其发展。现代社区经济更加注重多样化的资本来源，以满足社区经济快速发展对资金的需求。现代社区经济多元化的资金来源包括社区投资、社会融资、政府拨款等。其中社会融资在社区经济发展过程中发挥越来越重要的作用。

6. 倡导本地化生产

社区经济发展是以社区为单位，倡导本地化生产和消费的经济模式，强调利用本地资源，降低对外部资源的依赖，鼓励社区居民自主创业、相互协作，实现可持续发展。本地化生产是指减少对外部资源依赖、降低物流成本和环境污染，以在社区内部或辐射范围内完成产品生产和销售。本地化生产既可以创造就业岗位，拓宽居民收入渠道，又可以促进社区内部的沟通与合作，提升社区的凝聚力。同时，社区经济也主张消费者购买本地生产的商品和服务，支持当地企业发展。

7. 加强社会责任

社区经济发展的目的是推动社区经济繁荣，更好服务社区居民，促进社会发展，但同时社区经济也重视承担社会责任。社区经济的发展不仅要考虑社区的整体利益和可持续发展，追求更大的经济效益，也要积极承担社会责任，包括尊重社区文化和环境，关注社区居民的福祉，参与社区的公益事业，促进社区的可持续发展，实现经济繁荣和社会发展的双赢。

8. 强调共享经济

社区经济发展强调的是共享经济理念，即在社区内部通过资源、知识、技能的共享来推动经济活动的开展和发展。在共享经济模式下，社区成员之间可以在提高社区内部生产力和竞争力的同时，共享和利用彼此的资源与技能，达到互惠互利的合作。共享经济也能在鼓励创新合作与交流、促进社区经济可持续发展的同时，促进社区内部的创新创业。此外，共享经济还能促进社区内部的社会交往、文化沟通，提升社区的凝聚力、归属感。

9. 强化社区意识

社区经济强调社区意识的重要性。社区企业必须能够理解当地居民的需求，积极参与社区事务，支持当地文化传承和创新。社区企业的成功与社区的发展息息相关。

10. 推崇人本主义

社区经济相信人是经济发展的核心，注重人才发展，注重人性化管理的实践。社区经济强调通过社区内部的协作互助，实现资源共享和优化配置，提高社区居民的生活质量和福利水平，需要依靠社区内的人力、物力、财力来发展社区。人才开发是社区经济中很重要的一环。社区经济鼓励居民更好地适应社区经济发展需求，通过教育培训，提高居民的技能和知识水平。同时，社区经济还注重人性化管理，把更好的服务和支持提供给居民，尊重每一位居民的权利和需求。

11. 强调生态环保

社区经济以环保为重点，积极推行生产绿色、生活低碳、可持续发展。社区企业通过环保措施努力提升企业形象和竞争力，努力减少环境污染和资源浪费。

12. 重视品牌建设

社区企业一定要树立良好的品牌形象，提升自己的知名度，提高自己的口碑。社区企业通过优化市场营销方案、媒体宣传等方式提升品牌影响力，有利于从整体上提升社区经济的实力，扩大社区经济的辐射范围和影响力。

（二）社区经济发展趋势

社区经济将继续向多元化、去中心化、数字化、绿色化、低碳化，以及共享经济、协同经济方向发展并逐渐向服务型经济和创新型经济转型。

1. 社区经济向多元化、去中心化方向发展

多元化是指社区经济将不再以单一的产业或经济活动为主，而是向多种形式的经济活动方向发展。例如，社区内除了传统的商业和服务业外，还会涌现出更多的文化创意产业、科技创新产业等。

去中心化是指社区经济将不再依赖于某个大企业、某个行业，而是向小企业发展，向产业布局多元化发展。比如社区里会有越来越多的小本经营、自由职业者，同时也会有更多的小本经营的产业园区出现在社区经济中。

2. 社区经济向数字化、绿色化和低碳化方向转变

随着数字技术的不断发展，社区经济将进一步扩大对数字技术的使用，社区经济的数字化水平将得到提升。数字化的社区经济将为提高社区资源利用效率、推动社区经济高质量发展，实现信息的共享与交流发挥积极作用。同时，数字化的社区经济也将为社区居民创新创业提供更多的可能，增强社区经济发展的可持续性。

低碳化是社区经济发展的趋势。低碳化的社区经济旨在促进社区居民的环保意识和绿色生活方式的同时，实现资源的循环利用和低碳排放。低碳化的社区经济将通过应用清洁能源和节能技术等手段，减少碳排放，实现可持续发展。

3. 社区经济走向共享经济、协同经济

在重视可持续发展和资源利用的情况下，社区经济也会逐步走向共享型、协同型的经济。

共享经济是指以资源共享和服务共享为手段，实现资源利用效率最大化和效益最大化的经济模式。比如共享汽车，共享自行车，共享办公空间等等，这些共享模式可以减少浪费资源，减少碳排放。

所谓协同经济模式，即通过多方协作来共同创造价值并分享成果的一种经济模式。如以社区农场为代表的协同经济模式，在促进资源共享与互帮互助的同时，也实现了资源的最优化配置。总之，协同经济模式通过多方合作来促进资源的共享与合理利用。

社区经济将逐渐向这些方向发展，以实现资源的最优配置、经济的可持续发展和社会的共同繁荣。

4. 社区经济将逐渐向服务型经济和创新型经济转型

随着社区经济的发展，越来越多的社区将逐渐向服务型经济和创新型经济转型。

服务型经济是指以提供服务为主要内容的经济形式，其特点是具有高附加值和高效率的特点。随着社区居民生活水平的提高和对服务质量的要求越来越高，社区服务业将逐渐成为社区经济的重要组成部分。

创新型经济是指以创新为核心驱动力的经济形式，其特点是以科技创新为基础，具有高度的创新性、高风险和高回报。随着社区居民对生活质量的不断追求，社区将越来越需要创新型经济的支持和推动。

社区经济将逐步过渡到为社区经济发展带来新动力、新机遇的服务型经济和创新型经济。

三、不同国家、不同城市、不同街区社区经济的差异

（一）不同国家的社区经济

日本的社区经济注重合作、分享和互助，而美国的社区经济则更注重个人创业和市场竞争，不同国家的文化背景、价值观念和生活方式不同会影响社区经济的发展方向和方式。社区经济的发展也受到不同国家的政策环境、法律法规和税收制度的影响，比如有的国家为了鼓励社区经济的发展会出台鼓励政策，有的国家为了保护传统的经济模式，可能会采取限制措施。不同国家的社区经济有着不同的历史和传统，这也会影响到社区经济的发展，如欧洲国家的合作社经济和互助组织有着悠久的历史，美国的社区经济起源于对市场经济的批判和反思。各国经济发展水平和产业结构的不同，也会影响社区经济的发展，如发达国家的社区经济更侧重于服务业和文化产业，而发展中国家的社区经济则更侧重于农业和手工业。下面重点介绍日本、德国、瑞典和中国的社区经济。

1. 日本社区经济

日本社区经济主要是通过日本的地区经济组织来实现，如地方自治体、地区商业组织、地方产业协会等。日本社区经济注重地方自治和地方经济发展，通过地区经济组织来促进当地经济的繁荣。

日本社区经济已经成为重要的经济发展模式和社会治理方式，其主要特点是社区内部的资源整合与合作，以社区为单位注重地方特色文化，以社区居民的参与和自治为基础，以小规模的低门槛方式发展等，通过合作组织和协作机制实现资源共享和优化配置，强调地方特色文化的保护与发展，通过特色品牌和文化活动增强社区的凝聚力和吸引力，以鼓励社区居民参与经济活动和社区治理为重点，强调自治共同管理的理念。因此，日本社区经济在满足人们需求的同时，也为社区的可持续发展和区域经济发展作出了贡献。日本社区经济发展着重于发展小规模低门槛的经济活动，以促进小资本、小企业和小合作组织的发展，进而实现社区经济的多元化与灵活化，使社区经济更具活力。

2. 德国社区经济

德国的社区经济主要由社区银行和社区合作社组成。社区银行是一家由社区居民共同拥有和管理的银行，以向社区居民提供低成本金融服务为宗旨。而社区合作社则是由社区居民共同拥有和管理，为社区居民提供优质商品和服务，通过合作生产和销售的生产者组织。德国社区经济模式注重社区的自主性、可持续性和参与性，强调实现经济、环境和社会的可持续发展，社区成员之间实现资源的协作与共享。

社区自治、合作共享、环境保护、社会公正是德国社区经济的主要特征。在德国，社区成员通过组织和协作实现了自我发展。社区经济通过资源共享和社区成员之间的协作与合作，达到互惠互利的发展。同时，通过减少自然资源消耗来实现经济与环境的平衡，关注环境保护与可持续发展。

在社会各界广泛关注和参与的同时，德国社区经济的发展得到了政府的支持和鼓励。德国的社区型经济模式，对别国的社区型经济发展有很好的借鉴作用。

3. 瑞典社区经济

瑞典的社区经济主要由社区合作社和社区信用联盟组成。社区合作社将优质的商品和服务通过合作生产和销售的方式提供给社区居民。

瑞典社区经济的优势主要包括以下4个方面：一是提高就业人数和经济活力，支持当地经济发展；二是促进资源共享和社区内部的社会网络建设，增强社区的凝聚力；三是为实现可持续发展目标，保护环境和资源；四是提高居民生活质量，提高社区居民福利待遇。瑞典社区经济的发展得到了政府的支持和鼓励，瑞典政府为社区经济的发展提供了良好的环境和条件，政策和法律框架也在不断完善。

4. 中国社区经济

中国社区经济是一种基于社区自治和社区合作的经济模式，注重社区自治和社区参与。中国社区经济的形式包括社区合作社、社区企业、社区基金等，旨在通过社区自治和合作来促进社区经济的发展。

中国的社区经济发展历程可以追溯到20世纪80年代末90年代初。在此期间，中国政府启动了社区卫生站、社区图书馆、社区文化活动中心等一系列社区建设和社区服务项目。中国政府在 2000 年代初提出"社区经济"概念，并在全国推广，加强对社区经济的支持和引导。这个时候，中国的社区经济主要是以小作坊、小商店、小饭馆等小规模、家庭式的经营为主。中国政府在 2010 年代初开始大力实施加强城乡联系互动、促进社区经济发展的"城乡一体化发展"战略，社区经济开始向多元化发展，涉及旅游、文化、教育、医疗等多个领域。当前，中国的社区经济已经成为中国经济发展的重要力量之一。全国各地出现一大批为地方经济发展和社会服务作出积极贡献的社区企业、社区合作社、社区基金会等社区经济实体。

概括而言，日本的社区经济，讲究的是集体主义，讲究的是社会责任意识。社区居民对企业和项目的联合经营倾向于团体形式的合作。德国的社区经济注重社会公正和可持续发展，主要通过合作社、社区基金会等形式实现。瑞典社区经济注重民主参与和社会创新，社区居民通过参与社区项目和决策推动社区发展，在社区经济中发挥着重要作用。中国社区经济以居民为主体，利用社区资源和社区文化特色，开展各种经济活动，促进社区居民的经济发展和社会发展。中国城市社区经济的发展有利于促进城市社区的经济繁荣和社会稳定，提高社区居民的生活质量和幸福感。

（二）不同城市的社区经济

不同城市的社区经济发展受到地理位置、人口规模和构成、产业结构、政策支持、文化背景等因素的影响。

城市的地理位置会影响它与周边社区的联系与沟通，从而对社区经济的发展起到不可忽视的作用，比如有海滨城市也有内陆城市的经济结构和产业分布可能不一样；城市的人口规模和构成会影响它的市场需求与劳动力市场，从而对社区经济的发展也会产生一定的影响。城市的产业结构会决定它的发展方向和重点，比如有的城市是以制造业为主，有的城市是以服务业为主，等等。城市政府的政策支持也会影响到社区经济的发展，比如政府为了引进企业和吸引投资可能提供税收减免土地优惠等一系列政策。综上所述，城市的地理位置影响社区的联系与交流，人口构成影响市场需求和劳动力市场，产业结构决定发展方向与重点，而政府的政策支持往往对社区经济的发展起到推动作用。

城市的文化背景和历史底蕴也会影响社区经济的发展，比如有的城市由于文化历史景点独特，可能会被旅游业所主导。如北京的社区经济主要集中在南锣鼓巷、什刹海、后海等以小卖铺、传统手工艺品和文创产品为主的老城区和胡同里。上海的社区经济主要是徐汇区、静安区、虹口区等地的小型商铺、咖啡厅、书店、文艺品店、民宿等。广州的社区经济主要以传统手工艺品、茶楼、美食店、文化创意产品等为主，如荔湾区、越秀区、天河区等地。成都的社区经济以小型商铺、创意文化产业、美食店、咖啡馆等为主，如锦江区、武侯区、高新区等地。杭州的社区经济主要以小型商铺、咖啡馆、书店、文化创意产品、民宿等为主，如西湖区、下城区、江干区等地。南京的社区经济以小型商铺、文化创意产品、美食店、书店等为主，如鼓楼区、秦淮区、玄武区等地。武汉的社区经济主要以传统手工艺品、美食店、文化创意产品、小型商铺等为主，如江岸区、江汉区、硚口区等地。青岛的社区经济以小型商铺、文化创意产品、美食店、咖啡馆等为主，如市南区、市北区、崂山区等地。

（三）不同街区的社区经济

不同街区由于人口、文化、经济状况、资源分配等的不同，社区经济发展状况呈现一定差异。富裕街区的人口通常拥有高收入，他们一般消费水平较高，因此富裕街区的社区经济通常以高端消费和服务为主，如高档餐厅、文化娱乐场所、高端零售店等。商业街区的社区经济通常会发展出零售店、餐厅、咖啡馆、超市等。商业街区的发展通常受到当地消费者的需求、商业环境、市场竞争等因素的影响。创意街区的社区经济通常以文化创意产业为主，如艺术画廊、工作室、设计公司、文化活动等。创意街区的发展受到当地创意人才的吸引力、文化氛围、政策支持等因素的影响。旅游街区的社区经济通常以旅游业为主，如景点附近的酒店、旅行社、纪念品店等。旅游街区的发展通常受到当地旅游资源、旅游政策、旅游市场需求等因素的影响。

第三节　理想社区经济

理想社区经济应尊重个体价值与贡献，给予个体均等机会及资源，以使每个人都能充分发挥自己的潜能；理想社区经济鼓励多元与包容，兼顾环境与社会的可持续性，在保护自然环境减少浪费与污染的同时，提倡循环经济和可再生能源与生态农业，并对社区的长期发展与福祉给予支持。同时，理想社区经济提倡人人参与合作以创造共同的利益与价值。理想社区经济可为居民提供参与经济活动的多种途径，例如共同经营、合作社、社区信托等。概括地说，现实情境下理想社区经济涵括公共收益经济、便民经济和居民就业三方面。

一、公共收益经济

社会公益、可持续、公平、社区参与、创新等是公共收益经济的特征。公共收益经济旨在为社会创造社会福利、保护环境和提供公共服务，强调的是社会价值的经济行为，而非简单个人兴趣爱好。公共收益经济鼓励企业实现经济、社会和环境的可持续发展，在经营过程中减少对资源的消耗和对环境的污染，通过创新和创造性思维，推动社会进步和发展，创新商业模式和经济模式。公共收益经济强调包括社会公正、经济平等以及社会包容，为促进社会和谐稳定发展提供平等机遇和资源。社会企业、非营利组织、事业单位等是公共收益经济的实践主体，其贡献集中于社会责任、可持续性和公正性。

二、便民经济

便民经济出发点是为了满足老百姓的日常生活和消费需要，促进城市居民生活水平提高和城市经济的繁荣。以人为中心，以市场为导向，以服务为导向，以科技为驱动，以社会责任为主体是便民经济的主要特色。便民经济重在服务，企业需要把服务的重点放在为客户提供方便快捷优质服务上，这样才能体现企业的服务品质。便民经济需要借助物联网、云计算、大数据等先进的科技手段来提升服务效率。便民经济实践形式多样，包括餐饮服务、文化产业、家政维修服务、商务服务、医药服务、社区服务等。

三、居民就业

居民就业这里指社区居民的就业，包括社会人员再就业和特殊人群就业，社会再就业人员帮扶计划是支持居民再就业的重要措施。社会再就业人员帮扶计划是指政府和社会力量针对失业人员，提供就业培训、职业技能提升、创业扶持等服务，促进其重新就业，提高其生活质量的一种计划。社区经济可以在社区内为再就业人员创造更多的就业岗位。同时，社区经济可以为再就业人员提供培训和技能提升机会，提高其竞争力和适应能力，更好地融入就业市场。社区经济可以为再就业人员提供创业扶持，鼓励他们通过自主创业实现再就业。

特殊人群就业指在就业市场上面临较大困难的残疾人等特殊群体在就业市场中的就业。对于特殊人群，可以通过政策扶持，加大力度配备就业岗位，为特殊人群提供更多就业岗位增加其就业；同时有针对性地对特殊人群进行就业培训，增加他们的就业机会；此外，还可以设立就业创业扶持基金，给予特殊就业人员创业扶持。

第四节　理想社区经济对理想城市建设的意义

一、理想社区经济可促进社会公正

理想社区经济注重社会的公正与可持续发展，强调社区成员之间的协作与分享，也强调对环境与文化多样性的尊重。理想社区经济具体体现在几个方面：促进社区成员之间的协作，增强社区的自治能力，保护环境和文化多样性，促进可持续发展和长远利益，其中包括促进社会公正的价值。

理想社区经济强调的是社区成员之间的协作。社区成员间的协作与分享，有利于实现资源在社区成员之间的公平分配，有利于社区成员获得平等的参与经济活动的机会和回报；理想社区经济鼓励社区成员参与经济决策和管理，增强了社区的自主性，有利于社区成员自我管理，自我发展；理想社区经济尊重自然和人文资源，在避免环境破坏和文化同质化现象，保护生态系统健康发展和文化多样性方面发挥积极作用；理想型社区经济以可持续发展和长远利益为目标，力求避免因追求短期化利益而出现恶性竞争破坏市场环境。

二、理想社区经济可提高社区凝聚力

理想社区经济重视发展乡土经济，以发展乡土产业和服务业为主，让居民就近上班、消费，提升居民对居住地的归属感。在乡土经济模式中，居民更能感受到自己的生活、工作与社区紧密联系在一起，从而对社区的发展给予更多的关注；理想社区经济通过鼓励居民之间的交流与合作，增进居民之间的互动与沟通，这对促进社区内部的发展，增强社区的凝聚力具有积极意义；理想社区经济的参与性、自治性，既能增加居民的参与感、责任感，又能提高居民对社区的认同感、归属感，并增强社区居民的合作意识和社会责任感。

三、理想社区经济可提高城市形象和品质

理想社区经济可以提高城市形象和品质，为居民提供优质的医疗、教育、文化、娱乐等更高品质的生活服务，使城市更加宜居、宜业、宜游，为城市的可持续发展提供了有力支撑。理想的社区经济有利于促进形成丰富多彩的城市文化氛围，提升城市的文化内涵和文化品质，提升市民的生活品质，以及吸引更多的企业和人才落户。理想社区经济在居民参与度、社区治理能力、服务可达性方面的优势，有利于维护城市自然景观和人文环境，提高城市的内部管理、服务能力，进而提升城市的综合实力。

第五章　社区文化

第一节　社区文化概念

一、社区文化的一般性认知

提到社区文化，人们通常会想到以下四方面内容：[①]

第一，是环境文化。环境文化是社区文化的第一个层面，具有表象特征，它往往是摸得着或看得见的，具有一定的客观性，是社区成员文化理念、精神诉求等人文素养的外在集中表现，以与自然环境有机结合的方式呈现出来。

第二，是行为文化。行为文化是社区居民在生活娱乐、日常交往等过程中产生的文化，也可称之为活动文化。我们普遍意义上所说的社区文化指的就是这一类，它从一定程度上反映着社区的精神风尚。常见的广场舞、节日文艺演出、社团比赛等就归属于这一类。

第三，是制度文化。主要是指社区管理的组织机构、规章制度等，能体现社区居民的共同利益、共同价值观，以制度的方式为社区文化持久健康地开展提供硬约束、硬保障。这也是制度文化的重要的功能之一。

[①] 姚自杰.治理视域下我国城市社区文化建设研究[D].华中师范大学，2021：8-9.

第四，是精神文化。精神文化是社区文化中最根本、最本质的东西，甚至可以说是社区文化的灵魂，它内在地决定着前述三种文化即环境文化、行为文化、制度文化的层次和水准。其内涵非常丰富，内容主要包括社区精神、社区道德、管理规范、行为准则等。从某种程度上我们可以说，社区环境文化、行为文化、制度文化都属于社区精神文化的一种体现形式。

综上，社区文化是在约定区域内，在一定条件下社区成员通过相互作用，共同创造的精神财富及其物质形态，既可以是物质的，也可以是精神的，还可以是物质与精神相结合的，涵括物质、制度及心理等广泛内容，从最小的邻里到最大的城市均如此。社区文化在现实中可大可小，既可以指向社会文化或地域文化，也可以指向住宅文化或街道文化。

二、学术界对社区文化的研究

（一）国外社区文化研究

文化，英文 Culture 来源于古拉丁语，原义是"耕作、耕耘"。英国人类学家泰勒（Edward Burnett Tylor）在 1871 年版《原始文化》中提出"狭义文化的早期经典学说"，认为"作为复杂的整体，文化或文明，乃是包括知识、信仰、艺术、道德、法律、习俗和任何人作为一名社会成员而获得的能力和习惯在内的复杂整体。"[1] 美国学者克鲁柯亨（Clyd Kluckhohn）在《文化的概念》中进一步完善了文化概念，提出："文化是历史上所创造的生存样式的系统，既包含显性式样又包含隐性式样；它具有为整个群体共享的倾向，或是在一定时期中为群体的特定部分所共享。"

1929 年，美国学者帕克首次提出"社区文化"。[2] 之后，国外学者对社区文化从不同视角进行讨论。[3] 马林洪斯基认为，"文化从功能的角度来考察，包括经济、教育、政治、法律与秩序、知识、巫术、宗教、艺术及娱乐等八个方面。"国外学者中美国学者桑德斯对社区文化的描述最具代表性，认为

① 高宣扬. 布迪厄的社会理论 [M]. 上海：同济大学出版社，2004：19.
② 袁德. 社区文化论 [M]. 北京：中国社会出版社，2010：89-128.
③ 韩洪蝶. 新时代上海城市社区文化建设研究 [D]. 上海外国语大学，2019：3.

"社区动态建设过程中所沉淀形成的并能持续保持稳定性的一系列语言、行为习惯和规则等就是社区文化。……社区文化包括在它的语言文字、公共象征、知识信仰、知识体系以及有关行为程序中的惯例、规则与特定方式之中。"

（二）国内社区文化研究

在中国，"文化"最早出现于《周易》，书中有"观乎人文，以化成天下；观乎天文，以观时变"表述，意思是通过观察、分析自然现象，就能了解、掌握它的变化规律；进行教化，应先观察、研究人类社会创造的文明礼仪，了解、掌握其规律，然后才能制定正确的措施和办法，实现教化天下的目标。[①]梁漱溟先生在《中国文化要义》中认为，"真正的文化应该是人们生活中的一切，文化是实在的东西，政治、经济、生态等方面都包含在内，文化是生活的全部"。[②]

国内最早开启社区文化研究的是吴文藻先生，他初步界定了社区文化概念，并归纳中国社区文化体系。吴文藻先生认为："社区研究的内容就是'文化'，文化最简单的定义可以说是某一社区内的居民所形成的生活方式。所谓方式系指居民在其生活各方面的业果；文化也可以说是一个民族应付环境——物质的、概念的、社会的和精神的环境——的总成绩。"在性质上，吴文藻先生认为社区研究是"现代社区研究"，社区是"文化在时间上和地域上的一个历史和地理的范围，……文化一面固有其地域性，一面尚有其时间性，而时间性的认识，较之地域性的认识，尤为重要。因为文化原为历史的产物。社区生活离开了时代背景，是绝对无法了解的"。

此后的研究主要集中在改革开放以后。如《中国大百科全书（社会学卷）》认为，社区文化是"通行于社区范围之内的特定文化现象。包括社区内人们的信仰、价值观、行为规范、历史传统、风俗习惯、生活方式、地方语言和特定象征等。社区文化是构成社区的重要因素之一，是社区内的地域特点、人口特性以及居民长期共同形成的经济、社会生活的反映。社区之间

---

① 金景芳，吕绍纲. 周易全解 [M]. 长春：吉林大学出版社，1989：118.
② 梁漱溟. 中国文化要义 [G]. 济南：山东人民出版社，1990：88.

的文化特征有着种种差异。文化是区分不同社区的重要特征。社区文化实质上是地方文化的具体表现"①。高占祥提出，社区文化是在特定的地域范围内，人们所创造、孕育、形成的人文环境、行为模式和生活方式的总和。②龚贻洲提出，"社区文化是特定社会区域当中人们各方面的行为所构成的文化生态系统。它既包括这一区域内人们的生产方式和生活方式，也包括该区域内社会成员的理想追求、价值观念、道德情操、生活习俗、审美方式、娱乐时尚等。"吴鹏森、章友德认为，社区文化是在社区这一特定的范围内，社区居民所创造出的能够代表特定社区特色的成果总和，既有物质形态的，也包括精神形态的文明规范、价值理念、共同意识等。③葛世林认为，社区文化是满足城市居民日益增长精神需求的使命所在，能提升城市居民幸福感，是社区发展乃至社会发展的坚实基础。④

国内研究者大都认同社区文化的广义和狭义之分。如于显洋认为，社区文化包含物质和精神两个部分。⑤夏国忠认为，"广义的社区文化是指社区居民在特定区域内长期实践创造出来的物质文化、观念文化和制度文化的总和。狭义的社区文化，是指社区居民在特定区域内长期活动过程中形成的，具有鲜明个性的群体意识、价值观念、行为模式、生活方式等文化现象的总和"。⑥

总体而言，社区文化是具有社区的地域特点、社区的居民特性以及社区居民工作生活的反映，也体现了地方区域文化。比如社区居民不同风格的着装、生活方式等糅合在一起的系统文化。

三、本书所论及的社区文化

综上，国内外学者基于不同历史阶段、社会发展环境，从不同视角对

---

① 中国大百科全书（社会学卷）. 北京：中国大百科全书出版社，1991：356.
② 高占祥. 论社区文化 [M]. 北京：文化艺术出版社，1994：30-66.
③ 吴鹏森，章友德. 城市社区建设与管 [M]. 上海：上海人民出版社，2007：235.
④ 葛世林. 社区文化建设对居民幸福感提升研究 [J]. 中国报业，2021：14-15.
⑤ 于显洋. 社区概论 [M]. 北京：中国人民大学出版社，2006：89.
⑥ 夏国忠. 社区简论 [M]. 上海：上海人民出版社，2004：20-36.

社区文化展开研究，形成对社区文化内涵和功能研究的丰富学术成果。这给本书的研究提供坚实理论基础。

社区是社区文化形成的土壤，在社区活动和生活中演变而来，而社区文化又影响社区结构变化。社区文化作为一种特殊社会文化，由居民生活习惯长期凝聚而成，具有鲜明群体意识、价值观念、行为模式和生活方式，是一个包括社区物质文化、精神文化和制度文化，及其在内的相互联系、相互促进的系统。

居住在同一地域空间中的人们，由于生产或生活需要互相交往过程中通过共同行为规范、生活习惯和思维意识等方式，形成文化传统、风俗习惯、语言习惯和归属感等具体化社区文化。本书所论及的社区文化，聚焦的正是社区文化的以上内容，即学界所述社区文化的狭义领域，社区文化的精神规范方面，在回顾中国社区文化发展变迁历程基础上，从城市民众生活居住的需求这一城市建设的本质和核心出发，进行理想城市理想社区文化的思考和探讨。

第二节　社区文化发展变迁回溯与分析

一、我国社区文化的发展变迁

社区（Community）一词来自拉丁语，意思是共同的东西和亲密的伙伴关系。1887 年，德国社会学家滕尼斯在《社区与社会》中最早提出"社区"概念，指向那些具有共同价值取向的关系密切的社会关系和社会团体。我国学者王康认为，社区指一定地域，按一定的社会制度和社会关系组织起来的，具有共同人口特征的地域生活的共同体。[①] 在社区中，人与人之间互动交流、互助沟通、文化交际，社区文化伴随着社区的发展而生。

1996 年我国开始加强社区建设，青岛、南京、上海等城市根据有关精

---

① 王康 . 社会学词典 [M]. 济南：山东人民出版社，1988：214.

神要求，积极行动、大胆实践、改革创新，积累了初步的社区建设经验。各级政府也开始认识到城市社区建设的重要性，在总结各地进行社区建设的经验基础上，把推进城市社区建设纳入城市和城区工作的重要内容，我国的城市社区建设在各级政府的推动下开始了起步阶段，社区文化建设也随之拉开了序幕。在1998年机构改革中，国务院明确赋予民政部"指导社区服务管理工作，推动社区建设"的职能。为进一步探索城市社区建设的基本规律，研究在新的历史条件下我国城市社区建设的基本思路和对策，民政部于1999年选择北京市西城区等26个城区为社区建设实验区，开展社区建设的试点工作。经过一年多的积极探索与实践，在全面总结实验区进行城市社区建设经验的基础上，中共中央办公厅、国务院办公厅以中办发〔2000〕23号文件转发了《民政部关于在全国推进城市社区建设的意见》①。该文件明确指出："繁荣社区文化，积极发展社区文化事业，加强思想文化阵地的建设，不断完善公益性群众文化设施。要充分利用街道文化站、社区服务活动室、社区广场等现有文化活动设施，组织开展丰富多彩、健康有益的文化、体育、科普、教育、娱乐等活动；利用社区内的各种专栏、板报宣传社会主义精神文明，倡导科学文明健康的生活方式；加强对社区成员的社会主义教育、政治思想教育和科学文化教育，形成健康向上、文明和谐的社区文化氛围。"这在当时对社区文化建设意义、途径和目标作出明确界定，为城市社区文化的发展指明方向。②

党的十七大报告提出，提高国家文化软实力，注重人文关怀和心理疏导，把城乡社区建设成为管理有序、服务完善、文明祥和的社会生活共同体；党的十八大报告指出，公共文化服务体系建设取得重大进展，基本公共服务水平和均等化程度明显提高，继续推动公共文化服务设施向社会免费开放。2022年8月，中共中央办公厅、国务院办公厅印发《"十四五"文化发展规划》，提出"促进城乡区域文化协调发展"，"优化城乡和区域文化资源

---

① 杜为. 我国城市社区文化建设研究 [D]. 西南大学，2007：13.
② 杜为. 我国城市社区文化建设研究 [D]. 西南大学，2007：14.

配置，推进一体化谋划、联动式合作、协同性发展，加快形成点线面结合、东中西呼应、城乡均衡协调的文化发展空间格局，促进文化更平衡更充分发展"。这些国家层面决议和文件精神有关社区文化建设重点的提出，推动了我国社区文化服务和文化建设的系统化发展，同时也在提高城市居民生活水平和生活质量上发挥显著作用。

二、我国社区文化的发展模式及特点

（一）社区文化的几种发展模式

在社区文化建设推动过程中，全国各大城市根据当地社区的实际情况，通过不断实践形成各具特色的区域化社区文化发展模式。[①]

第一，上海杨浦区社区文化建设模式。特色在于不断探索社区居民感兴趣的事情，举办各种形式、内容丰富的大型文化活动，并以此发掘社区文化的内在功能；强化社区文化的软硬件建设，以巩固辖区内各级文化组织的服务作用，增强社区凝聚力，注重理论和经验积淀保障社区文化的组织化、制度化。[②]

第二，北京西城区社区文化建设模式。利用资源优势动员社会各界参与文化工作，把文化、教育、艺术、体育、科技、社区服务等各项工作，综合成一个系统进行社区统一管理，积极开展多种手段经营文化活动，将公益性服务活动作为基础，拓宽营利性的文化经营服务，探索出文化服务层面的新路子。

第三，天津河西区网络社区文化建设模式。在实践过程中，逐渐形成独具特色的16条文化网络，以街道办事处作为社区文化管理网络的源头，立足于21个街道文化站，依靠321个社区文化室作为社区文化活动阵地，有效利用网络组织干部职工和居民群众开展各种文化活动，拓宽了社区文化服务的新平台。

---

① 段洁茜. 新时期我国城市社区文化建设研究 [D]. 内蒙古科技大学，2015：7.

② 闫莉. 浅谈社区文化建设意义与实践创新 [J]. 大观周刊，2012，28（27）：96-98.

（二）社区文化的发展趋势及特点

社区文化具有地域性、归属性、开放性、共享性、熏染性等特征 [①]。

第一，是地域性。社区就是个地域范畴的概念，当社区的居民在同一空间内进行社会生活，彼此间就要发生互动和联系，必然会形成共有的社会心理、语言和思维方式、生活方式和价值观念、习性风尚和规范制度等。

第二，是归属性。在社区中的人群关系相对稳定，风俗习惯相似，居民会生成一种家园归属感心理来并共享他们的文明，这是社区文化的基本特性。

第三，是开放性。社区文化与传统村镇文化宗族血缘性和排他性明显的区别正是因为其开放的特征，社区人口异质化程度非常高，无论传统文化与现代文化、本土文化与外来文化、高雅文化与通俗文化、公益文化与消费文化、行业文化与市井文化，社区文化都能包容涵盖。

第四，是共享性。社区居民是社区文化的参与者、创造者，也是社区文化的维护者、受益者，社区文化是社区居民共同创造的，所以能为社区居民所共享，其中优秀的部分才能得到发扬和传承。

第五，是熏染性。社区文化是一种松散型的群体文化，它对社区居民的心理和行为的影响约束，不能像企业文化和校园文化那样进行规范化的管理，而是靠舆论引导、榜样示范，靠形成某种风气和环境氛围对居民进行熏陶感染，使其在潜移默化中受到约束教育。

第六，社区文化发展存在一定程度的城乡差异。一般说来，以自然经济为主体的传统乡村社区，居住者有着大体一致的信仰、生活方式、价值观、行为规范，思想观念和文化观念普遍趋于保守。而建立在商品经济基础之上的城市社区，特别是大中城市社区居住者之间的信仰、价值观、行为规范、生活方式等往往呈现较大差异，易接受先进的思想和现代文化观念。在社区控制方面，传统乡村社区可以以非正式规范来约束并控制社区成员的行为，相对而言城市社区需采取用正式的规范并通过专门机构来实现这一目标。

---

① 段洁茜. 新时期我国城市社区文化建设研究 [D]. 内蒙古科技大学，2015：7.

第三节　理想社区文化

社区文化指在固定地域内社会生活共同体所反映出来的人的行为倾向、生活方式、风俗习惯、文化品位、生存环境等文化现象的总和。它对人的精神状态、归属感及社区的凝聚力有着重要的影响。理想社区文化应涵括社区特色文化活动、社区认同感和社区归属感等核心内容，它们是衡量理想城市的符号和象征，将满足人类对美好城市生活和未来世界的憧憬。

一、社区特色文化活动

社会学家吴文藻先生认为，了解社区是了解社会的出发点，社区研究应当包含三大要素，即人民、人们所处的地域、人们生活方式或文化。其中，文化是核心，是城市居民的社会心理基础。社区良好的人文环境和文化资源，是城市中人们生产生活的"精神家园"。社区文化活动是社区发展高级阶段的基本要求和重要表现，凝聚来自五湖四海的不同社会群体，共同营造积极向上社区氛围。

社区文化日益成为理想城市建设的重要内容，既满足人们交往和社会参与需要的同时，又促进城市现代化发展。现实生活中社区特色文化、楼道文化、邻里活动的开展，直接影响城市居住者对所在社区文化的满意度，对社区特色文化活动的参与度，更一定程度显示社区文化的理想程度。当然，社区文化特色活动的开展，需要因地制宜，注重社区居民的个性化特征。

社区文化活动开展需要社区居民的积极支持和参与，否则任何社区文化活动都无法成功开展。理想社区特色文化应注重对城市居民社区活动参与的考量。成功的社区文化活动，凝聚社区成员，强化居民对社区的认同感和归属感。城市居民的社区归属感越强，越能意识到作为社区成员的权利和义务，越积极参与所在社区文化活动。理想社区文化建设应该是在大力弘扬中华优秀传统文化基础上，所形成在的党领导下具有中国特色、社区工作特色、社区所在地特色的社区文化。

理想社区文化应充分发挥人民在文化建设中的主体作用。首先，巩固壮大现有社区文化活动团队，并充分挖掘驻地社区的企业、单位等潜力。其次，培育基层文化队伍，加强文化辅导，培训社区文化骨干，积极培育文化示范户，组建有特色、有群众基础的文化队伍。再次，通过文化骨干"传、帮、带"，扩大社区文化的影响力，提高社区文化档次和文化品位。倡导社会公德、职工道德、家庭美德、个人品德新风尚，在城市基层社区形成团结互助、平等友爱、共同前进的社会氛围和人际关系。最后，坚持以人民为中心，满足不同城市居民文化需求。人与人之间需要情感交融、心灵沟通，而现代社会生活节奏的加快使得人们工作紧张程度和精神压力不但增大，这就需要精神的适时调剂与缓解，而社区文化以其最活跃、最生动、最具吸引力、最易于为人们接受的方式，恰恰能够满足人们的精神和情感需求。

理想社区文化应强化对社区文化的制度化管理。首先，加强对社区文化建设的领导，形成党总支牵头、行政负责、工会配合和团组织参与的运行机制，形成党政工团齐抓共建、明确任务、各负其责、相互配合、共建共管新格局。其次，制定切实可行的社区文化发展规划，营造优美舒适自然环境，拓展阵地，健全体系，形成共建共治共享社区新格局。加大对社区设施、卫生、美化等硬件建设；加强学校、幼儿园、图书馆、报刊、俱乐部等文化、学习和娱乐场所的管理。再次，完善社区文化环境，加强基础设施建设与管理。扩大对社区活动的公共场所建设的投入，在社区建设中，整体规划社区布局、建筑风格、公共设施等，都是不同文化风格的反映。在社区基础设施建设中，考虑社区中的特殊群体，如残疾人、老年人、外来职工等的特殊需求，扩大社区文化活动空间。最后，完善文化保护机制，加强社区物质文化遗产的保护。充分挖掘传统文化资源的同时，根据社区区位、历史和特点进行拓展，赋予社区建设新的文化内容，实现社区文化现代化发展。

理想社区文化建设，依托各种各样的创建活动来实现。良好的社区人文环境是建立在相同的品位、相同的社会地位之上的和睦的社区人际关系，邻里之间守望相助、互相友爱、健康向上，形成和谐邻里关系。以各类文化活动创建为载体，如在社区组织球类比赛、台球比赛、运动会、棋类比赛、乒乓球比赛、秧歌舞表演、京剧演唱、乐器演奏等丰富多彩的文化活动，给城市民众彼此沟通提供渠道和平台，营造和谐、友好气氛让社区文化为城市居民生活的亮丽风景。

二、社区认同感

社区认同感是社区发展的基础。社区发展过程中，共同体意识是培育社区认同感的关键。社区可以通过定期的社区活动和交流，增进居民之间的了解，培养出更强互助和合作精神。此外，社区还可以通过居民参与决策的机制，让居民参与到社区建设中来，增加他们对社区的归属感和认同感。社区认同离不开客观物理环境作为活动中介的作用和影响，邻里之间的情感互动强化了居民的社区归属感。社区归属感的缺失，很大程度上是因为居民将原本的社会活动地点转移到大型商业综合体等地方，居民与社区公共空间原先的感情连接被切断了。城市中心区的大型商业综合体成为市民主要消费空间，这里也是人与人发生互动的高频空间。但这种互动是基于居民的社会身份，这并不会促使双方成为熟人，对形成社区共同体和认同感并没多大帮助。社区公共空间重塑应该强化和突出承载居民日常交往的作用，重新培养对社区公共空间的认同感和归属感[1]。

在社区发展的过程中，社区活动的丰富多样也是培育社会认同的有效途径。社区活动可以包括体育比赛、文化展览、志愿者活动等。这些活动不仅能够增进居民之间的交流和互动，还能够让居民们对社区的发展和生活水平有更深入的了解。通过参与社区活动，居民们能够更加积极地融入社区生活，产生对社区的认同感。社区的有效管理和治理也是培育社会认同的重要条件之一。社区管理者应该建立良好的沟通机制，听取居民的意见和建议，及时解决社区的问题和困难。只有当居民们感受到自己的意见被尊重并得到重视时，才会对社区的发展产生更大的认同感。

社区管理机构、志愿者等要为社区居民提供必要的服务和支持，倾听

① 韩洪蝶. 新时代上海城市社区文化建设研究 [D]. 上海外国语大学，2019：42-43.

他们的需求和反馈。可加强社区宣传和交流。宣传社区的文化、历史、风土人情等，增强居民对社区的认知和了解，并提供各种交流活动的机会，增强居民之间的联系和感情纽带。可鼓励居民参与社区建设和管理。组织各种社区活动和志愿者服务，让居民有机会参与社区的建设和决策，让他们感受到自己的力量和价值。可建设良好的公共设施和环境。对社区公共设施进行改造和维护，创造良好的居住环境，让居民感到自豪和安全。可建立和谐的社区文化和价值观。营造和谐、互帮互助、尊重多样性、包容差异的社区文化和价值观，增强居民的归属感和认同感。通过这些措施，可以增强居民对社区的认知和了解，增强他们的参与感和主人翁意识，进而增强居民之间的联系和团结，建立健康和谐的社区环境。

三、社区归属感

社区归属感是社区成员对所居住地区的发自内心的认同、喜爱和依恋的一种心理感觉。正如《中国大百科全书》中所描述，所谓社区归属感是指社区居民把自己归入某一地域人群集合体的心理状态，这种心理既有对自己社区身份的确认，也带有个体的感情色彩，主要包括对社区的投入、喜爱和依恋等感情。学界更普遍认同，社区归属感是影响社区存在和发展的重要因素，是社区最本质的特征，离开了社区成员的社区归属感，社区的地域性和群体性都变得毫无意义。因此，形成社区最重要条件不是一群人共同居住的地域，而是人们之间的互动及在此基础上形成的具有一定强度和数量的心理关系，即社区的认同感和归属感，对所居住区域一种家的感觉。

在这个意义上，社区作为城市居住者在城市基层生活的最基础单元，不仅要担负起社会福利、社会互助等社会化职能，还要重视社会成员社区归属感的培育，使社区成员对所居住地区有认同、喜爱和依恋的心理感觉。因此，理想社区建设，培育社会成员的社区归属感极为关键。城市居民社区归属感的培育，要以居民自治为基础，努力扩大基层民主；以服务群众为主题，积极拓展社区服务功能；以文明创建为载体，努力繁荣社区文化；以党的建设为龙头，切实增强社区党组织建设。基本路径是通过建构以人为本、居民自治的社区建设理念，扩张、强化和完善社区服务，发育、完备社区功能，重铸社区凝聚力，其核心则是构建完备而有效的社区服务的社会支援网，促进社区服务发展①。

社区归属感需要社区的物质建设，但更重要的是社区居民的情感维系，让包括残疾人、老年人等弱势群体在内的每个人都能在社区找到幸福快乐的位置，人人都有心理宣泄、情感支持的空间，获得心灵支持，获得情感快乐，从而对所居住区域形成一种归属感。新时代，我国社会主要矛盾转化为人民日益增长的美好生活需要和不平衡不充分的发展之间的矛盾。营造理想城市，需要建设理想社区，需要形成城市民众满意的社区文化。增强居民对社区的依赖感、归属感和荣誉感，提高城市每一个体的幸福指数，形成和睦、融洽、安宁的整体社会气氛。

第四节　理想社区文化对理想城市构建的意义

发展社区文化，可以强化社区群众的主人翁意识，倡导特有的健康的民风民俗，增强社区居民的归属感，维系社区良好的人际关系，提高居民的生活质量。社区文化可以分为有形的与无形的两种形式。有形的社区文化表现为社区文化设施、社区环境、社区文化活动场所等；无形的社区文化，即是指人们在长期的交往与创造中形成的文化传统、风俗习惯和情感、态度等。

一、理想社区文化能够促进文化交流，融洽社区人际关系

社区文化是社区建设内在凝聚力的主要元素：社区文化建设有利于融洽社区人际关系，社区文化具有伦理关怀和人际调节功能，是居民增进沟通的有效途径。通过社区文化建设，创造更多的交流和参与社区活动的机会，增进社区居民间沟通和了解，使生活习惯不同的人之间能够彼此认同，使

---

① 韩洪蝶. 新时代上海城市社区文化建设研究 [D]. 上海外国语大学，2019：42—43.

心理隔阂的人之间能够彼此宽容，让人们充分感受到社区大家庭的快乐和温暖，促进关系和睦融洽。

二、理想社区文化能够促进社区文明和谐，维护社区稳定

以建设和谐的社区为目标，立足社区，充分发挥文化的阵地和文体队伍的作用，不断创新形式，经常开展形式多样、内容丰富的文体活动，为社区建设和谐发挥了重要的作用。现将一年来的社区文化体育工作的主要的情况总结如下：创新形式、广泛宣传，充分发挥社区的文体宣传阵地作用，不断通过板报、墙报、录像、学习园地等形式，加大对党的路线、方针、政策的宣传，使居民自觉用党的最新理论来武装自己。

三、理想社区文化能够提高社区凝聚力，增进认同感和归属感

为增进邻里和睦，融洽业主关系，增进业主的归属感，社区文化建设不容忽视。构建社区文化认同的前提条件为社区自治、社区组织和个人对于社区规章制度、运行方式的认可度和居民在社区生活中的归属感、获得感和责任感①。

社区文化在当前我国的社区建设中具有重大的意义，而社区文化建设的发展离不开国家政策、法规的有力支持，不仅需要政府发挥主导作用，更需要社区群众的广泛参与与努力，只有不断完善城市社区文化设施、文化队伍与社区法律法规建设，丰富城市社区文化内容，才能提升社区、社会的整体文化水平，构建社会主义和谐社区、和谐社会的理想才能实现。

四、理想社区文化能够助推精神文明建设，优化城市治理

城市社区文化是一个复合体，它在城市社区精神文明建设中具有十分重要的功能。理想社区文化是在社会主义市场经济条件下广泛发动群众积极参与社区发展实践和进一步深入开展群众性社区精神文明建设活动的必要条

---

① 赵明.彰显社区文化——建设睦邻友好住区 [J]. 城市开发，2022：69-70.

件，是把精神文明建设和城市管理的各项工作真正落实到基层的一项重要保障。通过城市社区文化建设有利于倡导符合社会发展的正确价值观、人生观和审美观，有利于改善社区的文化氛围和人文环境状况，形成社区居民积极向上的精神风貌，扩大社会主义精神文明建设的群众基础。同时，城市社区文化的教育功能有利于培养居民高尚的道德情操、良好的思想品质、优秀的社会公德、积极的进取精神。[1]

---

① 杜为.我国城市社区文化建设研究 [D].西南大学，2007：10-11.

第六章 社区服务

第一节 社区服务概念

一、社区服务的一般性认知

社区有自然形成的和人为划定的区别。一个城市作为一个社区其形成通常是自然过程。而城市内部的管理性社区，如街道、居委会等，则基本上是人为划定的。社区的基本特点是，一旦它形成，不论是自然形成还是人为划定，它就成为一个相对独立的整体，其成员之间会有更密切的联系，产生共享社区资源的可能，并有要求社区不断发展的共同利益和愿望。社区服务就是以社区为单位展开的，以社区居民为对象的一种服务供给及其供给的过程。

二、学术界对社区服务的探讨

19世纪80年代，"社区照顾"首先出现在英国，第一座社区睦邻中心汤恩比馆在伦敦东区建立。20世纪30年代后"社区照顾"被英国政府正式纳入社会福利政策范畴，并用"社会服务""社区照顾""儿童及青少年照顾""老人照顾"等相应词汇来指代一些机构在社区内开展的服务、由社区提供的服务，或政府与个人等为了社区发展所提供的服务。[①]

在我国，社区服务是改革开放以后新出现的一种服务事业。"社区服务"这一叫法是 20 世纪 80 年代起才在我国得到广泛使用，但是内容与其相近的"民政福利性"社会服务在新中国成立之初便一直存在。随着我国经济体制的改革，这类服务在 20 世纪 70 年代末悄然开始向新型的社区服务转变，至 20 世纪 80 年代中期迅速展开，我国民政部于 1987 年首次明确提出了"社区服务"的概念。

1987 年民政部举办的社区服务研讨会上最早提出"社区服务"这个概念："社区服务是指在政府机关的支持下动员社区成员参与互助式的社会服务，并解决当地的社会问题。"同年，有关学者就"社区服务"这个概念作出更深入的阐释："社区服务就是为人民的物质和精神生活所提供的各类社会福利和服务。"[②]

我国的社区服务自 20 世纪末以来，就其基本属性与基本特征存在着如下两种观点：第一种观点，狭义社区服务学说认为，社区服务的基本性质是非营利性，即社区服务实际上应只包含福利性服务，而不应包含商业性服务。学者关信平认为，社区服务应该是在政府的资金、政策等方面支持下，通过社区内外的各种相关资源调度，从而进行的福利性服务。学者郭伟和认为，在实践中，社区服务与社区内已存在的所有服务活动并不等同，它应该界定为："为社区服务所提供的社会共同体属性的福利性、公益性、互助性、义务性服务。"第二种观点，广义社区服务学说认为，社区服务的基本性质除了非营利性还应包含营利性，政府部门对这一观点持首要意见。学者郭安认为，把社区服务的商业性纳入社区服务体系之中，比狭义社区服务更具包容性。只有将有偿性与无偿性相结合，才能做大社区服务这块蛋糕，在经济相对不发达的地区推进社区服务。在目前的情况下，适当地引入便民性的社区服务对于满足居民的社会福利需求来说是十分必要的。

---

① 刘燕，贾小波.社区服务 [M].北京：机械工业出版社，2021.
② 郭安.关于社区服务的涵义、功能和现有问题及对策 [J].中国劳动关系学院学报，2011，25（02）：92-97.

学者王国枫认为，我国的社区服务过程中，政府占主导性作用，社区居委会虽然是群众自治组织，但是由于它承担了大量的行政事务。在目前社区服务组织的管理人员中，有部分是由政府行政人员或社区居委会干部兼任。[①] 因此，如何科学地将二者的职能权限理清，并有机地衔接起来，对建构中国特色社区服务体系十分重要。

学者任远认为，传统的社区服务主要是由政府主导，而社区服务发展应倡导居民共同行动，应及时了解社区居民的需求和生活状况，引导社区居民参与民主决策、自我管理，这是提高社区服务发展的关键。[②]

学者修宏方认为，目前社区服务发展受到的主要制约因素为：在整体上，社区服务队伍的素质与社区服务的发展要求不适应。社区服务的发展离不开经过专业社会工作培训的大学毕业生，他们的专业能力有助于解决各种社区服务问题并促进社区服务的发展。

三、本书所论及的社区服务

社区服务的目标就是为了解决社区居民面临的问题，为社区居民提供福利和服务。由于政府社会福利资源有限，无法满足居民所有服务需求，因此适度引入商业性便民服务是十分必要的。由此，本书所论及的社区服务为所居住区域的具有地域性、公益性、群众性、互助性、综合性等特征的便民性服务。

第二节　社区服务发展变迁回溯与分析

城市发展中社区服务变迁涉及多个方面，包括社区服务的类型、范围、质量，以及社区居民的需求变化等。从纵向时间和横向空间维度进行回溯和分析，可以揭示城市社区服务的历史演变、特点和未来趋势。

---

① 王国枫. 我国社区服务体系建设中存在的问题及解决对策 [J]. 学术交流，2005（3）：140-144.

② 任远. 城市社区服务建设问题与对策研究 [J]. 现代城市研究，2001（5）：47-50.

一、城市社区服务的发展变迁历史

从时间上，城市出现以来，社区服务的发展大致可划分为 4 个时期：

（一）初期阶段（城市出现至 20 世纪初）

在城市出现的初期阶段，社区服务主要集中在满足居民基本的生存需求。这时，城市通常由一些基础设施较简单的社区组成，其服务主要围绕食品、水源和基础医疗展开。这种社区服务模式主要是为了确保居民在城市环境中能够获得必需的生存条件。

随着城市化进程的推进，人口逐渐增加，城市社区服务也开始逐步多样化。这一变化的趋势体现在社区服务范围的扩大，不再仅仅局限于满足基本的物质需求。新兴的社区服务包括但不限于：

（1）教育服务：随着城市中的家庭和社群的发展，对教育的需求逐渐增加。初期的教育服务可能是简单的识字和基础技能培训，但这为后来更为复杂的教育系统的建立奠定了基础。

（2）宗教服务：随着城市居民的多元化，宗教服务逐渐成为社区的重要组成部分。教堂、寺庙和清真寺等宗教场所的建立为居民提供了宗教仪式、祈祷和社交的场所。

（3）文化娱乐服务：随着社区的繁荣，人们对文化娱乐的需求逐渐增加。剧院、咖啡馆、公园等娱乐场所的兴起使得居民有机会参与各种文化和社交活动。

这一时期的社区服务变迁表明，随着城市的发展，居民对生活质量和社交体验的需求逐渐上升，社区服务也逐渐从基本的物质需求转向满足更为多元化和精神层面的需求。这为城市社区服务的未来演变奠定了基础。

（二）工业化时期（20 世纪初至 20 世纪中期）

在 20 世纪初至 20 世纪中期的工业化时期，全球范围内的城市经历了巨大的变革。这个时期的城市化和工业化是由科技进步、生产方式的变革以及人们对更好生活的追求所驱动的。

工业化的兴起吸引了大量农村居民进入城市寻找工作岗位，激增的城市人口成为城市社区服务需求急剧上升的主要动力。人口的大规模迁移导致城市的快速扩张，新的住宅区、工业区相继建立，形成了独特的社会结构。

工业化不仅带来了城市规模的增加，还带来了社会结构的深刻变革。城市中形成了新的社会阶层，工人阶级崛起成为城市的重要组成部分，这直接影响了社区服务的需求和提供方式。

面对城市规模的迅速扩大，城市规划面临新的挑战。政府和城市规划者不仅需要满足基础设施的需求，还要关注社区服务的合理布局，以确保新兴的城市社区能够有效运作并满足市民不断增长的需求。这导致社区服务的需求不断增加，不仅要满足工业工人的基本需求，还要提供更多的服务来适应不断扩大的居民群体。

随着城市的扩张，社区服务逐渐向城市边缘扩展。新的住宅区和工业区的出现促使社区服务向这些区域延伸，包括新建更多的教育、医疗和社交服务设施，以提高居民的生活质量。

（三）后工业化时期（20世纪中期至末期）

在20世纪中期至末期的后工业化时期，社会进入了信息时代，这一时期的城市发展受到了科技的巨大影响。互联网的普及和计算机技术日新月异的发展使得信息传递更为迅速、便捷。这一时期的城市开始逐渐转向数字化社会，信息变得更加容易获取和分享。

随着科技的发展，社会结构再次发生变革。新的职业形态如远程工作和在线学习开始出现并发展起来，这改变了人们的生活方式和对社区服务的需求。

这一时期的城市社区服务呈现出以下特点：

（1）数字化社区服务：传统的社区服务逐渐数字化，包括在线教育、远程医疗、电子政务等。数字化社区服务使得居民能够更方便地获取所需服务，也提高了服务的效率和质量。

（2）远程工作和学习：互联网技术的普及使得远程工作和在线学习成为可能。这一趋势改变了人们对工作和学习空间的需求，社区服务需要适应这一变革，提供支持远程工作和学习的基础设施与服务。

在后工业化时期，社区服务的发展呈现出一系列新的趋势，强调社区参与、可持续性和特殊群体的关怀服务。数字化社区服务提高了居民参与社区事务的便利性，社区参与成为城市规划和服务提供的重要方向。居民通过数字平台参与社区决策、活动组织和信息分享，促进了社区的共建共享。

总体而言，后工业化时期城市社区服务的变迁在数字化、全球化和社会结构变革的推动下，呈现出更为多元化、可持续和注重社区参与的特征，为未来城市社区服务的发展奠定了基础。

（四）当代时期（21世纪至今）

进入21世纪，数字技术和智能化应用深刻改变了人们的生活方式和社区服务模式。全球范围内，社区服务不再局限于传统领域，而是涵盖了更广泛的范畴，包括在线教育、远程医疗等新兴服务。这一时期的社区服务注重利用先进技术提高服务效率，同时关注社区的可持续发展，促进居民生活质量提升。

当代社区服务以数字化和智能化为主要特征。社区通过信息技术，如互联网、物联网和人工智能，提供更为便捷、高效的服务。在线教育平台、智能医疗设备等成为社区服务的常见形式。

与之前时期相比，社区服务更注重居民的全面需求，包括文化、娱乐、环境保护等方面。提高社区居民的生活质量成为社区服务发展的关键目标。

当代社区服务趋向强调可持续性，包括环境、经济和社会方面的可持续性。社区通过采用绿色技术、可再生能源、循环经济等方式，推动社区的可持续发展。同时更加注重居民的文化、娱乐和社交需求。通过组织文化艺术活动、体育赛事、社区聚会等，促进社区居民之间的交流与合作，增进社区凝聚力。

二、不同国家的社区服务差异

（一）发达国家的社区服务

发达国家在经济、科技、社会制度等多方面取得显著进展，这为其社区服务的全面发展创造了有利条件。在这些国家，社区服务水平较高，社会保障体系和公共设施较为完善。

发达国家的社区服务有两大特点:(1)覆盖面广:发达国家的社区服务体系通常覆盖面广泛,包括但不限于教育、医疗、文化娱乐、环境保护等多个领域,这些服务旨在满足居民的多元化需求。(2)公众参与水平较高:社会经济的公众参与基础较好,社会力量和社区居民积极参与社区事务。

(二)发展中国家的社区服务

发展中国家经济发展水平还不够高,基础设施欠完善,同时面临资源不足和城乡差异等问题,社区服务体系相对薄弱,社区服务更加注重满足居民基本需求。发展中国家的社区服务有两个特点:(1)基础服务为主。社区服务主要集中在满足基本需求上,如食品、水源、基础医疗。(2)政府和非政府组织合作。政府在社区服务中发挥着主导作用,同时需要非政府组织、国际援助等多方力量来提供资源和技术支持。

(三)新兴国家的社区服务

新兴国家通常在城市化和经济增长方面取得显著进展,但也面临着城市化带来的挑战。这些国家可能更加注重新技术的应用,以提升社区服务的效率和可持续性。

新兴国家的社区服务有两方面特点:(1)重新技术的应用。新兴国家的社区服务更加注重新技术的应用,如数字化服务、智能化基础设施,以适应迅速发展的城市化进程。(2)积极参与全球化合作。新兴国家社区服务重视吸引国际投资和合作,对促进全球化发展持积极态度。这些国家在城市发展和社区服务中已经积累了一些宝贵的经验。

三、不同城市社区服务的差异

中国人口规模大,拥有包括一线超大城市、新兴的创新城市以及中小城市在内的数量众多的城市。这些城市在社会、经济和文化方面存在显著差异,社区服务的多样性和差异性特征显著。

从城市层级上,可以分为一线超大城市、新兴创新城市、中小城市。一线超大城市拥有更丰富的社区资源和服务,包括高水平的医疗、教育、文化娱乐等。社区服务体系相对完善，多样性更为明显，社区活动和文化项目更加多元。新兴创新城市通常注重创新和科技发展，社区服务倾向于数字化和智能化。在线教育、智能健康服务等应用更为普及。社区服务可能更侧重于满足年轻人的需求，包括创业支持、科技培训等。中小城市的社区服务更注重满足基本生活需求，社区关系更加紧密，社区服务可能更加注重传统文化和社会团结，有更多的社区集市、传统集市等。居民参与度较高，社区管理较为灵活。

第三节　理想社区服务

从理论意义来讲，我国的社区服务工作虽然经历了长期的发展过程，积累了大量的经验，但涉及社区服务的型制、活动结果、对象组成、基本原则等如何科学地测量评估，还需要进一步的研究。本章的理想社区服务具有多元化、全面覆盖、智能化的特征，以满足居民在不同层面的需求，提升整体生活质量。按照社区服务的性质，分为公共性服务、市场性服务、公益性服务和自治性服务。

一、公共性服务

（一）社区医疗机构服务效果

1.服务质量与居民满意度

社区医疗机构作为基层医疗体系的重要组成部分，其服务质量直接影响到居民的就医体验和健康水平。通过定期的居民满意度调查，社区医院不断优化服务流程，提升医护人员的专业素质，以满足不同年龄层和健康状况居民的需求。医疗服务涵盖预防、诊断、治疗和康复，确保患者得到及时、准确和贴心的照护。居民满意度的提升，也反映在就医环境的改善、预约挂号的便捷性以及医患沟通的和谐程度上。

2.医疗资源配备与利用

社区医疗机构合理配置医疗资源，包括医疗设备、药物和人力资源。

配备先进的医疗设备，如常规的检验设备、影像诊断设备，以及针对慢性病管理的监测仪器。在药物供应方面，确保基本药物目录的全面覆盖，满足居民日常医疗需求。在人力资源上，拥有专业医生、护士和社区健康管理员，为居民提供全方位的医疗服务。通过远程医疗、家庭医生签约等方式，提高医疗资源的利用率，减少医疗资源浪费。

3. 医疗服务流程与效率

社区医疗机构通过优化服务流程，提高医疗服务效率。例如，设置一站式服务窗口，简化挂号、就诊、取药流程，减少居民等待时间。推行电子病历，提高医生的诊疗效率。预约制度的实施，使患者能够根据自身时间安排就诊，避免了高峰时段的拥挤。加强与上级医院的双向转诊，确保患者在需要时能够快速转诊至更高级别的医疗机构。

4. 医疗服务创新与持续改进

社区医疗机构不断进行服务模式创新，例如，开展家庭医生服务，为居民提供个性化的健康管理。利用信息化手段，如移动医疗 APP 或小程序，让居民在家就能进行健康咨询、预约挂号和查看检验结果。社区医疗机构还定期举办健康讲座和疾病防治活动，提高居民的健康素养。通过持续的内部评估和外部评价，不断改进服务质量和效率，以适应不断变化的社区医疗需求。

（二）为老服务中心提供的服务

1. 日常生活照料服务

为老服务中心以满足老年人日常生活需求为中心，提供全方位的照料服务。这包括帮助老年人进行日常起居，如清洁卫生、饮食安排、衣物洗涤，以及协助进行个人卫生护理，如洗澡、理发、剪指甲等。服务中心还配备了专业的护工，他们受过专业培训，懂得如何尊重和照顾老年人的特殊需求，确保老年人的生活质量。服务中心还为行动不便的老人提供接送服务，确保他们能够参与社区活动或进行必要的外出。

2. 健康管理与疾病预防

健康是老年人安享晚年的基本条件。为老服务中心与医疗机构紧密合

作，定期为老年人进行健康检查，监测血压、血糖等关键指标，及时发现并
处理健康问题。服务中心还提供健康咨询，教育老年人关于合理饮食、适当
运动和良好睡眠的重要性。服务中心组织各类健康讲座，邀请医生和专家讲
解老年人常见疾病的预防和管理，提升老年人的自我保健能力。

3. 精神慰藉与文化娱乐

为老服务中心重视老年人的精神需求，提供各种文化娱乐活动，如书
法、绘画、园艺、合唱、舞蹈等，让老年人在参与中找到乐趣，丰富精神生
活。服务中心还设立心理咨询室，有专业的心理咨询师为老年人提供心理疏
导，帮助他们应对孤独、焦虑等心理问题。定期组织的生日会、节日庆祝等
活动，也为老人们提供了增进友谊、分享快乐的平台。

4. 安全监护与紧急救援

安全是老年人生活中的重要一环。为老服务中心设有 24 小时监控系
统，确保老年人的安全。服务中心的工作人员接受过急救培训，能够在紧急
情况下迅速响应。还为有需要的老年人配备紧急呼叫设备，一旦发生意外，
能立即触发报警并联系医疗救援。服务中心还与当地消防、医疗等应急部
门建立了联动机制，确保在紧急情况下的快速响应和有效处理。通过这些措
施，为老服务中心努力为老年人构建一个安全、安心的居住环境。

（三）医疗急救的覆盖程度

1. 急救站点布局与响应时间

急救站点的合理布局是确保紧急医疗服务高效的关键。城市和乡村地
区都应根据人口密度、交通状况和疾病发病率等因素来规划急救站点，确保
急救车辆能在最短时间内抵达现场。响应时间是衡量急救服务效率的重要指
标，通常目标是在接到求救电话后 4—6 分钟内派出急救队伍，并在 15—
20 分钟内到达现场。通过实时监控系统和优化调度算法，急救服务部门持
续改进响应速度，以减少患者等待时间，提高生存率。

2. 急救人员配备与培训水平

急救队伍的专业性直接关系到病患的生存和康复。急救人员需具备基
本的医疗知识和技能，包括 CPR（心肺复苏）、AED（自动体外除颤器）使

用、创伤处理等。定期的培训和考核确保他们能应对各种紧急情况。

3.急救设备设施与药品储备

先进的急救设备和充足的药品储备是急救服务的物质基础。这包括各类急救车辆、医疗设备（如呼吸机、监护仪、止血设备等）和常用药品。设备需定期维护，药品需按需更新，以确保在急救过程中能提供及时有效的治疗。随着医疗科技的发展，如便携式超声、远程医疗等新技术也被逐步应用到急救服务中，提高救治效率。

4.公众急救知识与技能普及

公众急救知识的普及是急救系统不可或缺的一部分。通过学校教育、社区培训、媒体宣传等方式，提高公众的急救意识和基本技能，如学习CPR、AED操作等，可降低意外伤害和突发疾病造成的死亡率。急救知识的普及也有助于在等待专业急救队伍到达前，为患者提供初步救助，为生命赢得宝贵时间。

（四）卫生宣传活动

1.宣传内容与形式创新

卫生宣传活动的核心是传播健康知识，提高公众的健康意识和行动力。内容应涵盖疾病的预防、健康的生活方式、营养知识、心理卫生、应急处理等多个方面。形式上，除了传统的海报、传单、讲座外，可以利用现代科技手段，如短视频、社交媒体、互动游戏、健康APP等，使信息传播更加生动有趣。例如，开发健康知识问答游戏，或制作以健康为主题的微电影，以寓教于乐的方式吸引不同年龄段人员的参与。

2.宣传渠道与受众覆盖面

针对不同社区居民的特点和习惯，选择合适的宣传渠道至关重要。社区公告栏、社区活动、学校课堂、企事业单位内部宣传等传统渠道不可忽视，利用互联网平台如微信、微博、抖音等进行广泛传播。针对老年人，可以组织线下的健康讲座和咨询服务；对于年轻人，则可以通过线上直播、短视频分享等新媒体形式吸引他们关注健康问题。

3. 宣传效果评估与反馈机制

评估宣传活动的效果可以通过问卷调查、在线反馈、参与人数统计、社交媒体互动量等方式进行。此外，还应建立反馈机制，鼓励居民提出建议和意见，及时调整宣传策略。例如，定期收集居民对活动的满意度评价，分析数据以了解哪些内容和形式更受欢迎，哪些需要改进。

4. 健康教育与促进策略

健康教育应注重长期性和系统性，不仅提供健康信息，还要引导居民养成健康习惯。可开展系列健康讲座，邀请专家讲解疾病预防和健康管理；设置健康工作坊，教授基本的急救技能和运动锻炼方法；推行健康饮食计划，鼓励居民种植蔬果，提升饮食质量。与社区医疗机构合作，提供个性化健康咨询服务，通过跟踪指导帮助居民改善生活习惯。定期举办健康挑战活动，如步行挑战、戒烟挑战等，激发居民的参与热情，使健康生活理念深入人心。

（五）提供就业指导培训服务

1. 就业形势分析与政策解读

在当前经济环境下，就业市场呈现出多元化和动态性的特点。分析就业形势不仅需要关注宏观经济指标，如 GDP 增长率、产业结构调整、劳动力供求关系，还需要关注科技进步对就业结构的影响，如数字化、自动化和人工智能的发展。政策解读则至关重要，政府的就业政策通常包括税收优惠、创业贷款支持、就业培训补贴等，理解这些政策可以帮助求职者和创业者把握机遇。

2. 职业技能培训与能力提升

提供有针对性的职业技能培训包括编程、数据分析、语言能力等技能培训，也包括团队协作、沟通技巧和领导力等方面的软技能培训。能力提升不仅限于专业技能，还包括自我管理、终身学习和创新思维的培养，以帮助个人在职场中保持竞争力。

3. 创业指导与扶持服务

鼓励创业是促进就业的重要途径。创业指导涵盖商业计划制订、市场研究、资金筹集策略，以及法律和税务知识的普及。扶持服务可能包括提供创业孵化器、导师制度、低息贷款和税收减免等，旨在降低创业门槛，帮助创业者成功起步。

4. 就业服务平台建设与资源共享

高效、便捷的就业服务平台可以通过在线招聘网站、招聘会、职业咨询中心等形式实现。资源共享包括职位信息、行业报告、求职技巧等，帮助求职者获取最新、最准确的就业信息。平台还应促进企业与求职者之间的互动，提供定制化的招聘解决方案，以提高匹配度和就业成功率。

（六）救助、双拥、残联、救助管理

1. 救助对象识别与需求评估

救助工作首先涉及的是准确识别需要帮助的对象。这通常包括对社区内低收入家庭、失业人员、病患、老人、孤儿和流浪者等特殊群体的识别。通过数据收集、家庭调查和社区走访，评估他们的生活状况、经济来源和实际困难，以确保资源能精准投放。评估还包括分析他们的即时需求和长期援助需求，如教育、医疗、住房、就业等，为后续制定救助措施提供依据。

2. 救助措施制定与实施

基于需求评估的结果，救助措施的制定旨在解决救助对象的实际困难。这可能包括提供临时性经济援助、食物券、医疗救助、住房补贴，或者组织职业技能培训以帮助他们自立。实施这些措施时，要确保公平、透明，同时遵循相关规定，防止滥用和欺诈。通过与社区、非营利组织和政府部门的协作，确保救助措施的有效执行和适时调整。

3. 双拥共建与军民融合

双拥工作是促进军队与地方和谐共生的重要途径。它包括组织慰问部队、支持军人家属、为退伍军人提供再就业服务等。通过举办军民共建活动，如文化演出、体育比赛和志愿服务，增进军民感情，强化国防意识。推动军民融合创新，如引进军事科技转化为民用，利用军方资源提升地方公共服务水平。

4. 残联服务与残疾人权益保障

残联致力于维护残疾人的合法权益，提供全方位的支持。这包括提供无障碍设施，推动特殊教育，提供就业指导，以及实施康复服务。残联还会组织各种社交和文化活动，提升残疾人的生活质量，促进社会包容性。通过法规宣传和权益保护，确保残疾人平等参与社会生活，消除对残障人士的歧视。

5. 救助管理规范与监督

为了确保救助工作的高效和公正，需要建立完善的救助管理制度。这包括明确的申请、审批和发放流程，以及严格的财务审计。建立监督机制，通过定期的评估和反馈，确保救助资源的合理使用，防止资源浪费和腐败。公众参与和透明度也是管理的重要组成部分，鼓励社区成员参与监督，提高救助工作的公信力。

（七）社区文体活动

1. 文体活动内容与形式

社区文体活动是居民生活的重要组成部分，旨在丰富居民的精神文化生活，提升社区凝聚力。活动内容多样，涵盖了体育竞技、艺术表演、书画展览、亲子互动、文化讲座等多个方面。形式上，既有定期举办的大型节日庆典，也有日常的小型聚会和兴趣小组活动。例如，社区运动会鼓励居民参与健身，舞蹈队、合唱团则为居民提供展示才艺的舞台，亲子阅读活动则增进家庭间的互动与学习氛围。

2. 文体活动组织与策划

活动的组织通常由社区工作人员或志愿者负责，他们根据居民的兴趣和需求制订活动计划。策划过程中，会考虑到年龄、兴趣差异，确保活动具有广泛的参与性。活动通常会与地方文化、历史背景相结合，以增强社区的文化特色。例如，组织民俗文化展示，或邀请本地艺术家进行现场创作，使活动更具地方色彩。通过线上线下相结合的方式，利用社交媒体平台进行活动预告和后期分享，扩大活动的影响力。

3.文体活动参与度与影响力

社区文体活动的参与度是衡量其成功与否的关键指标。通过调查问卷、现场签到、社交媒体互动等方式，可以评估活动的吸引力。高参与度不仅反映了居民对活动的满意度，也促进了社区成员间的交流与互动。这些活动对社区具有长期影响，它们能增进邻里关系，提高居民的归属感，甚至可能带动社区商业的发展，如周边商家的赞助和活动期间的消费。

4.文体设施建设与维护

文体设施是社区文体活动的基础，包括运动场、图书馆、活动室、艺术工作室等。社区投入资源确保这些设施的完善和维护，定期进行设备检查和更新，提供清洁、安全的环境。通过合理的开放时间安排，满足不同时间段居民的需求。在设施建设上，考虑到环保和可持续性，采用节能设计和可回收材料。社区还会与外部机构合作，比如学校、文化机构，共享资源，提升设施的使用效率。

通过举办丰富多样的文体活动，社区不仅提升了居民的生活质量，还塑造了和谐、活力的社区形象。这些活动成为社区文化的重要载体，不断推动社区向着更宜居、更紧密、更有活力的方向发展。

（八）社区公共性服务整体评估

社区公共性服务供给水平是衡量一个社区居民生活质量高低的重要指标。在服务质量方面，我们不仅关注硬件设施的完善程度，如社区医疗机构的设备更新、为老服务中心的设施配备，也关注软件服务的水平，如急救服务的响应速度、卫生宣传的实效性。居民满意度是对服务质量评价的直接反馈，通过定期的满意度调查，为改进服务水平提供依据。

二、市场性服务

社区市场性服务指标是衡量一个社区生活质量、居民满意度和社区可持续发展能力的关键工具。它们不仅反映社区在提供基本生活服务上的效率和质量，也是社区满足居民多样化需求的表现。通过这些指标，可以评估社区服务的全面性、公平性和可持续性，从而为政策制定者和社区管理者提供依据，以改善服务，提升居民的幸福感和社区的整体活力。

（一）居家养老服务

居家养老服务旨在帮助老年人、残疾人以及其他需要长期或临时护理的人群满足日常生活需求。这种服务涵盖了日常生活照料、医疗护理、康复指导、精神慰藉等多个方面。

服务质量的评估通常涉及五个方面：（1）专业性：工作人员是否具备相应的资质和培训，是否能提供专业且适时的服务。（2）响应时间：对服务请求的响应速度，以及解决问题的效率。（3）个性化服务：能否根据服务对象的特殊需求提供定制化服务。（4）满意度调查：定期收集服务对象和家属的反馈，了解服务的满意程度。（5）持续改进：是否根据评估结果进行服务改进和优化。

居民对居家养老服务的需求各异，通常会关注：（1）服务的及时性：能否在需要时迅速提供帮助。（2）服务的连续性：服务是否稳定，避免频繁更换工作人员导致的不适应。（3）服务的个性化：是否尊重个人习惯，提供个性化的服务方案。（4）服务的透明度：费用结构是否清晰，服务内容是否明确。（5）服务质量：工作人员的专业性、态度和沟通能力。（6）隐私与尊严：在提供服务的能否尊重服务对象的隐私和尊严。

居民的反馈是衡量居家养老服务效果的重要依据，也是服务提供者改进服务质量、提升满意度的关键参考。通过定期的调查和沟通，可以及时了解并解决居民的疑虑和问题，确保居家养老服务的持续优化。

（二）社区便民服务设施

社区便民服务设施是提升居民生活质量的重要组成部分，涵盖了日常生活的各个方面。这些设施包括但不限于社区卫生服务中心、便利店、邮政服务点、图书馆、儿童游乐场、健身中心、老年人活动中心、社区公园和公共停车场等。设施的布局通常依据社区规模、人口结构、居民需求以及地理环境进行合理规划，确保居民在步行范围内就能享受到这些服务，以促进社区的和谐与便利。

社区便民服务设施的维护与更新是保证其持续有效运作的关键。定期的设施检查和保养可以预防设施老化和损坏，确保其安全使用。对于老旧设施，社区管理者会根据居民反馈和使用情况，适时进行更新改造，引入新技术和设计理念，如增设无障碍设施，提升设施的智能化水平，以满足不同群体的需求。社区还会定期评估设施的使用效率，以便及时调整配置，优化服务。

社区便民设施的使用便捷性是衡量其效能的重要指标。这包括设施的开放时间、使用流程的简化、标识的清晰度以及设施的可达性等。为了了解居民对设施的满意度，社区会定期进行调查，收集居民的反馈，以便对设施进行持续改进。调查内容可能涵盖设施的实用性、设施的维护状况、服务质量以及对新设施的期待等，确保居民的切实需求得到满足。

（三）机动车管理居民满意度

城市规划中的机动车管理政策通常包括限行规定、停车管理、交通设施建设、车牌摇号或拍卖制度等。例如，某些城市实施了尾号限行措施，以均衡道路承载压力。政府还鼓励使用公共交通，发展绿色出行，比如电动汽车和混合动力汽车的推广。

这些政策在实践中取得了不同程度的效果。尾号限行在一定程度上缓解了高峰期的交通压力，减少了空气污染。停车收费制度促使车主减少不必要的短途出行，提高了公共停车位的周转率。公共交通的改善，如增加公交线路、优化地铁网络，使得更多市民选择公共交通工具。然而，这些措施也引发了一些问题，如限行可能导致的出行不便，以及停车费用上涨对低收入家庭的影响。

居民对机动车管理的满意度受多种因素影响。调查发现，大多数市民对交通基础设施的改善持积极态度，特别是公共交通的便捷性和舒适度。然而，对于限行措施和停车费用，满意度相对较低，因为这些政策可能直接限制了他们的出行选择和增加了生活成本。对于停车难和违规停车现象，居民反映强烈，期望管理部门能有效解决。

（四）非机动车居民满意度分析

非机动车，如自行车、电动自行车和滑板车等，是城市居民日常出行的重要工具。在社区环境中，非机动车以其环保、节能、便捷的特点，成为短途出行的重要选择。它非机动车道的建设与管理，直接关系到居民的出行安全与便利，因此在社区规划中占据着不可或缺的地位。

尽管非机动车在社区中的角色日益重要，但其管理现状却面临着诸多挑战。非机动车停放设施不足，导致乱停乱放现象严重，影响了社区的整洁与秩序。非机动车道的安全性问题不容忽视，部分道路未设置专用道，或专用道维护不善，增加了交通事故的风险。随着电动车数量的增加，充电设施的配备与管理也成了新的难题。缺乏有效的管理政策和法规，使得非机动车管理难以规范。

在社区居民的日常生活中，非机动车管理的满意度直接影响着他们的出行体验。调查发现，部分居民对现有的非机动车管理表示不满，主要集中在以下几个方面：非机动车停放点不足，导致车辆乱停；非机动车道的使用混乱，存在安全隐患；充电设施不完善，给电动车用户带来不便。然而，也有部分居民认为，社区在非机动车管理上已取得一些进步，例如增设了停车设施，规范了行车秩序，但仍需进一步改善。

（五）便捷生活管理服务

便捷生活管理服务是指通过高效、灵活的手段，在日常生活中为居民提供各种便利，包括但不限于购物、家政、健康管理、交通出行、教育辅导等。这些服务旨在简化居民的生活流程，提高生活质量，使居民能够更加专注于个人发展和家庭生活。

随着消费者需求的多样化，便捷生活管理服务正朝着个性化和定制化发展。服务提供商通过大数据分析和用户行为追踪，了解居民的特定需求和喜好，从而提供更加精准的服务。例如，智能健康管理系统可以依据用户的健康数据提供个性化的饮食和运动建议；在线教育平台可以根据学生的学习进度和能力提供定制化的学习资源。这种个性化服务不仅增强了用户体验，也提升了服务的满意度和用户黏性。

便捷生活管理服务对社区的繁荣和发展起着重要作用。它们提升了社区的吸引力，有助于吸引和留住居民，促进社区人口的稳定。这些服务增强了社区的凝聚力，通过提供共享资源和服务，增强了邻里间的交流和互助。便捷服务也推动了社区经济的发展，创造就业机会，带动相关行业如零售、家政、科技等的繁荣。高质量的便捷服务有助于构建和谐、宜居的社区环境，提升社区的整体品质和居民的幸福感。

三、公益性服务

社区公益性服务是现代社会中不可或缺的一环，它直接关系到居民的生活质量、社区的和谐稳定以及社会的可持续发展。这些服务涵盖教育、文化、体育、环保等多个领域，旨在满足居民的基本需求，提升社区的整体福祉。

（一）政府购买公共服务

公共服务是政府为了满足公民基本需求、促进社会公平和提高公众生活质量而提供的各种服务。这些服务包括教育、医疗、社会保障、环境保护、公共交通等。政府购买公共服务的额度是衡量政府在社会福利投入上的一个关键指标，它反映了政府对公共服务领域的重视程度和资源配置的优先级。

政府购买公共服务通常通过公开招标、竞争性谈判等方式，将服务项目外包给具有专业能力和经验的非政府组织（NGOs）、社会企业或私营部门。这种模式旨在提高服务效率，同时鼓励创新和竞争，确保服务质量。政府购买公共服务的预算比例受多种因素影响，包括国家经济状况、政策目标、财政收支平衡、社会需求等。在经济繁荣时期，政府可能有更多预算用于公共服务；在财政紧张时，可能会优先保障基本公共服务的支出。

一个较高的公共服务购买比例通常意味着政府在满足公民需求方面投入更多。然而，单纯的比例并不一定能反映服务的质量或效率。政府需要平衡投入与产出，确保资金的有效利用，以实现最大化的社会效果。公众对公共服务的满意度和参与度是评价政府购买服务效果的重要维度。公众的反馈和参与能促进政府对服务进行持续改进，并确保公共资金的透明度和合理性。

政府购买公共服务的额度占服务预算的比例，不仅是财政政策的体现，也是公共服务质量和社会福祉的晴雨表。通过科学的预算分配和有效的监管，政府可以更好地利用公共资源，提升公民的生活质量。

（二）社区公益基金会

社区公益基金会作为非营利组织，运作的核心在于其组织架构和治理模式。一个健全的基金会通常由理事会、执行团队、监事机构等部分组成，确保决策、执行与监督的分离，以实现公平透明的运作。理事会是基金会的决策机构，负责制定战略规划和重大事项决策；执行团队负责日常运营，包括项目策划与实施；监事机构则负责监督基金会的财务和业务活动，确保合规运作。

社区公益基金会的资金主要来源于公众捐赠、政府资助、企业赞助以及投资收益等。基金会需要定期公开财务报告，详细列出收入和支出情况，以保证捐赠者的权益和公众的知情权。资金的使用集中在社区服务项目上，如教育援助、环保工程、健康服务、文化活动等，旨在提升社区的整体福祉。

基金会的项目策划需要结合社区需求，进行深入的社区调研，以确保服务的针对性和有效性。项目通常包括明确的目标、实施计划、预期成果和评估机制。执行过程中，基金会与社区成员、志愿者和其他合作伙伴紧密合作，确保项目的顺利进行。

社区公益基金会的成功往往离不开社区居民的参与。基金会鼓励居民参与项目的决策、实施和评估，增强社区的归属感和责任感。通过举办社区活动、培训课程等方式，基金会不仅提供服务，还培养社区居民的公益意识和能力，从而形成良性循环，提升社区的整体活力。

透明度是社区公益基金会赢得公众信任的关键。基金会应定期发布工作报告，公开审计结果，确保捐赠资金的透明使用。基金会还应积极参与第三方评估，以提高其公信力。公众和捐赠者对基金会的信任度直接影响到基金会的持续发展和资源获取。

评估社区公益基金会的运作情况，除了关注财务状况和项目执行，还需考察其对社区产生的社会影响。这包括改善居民生活质量、增强社区凝聚力、促进社会公正等方面。通过第三方评估和社会影响力计量，基金会可以量化其工作成果，为未来的工作提供指导。

在运营过程中，社区公益基金会必须遵守相关法律法规，包括慈善法、非营利组织法等，同时遵循行业内的最佳实践和道德准则。这不仅保障了基金会的合法性，也确保了其运作的规范性。

综上，社区公益基金会的运作情况是一个复杂而全面的过程，涉及组织架构、资金管理、项目执行、社区参与等多个方面。一个成功的基金会不仅提供优质的服务，还能够建立信任、激发社区活力，并持续改进和创新，以实现其公益目标。

（三）科普知识宣传

在快速发展的现代社会中，科普知识的宣传已成为提升全民科学素质、促进社会和谐与进步的重要途径。社区将科普知识宣传纳入公益性服务体系，对构建学习型社会、增强居民科学素养具有重要意义。

理想的科普知识宣传应首先明确其目标群体，包括但不限于儿童、青少年、中老年人及特殊需求群体，确保宣传内容的针对性和有效性。需设定具体、可量化的目标，如提高居民对某一科学现象的认知率、增强公众对健康生活方式的采纳率等，以便评估宣传效果。

科普内容应紧密围绕居民生活需求，涵盖健康、环保、安全、科技前沿等多个领域，确保信息的实用性和时效性。注重内容的趣味性和互动性，通过生动的故事、实验演示、互动问答等形式，激发居民的学习兴趣，强化宣传效果。

充分利用互联网和新媒体的优势，建立社区科普网站、微信公众号、短视频平台等线上宣传阵地，发布科普文章、视频、直播等内容，实现信息的快速传播和广泛覆盖。结合线下活动，如科普讲座、展览、实践体验等，增强居民的参与感和体验感。

针对不同年龄层、兴趣爱好的居民群体，制定差异化的宣传策略。例如，为儿童设计寓教于乐的科普游戏和绘本；为青少年提供科技创新实践平台和竞赛机会；为中老年人开设健康养生、智能生活等专题讲座，确保科普知识能够精准触达每一类人群。

　　科普知识宣传是提升全民科学素质、促进社会和谐与进步的重要举措。通过明确宣传目标与内容定位、创新宣传方式与渠道、强化组织保障与效果评估等措施，可以构建更加高效、科学的科普宣传体系，为社区居民提供更加丰富、优质的科普服务。未来，随着科技的不断进步和社会的持续发展，科普知识宣传将在社区公益性服务中发挥更加重要的作用，为实现中华民族伟大复兴的中国梦贡献力量。

（四）文体设施的使用效果

　　公园、体育馆、图书馆、文化中心等公共文体设施是社区居民日常休闲、锻炼和文化交流的重要场所。这些设施的种类多样，分布广泛，旨在满足不同年龄层和兴趣群体的需求。例如，儿童游乐区为孩子们提供了安全的娱乐空间，健身房和游泳池为成年人提供了健身场所，而社区图书馆则为各个年龄段的人提供了知识获取和学习的平台。

　　评估文体设施使用效果的一个关键指标是使用率。这不仅涉及设施的物理使用，如每天的访客量、图书借阅量，还包括设施的利用率，即设施开放时间与实际使用时间的比例。通过调查问卷和在线反馈系统收集的满意度数据也是评估的重要组成部分，这些数据可以反映设施是否满足了居民的实际需求。

　　良好的维护和适时的更新是保持文体设施吸引力和使用效果的关键。这包括定期的设施检查、保养，以及根据居民反馈和使用趋势进行的设施升级。例如，如果发现某一健身器材破损率高，应及时维修或替换；如果发现图书馆的某类书籍需求增加，应考虑增加相关藏书。

　　文体设施不仅是硬件，也是社区活动的载体。定期举办的体育比赛、艺术展览、讲座等活动能有效提高设施的使用率，增强社区凝聚力。活动的成功与否，可以通过参与人数、活动反馈以及后续的参与度提升来衡量。

　　文体设施的使用效果不仅体现在直接的使用量上，更体现在对社区居民健康和生活质量的提升上。例如，公共运动场所可以鼓励居民积极参与体育锻炼，提高体质，降低慢性病发病率。文化活动能丰富居民的精神生活，提高居民的幸福感。

未来，文体设施的规划和运营应更加注重居民需求的多元化与个性化，利用科技手段提升设施的智能化，如通过数据分析预测使用高峰，调整开放时间。加强与社区居民的沟通，鼓励他们参与到设施的管理和服务中来，共同打造宜居、活力的社区环境。

四、自治性服务

自治性服务是指社区居民在自我组织、自我管理的基础上，根据社区需求开展的非营利性服务活动。社区自治性服务作为居民日常生活的重要组成部分，不仅提供了基础的生活便利，更是社区凝聚力和居民参与感的体现。理想的社区自治性服务应该是由居民自主参与、自我管理的公益性服务，这样的服务能更好地满足居民的个性化需求，增强社区的和谐与活力。

（一）业委会的自主运作程度

业委会，全称为业主委员会，是社区中代表业主利益的自治组织。其自主运作程度直接影响着社区的治理质量和居民的满意度。业委会通常由选举产生，由热心公益、有责任心的业主组成，负责监督物业管理、维护业主权益、协调社区事务。在理想的运作模式下，业委会应当具备决策、执行、监督和沟通四大职能，确保业主的声音能够被充分听取并付诸实践。

业委会的自主性体现在其在社区事务上的决策权。它需要与物业管理公司进行有效合作，共同制定和执行小区的规章制度，如公共设施维护、停车管理、环境卫生等。这种合作应基于公平公正的原则，业委会需确保物业公司的服务符合业主的期望，同时避免过度干预造成不必要的矛盾。

一个自主运作良好的业委会，其财务透明度是关键。业委会应定期公开财务报告，详细列明收支情况，接受业主的监督。业委会应鼓励业主参与决策过程，如通过业主大会讨论重大事项，确保每位业主都有机会表达自己的意见和建议。

在社区生活中，难免会出现各种矛盾和问题。业委会自主运作的一个重要体现是其独立解决和调解纠纷的能力。业委会应具备公正的立场,积极介入并寻求解决方案,以维护社区的和谐稳定。

随着社区环境的变化和业主需求的增长,业委会也需要不断自我更新,提升自身的组织能力和服务水平。这包括定期培训成员,提高他们的法律知识和管理技能,以及建立有效的沟通机制,以适应社区发展的需要。

业委会在塑造社区文化方面也发挥着重要作用。通过组织各类社区活动,业委会可以促进邻里关系,增强社区凝聚力。自主运作的业委会应积极推动社区文化活动,如节日庆典、健康讲座、亲子活动等,以提升居民对社区的归属感。

业委会的自主运作并非孤立的,它需要法律的保障和外部的监督。各地的物业管理法规为业委会的运作提供了法律依据,而社区居民、政府部门和媒体的监督则确保业委会的决策合法、公正,防止权力滥用。

通过上述各个方面的阐述,我们可以看出,业委会的自主运作程度是衡量社区治理水平的重要指标。一个高效、透明、有责任感的业委会,能够极大地提升社区的生活品质,促进居民的和谐共处。

(二)文化社团的活跃度

社区文化社团是居民自发组织的、以文化活动为载体的团体,它们在提升社区凝聚力、丰富居民精神文化生活方面起着至关重要的作用。这些社团通过举办各类活动,如书画展、戏曲表演、舞蹈课程等,不仅增强了居民之间的交流,也传承和弘扬了地方文化。

社区文化社团的种类繁多,包括但不限于书画社、戏曲社、舞蹈团、合唱团、诗词社等。每个社团都有其独特的特色和魅力,吸引着不同年龄段和兴趣爱好的居民参与。这种多样性为社区文化生活注入了活力,也满足了居民多样化的精神文化需求。

一个活跃的文化社团通常会定期举办活动,如每月一次的书画交流会,每周的戏曲排练,或者季度性的舞蹈演出等。这些活动的频率和质量是衡量社团活跃度的重要指标。高质量的活动不仅能吸引更多的参与者,还能提升社区的整体文化氛围。社区对文化社团的支持和合作也是社团活跃度的关键因素。社区提供场地、资金支持，以及与外界交流的机会，能极大地促进社团的发展。社团也会积极回馈社区，参与社区公益事业，形成良好的互动关系。

一个健康的社区文化社团通常有健全的自我管理机制，包括选举产生的领导团队、明确的章程和规章制度，以及有效的财务管理和会员参与制度。这些机制保证了社团的稳定运行，也有助于激发成员的参与热情和归属感。文化社团不仅是传统文化的守护者，也是创新的推动者。它们在传承地方文化方面也尝试引入新的艺术形式和理念，使社区文化保持与时俱进。这种传承与创新的平衡是社区文化社团活力的体现。

居民的参与度和满意度是衡量社团活跃度的直接指标。高参与度表明居民对社团活动的认同，而满意度则反映了活动的效果和社团管理的成效。通过调查和反馈，社区文化社团可以不断改进，提升居民的满意度。社区文化社团的活跃度是社区文化生活繁荣的标志，它关乎社区的凝聚力、居民的精神生活质量和社区的和谐发展。通过提升社团的多样性和活动质量，加强社区支持，建立健全的自我管理机制，以及注重文化的传承与创新，可以推动社区文化社团的繁荣。

（三）志愿者服务活动频次

志愿者服务活动是指由社区居民自愿参与，不以获取物质报酬为目的，为社区的公共利益、环境保护、社会福利、文化教育等提供无偿服务的活动。这些活动在社区建设中扮演着至关重要的角色，它们促进了邻里之间的互动，增强了社区凝聚力，同时也有助于解决社区面临的一些实际问题。

社区通常设立志愿者服务中心，负责招募、培训、调度志愿者，并协调活动。志愿者的参与度和活动频次受到多种因素影响，包括组织的宣传力度、活动吸引力、社区氛围以及志愿者的个人时间安排。为了鼓励更多居民参与志愿者服务，社区通常会设立激励机制，如表彰优秀志愿者、提供技能培训、积分兑换等。这些措施有助于提高志愿者的积极性，确保服务活动的可持续性。志愿者服务活动增强了居民之间的联系，提高了社区的凝聚力，形成互助互爱的社区文化。志愿者服务弥补了政府服务的不足，通过居民自我服务，有效利用了社区资源，提高了服务效率。频繁的志愿者活动展示了社区的活力与和谐，提升了社区的整体形象，吸引了更多的居民和外部资源。志愿者服务活动的频次是社区健康发展的晴雨表。通过组织丰富的志愿者活动，社区可以激发居民的参与热情，提高社区治理水平，实现社区的和谐与进步。

第四节　理想社区服务于理想城市的价值功能

社区服务是理想社区和理想城市的核心组成部分，提供基本生活保障，包括公共安全、卫生保健、教育、娱乐和休闲等，确保居民的基本需求得到满足。

一、理想社区服务可提升居民生活品质与幸福感

理想社区服务是城市居民生活质量的重要组成部分，它关注居民的日常需求，从基础设施、教育、医疗、文化娱乐到安全保障等多个方面提供全面且高效的服务。例如，优质的教育服务确保了孩子们的成长环境，便利的医疗设施保障了居民的健康，丰富的文化活动则满足了精神文化需求。这些服务不仅提升了居民的幸福感，也提高了他们的生活满意度，从而增强了社区的凝聚力。

二、理想社区服务可推动城市经济和可持续发展

理想社区服务不仅满足居民基本生活需求，在发展社区经济等方面也发挥着关键作用。通过提供多元化的服务，如社区商店、小型企业孵化器、共享经济平台等，促进社区内部的消费和生产循环。例如，社区市场可以为本地农户提供销售渠道，而小型企业孵化器则有助于创业者的成长，带动就业，进一步增强社区经济活力。社区服务还可以通过组织各种活动，如手工艺品市集、烹饪课程等，促进居民的交流。理想社区服务还对城市可持续发展起着推动作用。通过推广绿色出行、节能减排、垃圾分类等环保措施，社

区服务可以引导居民形成低碳生活方式，有利于环境保护。社区服务还能够促进资源的有效利用，比如通过共享经济模式减少浪费，通过智能化管理提高资源分配效率。社区服务还能通过培训和教育，提升居民的环保意识，从长远来看，这对于城市的经济、社会和环境平衡发展具有重要意义。

三、理想社区服务可增强城市社区间互动合作

理想社区服务不仅关注社区内部的和谐与进步，也注重与其他社区的交流与合作。通过举办社区间的文化活动、体育比赛或者志愿服务，可以增强社区间的互动，增进邻里关系，打破社区之间的壁垒。这种互动不仅有助于提升城市的整体活力，也有利于资源的共享和问题的共同解决。不同社区的特色资源可以互补，共同举办大型活动，或者在应对突发事件时，共享应急资源和经验，提高城市整体的应对能力。社区间的合作也为城市规划和政策制定提供了参考，促进城市的均衡发展。

四、理想社区服务可促进社会和谐稳定

理想的社区服务旨在确保所有居民都能平等地享受服务，不论其经济状况、年龄、性别或文化背景。通过设立社区教育、职业培训、健康咨询等项目，提供给困难群体必要的支持，帮助他们提高生活质量，增强社会竞争力。社区服务还关注公正的资源分配，如合理规划公共设施，确保所有区域的居民都能方便地使用，减少社会不平等现象。理想社区服务致力于提供全面、均衡的公共服务，满足不同居民的需求，增进社区内的相互理解和尊重。通过举办各类社区活动，如邻里节、志愿者服务、文化交流等，促进居民之间的交流，加强社区的凝聚力。这些活动不仅帮助居民建立友谊，还鼓励他们共同参与解决社区问题，如安全、环境和邻里关系等，从而增强社区的自我调节能力，维护社区的和谐稳定。

五、理想社区服务可发展与传承地方文化

理想社区服务重视地方文化的保护和传承，通过举办传统节日庆典、

艺术展览、历史讲座等活动，让居民了解和欣赏自身文化，培养社区居民的文化认同感。社区服务也鼓励创新，支持本地艺术家、手工艺人和传统技艺的传承者，为他们提供展示和传授技艺的平台。这样的服务不仅保留了社区的历史记忆，也为社区增添了独特的魅力，吸引更多的居民参与社区活动，促进社区的多元文化共生与繁荣。

　　理想社区服务在理想城市中发挥着至关重要的作用，它不仅是居民生活品质的保障，更是城市整体功能和活力的体现。通过提供优质、人性化的社区服务，城市能够建立起一个和谐、宜居的环境，吸引和留住人才，促进经济、社会和环境的可持续发展。理想社区服务的实施，能够增进邻里关系，提升居民的归属感，进而增强整个城市的凝聚力。

第七章　社区治理

第一节　社区治理概念

一、社区治理的一般性认知

在中国，提到社区治理，人们首先跃入脑海的通常会是"政府、街道、居委会、社区党组织、物业公司"。显然，这既反映了当下社区治理主要参与主体，也反映了政府在社区治理过程中居于领导核心的位置，发挥着关键性作用。然而，政府又并非社区治理中的单一主体。除政府之外，还有社区居民、辖区企事业单位和社区社会组织等其他类型多样化社区治理主体。总体而言，政府组织和非政府组织，通过政府的领导、统筹和协调，建立起形式多样的组织关系，通过参与、合作、协商等合作互动方式，共同应对并处理所在区域的公共事务。

社区治理被认为是在社区内所有政府和非政府组织，通过正式法律法规，非正式社区规范和社区公约等一系列制度机制，以协商谈判、协同行动等方式，对与社区民众共同利益相关的公共事务进行有效管理，并同时增强社区成员的社区归属感、凝聚力，推进社区发展和进步的过程。

社区治理有明确任务目标。根据时间维度，社区治理目标通常被分为长期目标、中期目标和近期目标三大类。这些目标要解决社区存在或凸显的不同时间维度上的相应问题，完成具体的政治、经济、社会、生态和文化等领域的多元发展任务。在任务目标的推进和完成过程中，社区治理要素的培育极为重要。在这些治理要素的培育中，治理主体的参与活力是社区治理的最核心要素，其次分别为社区组织体系的构建和社区治理制度机制的完善。

社区治理内容纷繁复杂，包括社区资源分配、社区建设规划、社区组织运行、社区经济发展、社区文化塑造、社区服务供给、社区环境美化、社区秩序安全、社区管理技术等各领域，几乎涉及社区内所有成员和组织的生产、生活、工作和学习方方面面，关乎所有治理主体的切身利益。社区治理过程中，要实现公共事务的有效治理，社区资源的全面整合非常必要。

社区治理的权力运行，有其自身特点。与行政权力运行模式不一样，它不能通过发号施令、行政强制等单一自上而下模式实现其治理目标，而是需要所有主体在积极合作、协同共建基础上采取统一行动，才能实现社区公共事务的高效、良好治理。

二、学术界对社区治理的探讨

学术界对社区治理的探讨，治理理念的变化起到至关重要作用。治理，英文对应词为"governance"，最早源自于拉丁文和古希腊语，其意为控制、引导和操纵。很长一段时间里，它与统治（government）两词几乎同义使用，主要指向与国家公共事务相关的管理活动和政治活动。自20世纪90年代以来，西方政治学、经济学领域的学者对治理的概念与内涵做了新界定和扩展，释义范围远远超出早期的理解，更与统治（government）的本质内涵渐行渐远。如詹姆斯·N.罗西瑙（James N. Rosenau）就提出，治理与政府统治并非同义语，二者之间有重大区别。罗西瑙认为，治理是一系列活动领域里的管理机制，它们虽未得到正式授权，却能有效发挥作用。与统治不同，治理指的是一种由共同目标支持的活动，这些管理活动的主体未必是政府，也无须依靠国家的强制力量来实现。换句话说，与政府统治相比，治理的内涵更加丰富。它既包括政府机制，同时也包括非正式的、非政府的机制。① 在所有有关治理的定义中，全球治理委员会（Commission on Global Governance）的表述被认为最具代表性和权威性，提出治理不是一整套规则，也不是一种活动，而是一个过程；治理过程的基础不是控制，而是协调；治理既涉及公共部门，也包括私人部门；治理不是一种正式的制度，而是持续的互动。②

国内学者对治理也有来自不同视角的广泛讨论。毛寿龙教授在其论著中提出，英文中的动词govern，既不是指统治（rule），也不是指行政（administration）和管理（management），而是指政府对公共事务进行治理，它掌舵而不划桨，不直接介入公共事务，只介入于负责统治的政治与负责具体事务的管理之间，它是对于以韦伯的官僚制理论为基础的传统行政的替代，意味着新公共行政或者新公共管理的诞生，因此可译为"治理"。③ 俞可平教授则认为，"治理一词的基本含义是指官方的或民间的公共管理组织在一个既定范围内运用公共权威维持秩序，满足公众的需要。治理的目的是在各种不同的制度关系中运用权力去引导、控制和规范公民的各种活动，以最大限度地增进公共利益。所以，治理是一种公共管理活动和公共管理过程，它包括必要的公共权威、管理规则、治理机制和治理方式。"④ 基于治理理念的变化、内涵及其本质，国内外学界对社区治理的关注，主要放在对社区治理权力主体构成、社区治理运行方式、社区治理主体间合作互动，及其对城市发展带来的影响等问题探讨上。

三、本书所论及的社区治理

严格来说，中国城市社会并没有西方社会学所述的社区概念，但并不意味着中国社会未存在过社区这一现实形态。事实上，中国城市社区一直作

---

① [美] 詹姆斯·N. 罗西瑙主编. 没有政府的治理 [M]. 张胜军、刘小林等译. 南昌：江西人民出版社，2001：5.

② 全球治理委员会. 我们的全球伙伴关系 [M]. 牛津：牛津大学出版社，1995：23.

③ 毛寿龙. 西方政府的治道变革 [M]. 北京：中国人民大学出版社，1998：7.

④ 俞可平. 全球治理引论 [J]. 政治学（人大复印报刊资料），2002（3）：4.

为城市基层组织存在，与政治权力联系在一起，既具有地域性的行政管理组织属性，又具有地缘性的利益群体组织属性。

（一）作为地域性基层管理组织的社区

纵观中国历史，城市几千年来的管理基本上依靠完整、严密的行政组织体系来对个人或组织进行社会管理。从西汉有史可查的"乡里制"，到唐朝（618—907）发展成熟的"坊里制"，都突出反映出中国古代城市管理的严密组织性和有效的政治控制性。

坊里最初是城市建筑布局单位的名称。将城市中的居民区划分为若干个正方形或长方形的块状区域，周围用墙围起来，坊内分布着居民住宅、官衙、寺观等，并设一至四个大门，有专人把守早开晚闭，宵禁后禁止出入，便于控制和管理。每坊内部以十字形街巷为界，一分为四，居民住宅位于街巷两侧。作为城市建筑布局单位的坊里将"市"（商业区）与居民区从物理上分离开来，便于社会治安的管理和对居民的控制。由此，原本是测量距离的单位"里"成为城市居民的居住单元和基层管理单位，具体可参见唐代长安城部分里坊碑刻复原图，以及唐长安城全图。

这种封闭的坊里制到北宋时期（960—1127）被打破。出于城市居民日常交往、开展社会活动和市场贸易的需要，坊的围墙逐渐被打破，由封闭转向开放。居民可以向临街开门，坊里从外在结构上失去了封闭性，但是作为居民基层行政管理组织的特性并没改变，只是到了清末变成了保甲制。依照清朝则例："十户为牌，立牌长；十牌为甲，立甲长；十甲为保，立保长。"由于保甲的职责非常宽泛，据《清朝文献通考》中记载："其管内税粮完欠、田宅争辩、诉讼曲直、盗贼发生、命案审理，一切皆与有责"，它已经成为集社会治安、户籍编查、赋役征收等于一身，介于政府与民间的社会基层组织。

从坊里制演变为保甲制，是城市基层管理组织——地域性社区的一个重大变化，政府基层组织与居民家庭联保相结合，形成了更严密、更完整的网络化体系。新中国成立以后，根据《中华人民共和国宪法》和相关法律明确规定，区是城市基层政府机构，街道是区政府（或不设区的市）的派出机构；居委会是群众自治性组织，经政府授权承担一定的社会管理职能。

1956年，居民委员会在全国绝大多数城市普遍建立起来，其主要任务是在居民自愿的原则下，办理有关居民的公共福利事务，宣传政府的政策和法令，发动居民响应政府的倡议，向基层政权反映居民的意见。新中国成立后的社会结构体现为政府领导下的单位制，这一时期重要的社会基层管理组织主要是"单位"社区，其次才是作为居委会辖区的"社区"。也就是说，改革开放之前新中国的社会基层组织是由"单位"和居委会辖区共同构成，且以"单位"为主。

（二）作为个体联结社会的地缘性利益组织

费孝通在《乡土中国》一书中提出了"差序格局"概念。他认为中国社会结构就是"以己为中心，像石头一般投入水中，和别人所联系成的社会关系，不是团体中的分子一般大家立在一个平面上，而是像水的波纹一般，一圈圈推出去，愈推愈远，也愈推愈薄"。推动波纹的石头，就是以家庭为核心的血缘关系，以及由"血缘关系的投影"又形成的地缘关系。居于中心的自我，被"家族和血缘""人伦关系"包裹着，"己"实质上是从属于家庭的社会个体或曰关系体。

费孝通提出的差序格局概念形象解释了中国社会关系结构。事实上，中国的社会组织关系确实也是以"水波纹"的差序格局方式推开来的。问题的关键在于：是什么因素推动了当代中国社会差序格局的"水波纹"？归纳起来，可以说是以利益为基础形成的血缘信任关系或地缘信任关系。即使最革命的政治理念和最先进的信息技术也无法改变传统文化沉积形成的这种基于利益的差序格局信任关系。

新中国成立后的街居制构不成社会关系的重要角色，而业缘单位却在建设新中国的旗帜下既管生产又管生活，扮演着重要的社会基层管理组织的角色。正如中国社会科学院李汉林研究员分析的"单位制"那样，差序格局中的家族变成了"单位"，成为那一时期中国社会权力关系中极为重要的结构性要素。

但是，随着中国经济体制改革、住房私有化，企业不再扮演社会基层管理组织角色，单位将许多社会职能逐步还给社会，大多数中国城市居民开始拥有自己的房产，居民社区意识开始持续增强，社区参与和社区自治呼声不断高涨，新型利益社区开始形成。

事实再一次印证了费孝通提出的差序格局社会关系结构。居民出于自身利益，会自觉遵循差序格局的社会关系结构。现代社区居民主动建构的联系家庭与社会的关系环节不是单位制下的居委会辖区，而是以房产利益为纽带形成的小区邻里社区，以及与房产利益直接相关的地域性大社区。

综上，从理论层面看，社区治理（Community Governance）是治理理论在社区空间的实际运用，是对社区范围内公共事务的治理；从实践层面看，社区治理是社区地域范围内政府、居民、辖区企事业单位、社区社会组织等各级各类组织，基于社区成员的公共意愿和需求，合作供给治理主体所需公共产品，实现社区良好秩序的机制与过程。因此，本书所讨论社区治理，既关注新中国成立以来因经济社会发展变迁所引发的城市社区从单位社区—居委会辖区—小区型邻里社区等组织形态的变化，也关注城市社区治理主体从"单一的政府—社区居民—辖区企事业单位—物管公司"等的多元变化，更关注在现实社区组织形态下，多元治理主体间如何通过彼此间关系的互动，形成治理统一行动，实现城市社区公共服务的完善、公共事务治理的高效，以及社区秩序的和谐。

第二节　城市社区治理发展变迁史回溯与分析

中文中的"社区"一词，由"社"和"区"两字构成。"社"，古代意为"土地神"，也指向祭祀土地神的地方、日子和祭礼。在现代，其含义扩展为团体、机构等社会性组织，相当于英文中的 social，在后面加上其他词就能组成新词汇。"区"，在汉语中是划分、区别的意思，可以与其他词组成与"空间、地域"相关的概念。

最早让英文"community"与中文"社区"产生关联的，是燕京大学。1932 年，燕京大学社会学系邀请美国社会学芝加哥学派的代表人物罗伯特·E. 帕克（Robert E. Park）来中国讲学，将人文生态学（Human Ecology）的理论与方法引进中国。当时还是燕京大学学生的费孝通负责了部分文献翻译工作，他第一次将"community"译为"社区"。后来，他在《二十年来之中国社区研究》中回忆道："当初 community 这个词介绍到中国来的时候，那时的译法是'地方社会'，而不是'社区'。当我们翻译滕尼斯的 community 和 society 这两个不同的概念时，感到 community 不是 society……因此感到'地方社会'一词不恰当。那时，我还在燕京大学读书，大家谈到如何找个确切概念。偶然间，我想到了'社区'这两个字，最后经大家援用，（并）慢慢流行开来。这就是'社区'一词的由来。"

费孝通提出"社区"译文后，他的老师吴文藻不但采纳了这一译法，且极为认可。1935 年，吴文藻先生说："'社区'一词是英文'community'的译名。这是和'社会'相对而称的。我所要提出的新观点，即是从社区着眼，来观察社会，了解社会。社会是描写集合生活的抽象概念，是一切复杂的社会关系全部体系之总称。而社区乃是一地人民实际生活的具体表词，它有物质的基础，是可以观察的。"以社区为视角观察中国社会，成为早期社会人类学的中国学派研究方法的立业之基。与此同时，在该理论指导下，产生了以费孝通《江村经济》（*Peasant Life in China：A Field Study of Country Life in the Yangtze Valley*）为代表的一批经典社区研究成果。

"社区"译名在中国社会学界被沿用下来，并发展成为中国社会学的一个专门概念。1979 年，社会学在中国高校重建恢复后，费孝通等社会学家再次推动了城乡社区研究以及社区概念的普及。

一、从世界视角看城市社区治理的发展变迁史

1898 年，滕尼斯出版《共同体与社会》一书，首次提出社区概念。然而，当时社区并未引起世界的关注。一直到第一次世界大战后，世界各国城市化进程飞速，城市问题日益严峻，滕尼斯的有关社区概念、内涵和精髓的理论被发现具有极强实践价值，进而引起关注进入到世界各国城市社区发展的实践中。如美国就在该理论的影响下，最早提出睦邻运动与社区发展计

划，通过保护和创建城市社区来抵御缺乏人文关怀、不安全感和缺乏社会交往的美国城市病。[1]

（一）英国城市社区治理的发展变迁史

英国率先经历工业化和城市化，城市社区治理的历史较长。英国早期的社区治理主要针对城市管理效率、社区贫困、内城更新及旧工业区产业衰落等城市问题。时间维度上，英国城市社区治理可以大致划分为以下几个阶段：

1. 第一阶段：1940—1970 年，社区运动兴起和社区发展项目出台

1940 年以前，英国不但在本土推动社区运动，还在海外殖民地推动社区发展运动。"二战"后，英国呈现出社会的两极分化，高失业率、高犯罪率、贫困人口增加和旧城社区环境恶化等严峻问题，这些都成为英国城市社区治理的重要内容。在社区环境恶化、内城贫困等议题上，城市社区得到政府的大量支持。[2] 居民也开始自发实验性地进行自下而上的社区参与，吸引和整合了多种社区治理资源。[3]

针对社区贫困问题，英国政府出台"社区发展项目"（Community Development Projects），通过社会组织和居民自愿行动的方式，参与社区治理，缓解政府压力。从社区运动的兴起到"社区发展项目"颁布，标志着英国政府开始积极探索新政策来应对社区发展问题。社区运动主要目的是创造更具有效用的地方服务模式，以及探索具有鼓励性的自助精神的社区治理模式来处理社区各项事务。"社区发展项目"在英国各个城市进行试验，主要针对落后地区、困难群体和贫困社区，政府主要担当协调和组织的作用，社区治理逐渐从依附、被动逐渐向主体、主动的治理方式转变，极大促进了社会力量参与社区治理的深度和广度。

---

[1] ROHEWM. From local to global: one hundred years of neighborhood planning[J]. Journal of the American Planning Association, 2009, 75（2）: 209-230.

[2] LONEYM.Community against government: the British community development project: a study of governmentin competence[M]. London: Heinemann Educational Books, 1983: 55-67.

[3] 倪赤丹，苏敏 . 英国社区发展经验及对当代中国的借鉴 [J]. 理论界，2013，（1）: 53-56.

英国社区运动的作用和影响较小。城市社区治理急需更多资源和力量，而社区运动缺乏一个有组织有计划的明确治理框架，很难在更大程度上解决社区发展问题。"社区发展项目"的出台弥补了社区运动治理能力和制度设计上的缺陷。不过，由于当时社区治理理论研究和治理实践的严重脱节，实践过程中出现了许多问题。如在城市社区治理中，社会团体及组织逐渐超越政府管理范畴，成为社区治理主体行动者，引发地方政府不满。再加上中央政府对地方城市社区管理工作效率的偏低，"社区发展项目"最终走向了衰落。

2. 第二阶段：1970—1997 年，强化多方互助合作治理

英国在城市发展中，出现城市社区贫困、社区安全、公共交通和住房建设等诸多问题。在尝试市场化后，英国社区居民并没有获得太多利益。主要是由于城市社区开发公司等具有官僚性质，对公共利益未能给予充分考虑。[①]正视市场和规划的有限理性后，英国政府开始寻求城市社区治理的新方案。1970 年代后期，"社区主义"（communitarianism）重新回归，标志着"市民社会"将赋予市民更多的社会责任及义务。[②]对于市民社会的广泛讨论，让英国政府反思城市、国家、社区与公民的关系维度，促进市民参与城市社区治理的热情和积极性。英国政府不断推动城市治理发展，提出"合作伙伴组织"（partnerships）理念，通过促进中央政府和地方政府、政府和非营利组织、政府和社区、社区和非政府组织以及非营利组织的伙伴型关系来促进城市社区公共事务的解决。

英国城市社区的服务水平得到改善，各部门参与社区治理热情不断提高。但治理效果极为有限，主要是两个原因。首先，是各层面组织和机构具有不同政治意见和利益诉求，未能很好地协调统一。私人部门和其他公共部门未能充分被调动起来促进城市及社区发展；其次，英国 1979 年推行的全

---

① Robinsonf, Shawk. Urban regeneration and community involvement[J]. Local Economy, 1991, 6 (1)：61-73.

② 巴纳德，朱维. 城市治理：通向一种新型的政策工具？ [J]. 国际社会科学，2009（4）：24-38.

面市场化政策，在强化政府和私有部门合作的同时，使公共部门和志愿者组织的影响趋于边缘化，社区组织的利益诉求未予以充分考虑。[①]

3. 第三阶段：1998 年以来，社区治理的多元化发展

信息化和全球化改变了世界各国的发展格局，社会经济资源重组和再分配，治理被认为是解决发展问题的最好方法和最有效途径。在此背景和城市治理思维影响下，英国政府的各政党派在"社区治理"理念上达成一致，实践公共部门与私人部门以及地方社区参与治理是城市更新和社区再生的重要政策[②]。

1991 年，英国政府提出"城市挑战"计划，提倡重塑和构建城市"社区魅力"，强调将多层面合作伙伴关系和社会公平公正作为城市社区治理重要思想。目标方面，英国着眼于市民社会发展，提高市民参与治理热情和信心，推动城市更新和社区再生；组织方面，形成了"多维深层次伙伴关系"，即中央政府和地方政府、政府与公共部门及私人部门、政府与营利及非营利机构的合作关系的横向参与模式。城市社区治理效果提高，多方力量参与城市更新和社区再生，市民参与社区事务的深度和广度不断强化，城市经济效益逐渐提高。[③]

（二）日本城市社区治理的发展变迁史

随着 1960 年代日本经济的高速增长，大量人口向大城市迁徙，地方人口大量下降、中小城镇和村落日益衰落。以发展为前提所引发的环境和公害等问题严重损害了市民的生活和环境。[④] 日本反思经济发展对于人居环境的影响，并着手进行社区治理。社区营造（まち作り）作为一种特殊的日本社

① Aldridgem, Brothertoncj. Being a programme authority: is it worth while?[J]. Journal of Social Policy, 1988, 16（3）：349-369.

② Oatleyn.Cities, Economic competition and urban policy[M]. London：Paul Chapman PublishLtd, 1998：30.

③ Bovairdt. Beyond engagement and participation：user and community coproduction of publicse rvices[J].Public Administration Review, 2007, 67（5）：846-860.

④ 胡澎. 日本"社区营造"论——从"市民参与"到"市民主体"[J]. 日本学刊, 2013（3）：119-134.

区治理方式出现，该概念提出于 1960 年代。根据日本建筑学会社区营造支援建筑会议营运委员会会长、早稻田大学教授佐藤滋的定义，社区营造是以地域社会现有资源为基础，通过多样的合作，改善身边的居住环境、提高社区活力、改善生活品质，而进行的一系列行为和活动。[①] 经过发展，日本形成由政府、社区营造协议会（まちづくり協議会）、非营利组织、普通社团和公司等协调参与，市民广泛参与的社区治理模式。日本的社区营造可以大致分为三个阶段：

1. 第一阶段：1960—1970 年，市民参与型治理发展

随着经济的不断发展，"二战"后日本城市中出现一批经济"衰败区"。1972 年，日本提出"日本列岛改造计划"和"日本新全国综合开发计划"，推动大批新产业诞生。但是城市老旧社区和历史街区面临着销毁和拆迁威胁。因此，该时期日本城市社区治理的主要内容是针对环境公害、历史街区的保护和环境改善等问题。日本制定《古都保存法》《文化财保护法》等规定，推动当时的社区发展和历史文化遗产保护。[②] 此过阶段市民团体发挥了突出作用。专家、高校教师和学生，通过对历史文化遗产进行调查和评估等系统研究，通过新的社区营造方法对社区进行修整和保护。这一时期市民、民间组织和政府等机构组织参与社区营造和治理的热情和信心被激发，推动社区治理在日本的快速发展，日本社区治理从"诉求与对抗型"向"市民参与型"转变。但由于理论和技术手段的局限，且主要针对历史街区保护和环境公害等问题，作用相对有限。

2. 第二阶段：1970—1990 年，社会力量与居民参与水平不断提高

1970 年代以来，日本的社区治理进入深化探索和发展期。社区营造主要关注市民参与、社区环境改善、社区福祉提高、历史街区保全和社区地域活性化等议题。日本各地出现"革新自治体"，不断推行"参加与分权"，为

---

① 于海漪.日本公众参与社区规划研究之一：社区培育的概念、年表和启示 [J]. 华中建筑，2011，29（2）：16-23.

② 于海漪.日本公众参与社区规划研究之二：社区培养的起源与发展（上）[J]. 华中建筑，2010，28（12）：177-179.

城市居民参与公共治理发起行政改革，推行"地域会议"和"市民会议"等制度对社区治理参与进行改造。①市民参与意识被唤醒、社区治理水平不断提高，市民参与社区治理的深度和广度不断强化，社区住民直接参与到"市民参与型"社区营造体系构建，逐渐形成具有规模和组织的市民参与体系。市民和町内会等市民组织成为主要参与主体，政府仅负责提供相关资金和技术支持，日本社区营造形成准自治和自组织的治理形态。

日本对不同社区治理模式进行探索，市民参与热情和意识不断高涨，逐渐从"官督民办"转向"民督官办"。然而，由于参与过程中市民总体个体有限，最终无法调动充分资源进行社区营造。此外，主要是在社区环境改造和历史街区保全两个领域，社区治理深度和广度均有限。

3. 第三阶段：1990 年代以来，社区营造和居民自治趋于成熟

1990 年代以来，日本的经济进入产业结构调整转型期，阶级结构和政治结构发生深刻转变。市民活动也随之发生变化，不再强调与"开发主义"相对立的居民为主社区治理，而是强调市民运动团体与地方自治组织的协调合作。②1995 年发生的阪神大地震，成为日本社区营造转折点。日本政府和市民认识到非营利组织、非政府组织、市民团体和市民的积极作用。市场和社会力量开始承担提供公共服务的责任，政府通过制定政策、监督、执行和法律等方式来确保公共利益和服务的平衡。1998 年，日本制定《特定非营利活动促进法》，促进社会组织参与社区治理的合法身份，促进其健全发展。③

日本社会力量越来越多进入到社区营造中。NGO、NPO 发挥明显作用，逐步形成"NGO 主内，NPO 主外"参与合作模式④。即 NPO 以市民为主体，以"职业化"的形式参与社区营造，主要针对社区环境、社区服务和社区文

① 谢守红，谢双喜. 国外城市社区管理模式的比较与借鉴 [J]. 社会科学家，2004（1）：47-50.

② Vossew.The emergence of a civil society in Japan[J].Japan studien，1999（11）：31-53.

③ 于海漪. 日本公众参与社区规划研究之三：社区培养的起源与发展（下）[J]. 华中建筑，2010，29（3）：162-165.

④ 王名，李勇，黄浩明. 日本非营利组织 [M]. 北京：北京大学出版社，2007：92-94.

化等方面的改善和提高，在资金和技术上得到政府和财团支持；NGO 则在组织市民、动员社会力量、扶贫环保、开发援助等方面提供技术和资金支持，发挥政府和企业均无法发挥的特殊作用。[①]

日本的社区营造愈加成熟，市民参与社区治理更趋制度化、法治化和民主化，形成"市民参与为主体，政府行政为辅助"的社区治理模式。市民参与的主要形式有町内会、市民组织、自治会，或者 NPO，等等。在技术和资金支持上，形成以 NPO 机构为主体的"中间支援组织"，来为社区营造提供更多的人力、物力、财力和技术信息支持。

（三）从政策文本视角看中国社区治理的发展变迁史

新中国成立以来，我国发布了系列与社区建设发展和治理的政策文件。回顾中国城市社区的发展变迁历史，可将中国城市社区的发展变迁分为四个阶段：

1. 第一阶段：1949—1990 年，社区服务的不断扩展阶段

新中国成立之初，城市社区以单位的形式进行管理，社区服务所涉及的主要是传统民政对象，政府是主要的承担者和出资者。1984 年，民政部明确"社会福利社会办"的指导思想。在此基础上，民政部于 1986 年首次正式提出在城市开展社区服务工作的构想与要求。1987 年，民政部在武汉举办了第一次全国社区服务工作会议，会上提出"面向社会，发展社区服务"的总方针，标志着社区服务的兴起。

1987 年武汉会议召开后，武汉、上海、北京、天津、重庆、常州、益阳等地开始在街办、居委会有计划、有步骤地推行试点工作。试点的主要内容是：①建立社区服务的指导、协调机构；②制定社区服务发展规划；③探索基层社区服务模式。1989 年，民政部在杭州召开了全国社区服务工作会议，总结推广了全国各地开展社区服务的经验，形成了进一步开展社区服务的新思路。同年 12 月，修改后的《中华人民共和国城市居民委员会组织法》（以下简称《城市居民委员会组织法》）第四条规定："居民委员会应

---

① Hiratak. Civil society in Japan: the growing role of NGOs in Tokyo's aid and development policy[M]. New York: Macmillan, 2002: 247-249.

当开展便民利民的社区服务活动。"这进一步推动了社区服务向微型社区的延伸。

社区服务在全国推广后，资金短缺与服务亟待扩展的矛盾日益突出。为此，民政部、原国家计委、财政部等14个部委于1993年8月联合下发了《关于加快发展社区服务业的意见》，明确了社区服务业的发展目标和基本任务制定了相关的扶持政策。1995年，民政部颁布了《全国社区服务示范城区标准》，在全国开展了创建示范城区的活动。1998年，民政部命名了46个"全国社区服务示范城区"。

2000年民政部颁布《关于在全国推进城市社区建设的意见》，该文件把社区服务作为今后十年城市社区建设的首要任务。2006年4月，《国务院关于加强和改进社区服务工作的意见》发布，进一步明确了新形势下社区服务工作的指导思想、基本原则和主要任务，着重强调了政府、社区居委会、民间组织、驻社区单位、企业和居民等各类主体在社区服务中的重要作用。2007年5月，国家发展改革委、民政部联合制定了《"十一五"社区服务体系发展规划》，部署了"十一五"期间我国社区服务的四项重点任务。这是我国社区服务体系建设领域的第一个国家专项规划，标志着社区服务已成为政府和社会的共识。社区服务对象逐渐扩展到全体居民，社区服务所涉及的项目也越来越广泛。

2. 第二阶段：1990—2005年，社区建设由点及面全面推开阶段

20世纪90年代初，在社区服务广泛开展的基础上，民政部提出了"社区建设"的概念。随后，民政部广泛征求意见，并在天津市河北区和杭州市下城区展开试点工作。1992年10月，中国基层政权建设研究会在杭州市下城区召开了"全国城市社区建设理论研讨会"。自此以后，"社区服务"的提法进一步延伸扩展为"社区建设"，社区建设基本上就相当于国际上所流行的社区发展概念。1996年在中央提出"大力加强社区建设"之后，青岛、南京、上海等城市开始社区建设的尝试。1998年3月，第九届全国人民代表大会第一次会议通过的国务院机构改革方案中，明确赋予民政部"指导社区服务管理工作，推进社区建设"的职能。相应地，民政部基层政权建设司

也改名为基层政权和社区建设司。为此，民政部在原基层政权建设司的基础上建立基层政权和社区建设司，具体管理和指导全国的社区建设工作。

1999 年 8 月，民政部在全国城市社区建设实验区工作座谈会上提出了社区建设的基本思路和发展方向：建立与社会主义市场经济体制相适应的社区建设管理体制和运行机制；在加强社区功能的基础上建设环境优美、治安良好、生活便利、人际关系和谐的文明社区；扩大基层民主，实现社区居民的自我管理、自我教育和自我服务。随后，民政部先后在北京、上海、南京、青岛、石家庄、沈阳、天津等地的 26 个社区开展社区建设的试点工作。

在各试验区探索和交流基础上，民政部于 2000 年 10 月 9 日向中共中央、国务院上报《关于在全国推进城市社区建设的意见》（中办发〔2000〕23 号文，以下简称《意见》），该文件于同年 11 月 9 日由中央向全国转发下达，明确了社区的含义和推进社区建设的指导思想、基本原则、主要内容和目标任务，这标志着我国城市社区建设由试点阶段进入全面推广普及阶段。为贯彻《意见》的精神，民政部于次年 7 月发布《全国城市社区建设示范活动指导纲要》及《全国社区建设示范城基本标准》，社区建设广泛开展。由此，中国城市社区建设开始进入政府主导下自上而下、全面推进的新阶段。2001 年 7 月，民政部在青岛召开社区建设总结、交流、推广大会。社区建设的主题开始由社区服务转向社区选举、民主自治、组织建设及各种体制创新。2002 年，在示范活动的基础上，社区建设全面推进。

在我国社区建设具有重要意义，有助于解决转型期的社会矛盾，完善城市社会管理体制，满足群众需求，促进经济发展；有助于繁荣基层文化生活，维护社会稳定，加强社会主义精神文明建设；有助于巩固城市基层政权，扩大基层民主，进而提高城市管理的现代化水平。在政府一系列社区建设过程中，社区服务、社区自治、社区选举等概念深入人心。社区概念在理论和实践两个层面得到了广泛的应用。

3. 第三阶段：2006—2013 年，政府职能转变的社区管理阶段

2006 年 10 月，党的十六届六中全会通过的《中共中央关于构建社会主义和谐社会若干重大问题的决定》指出，要完善社会管理，保持社会安定有

序，建设服务型政府，推进社区建设，健全社会组织，统筹协调各方面利益关系。党的十八大报告提出，"提高社会管理科学化水平，必须加强社会管理法律、体制机制、能力、人才队伍和信息化建设。改进政府提供公共服务方式，加强基层社会管理和服务体系建设，增强城乡社区服务功能，强化企事业单位、人民团体在社会管理和服务中的职责，引导社会组织健康有序发展，充分发挥群众参与社会管理的基础作用"。

在国家重要文件和政策指引下，社区管理事业得到充分的发展；社区管理主体是多元的；社区管理的内容是各项公共事务和公益事业，如社区卫生、社区服务、社区文化、社区教育、社区环境、社区治安、社区经济等等。社区管理本质上是群众性自我管理，目的是促进社区经济发展，满足居民的物质文化生活需要，提高居民的生活质量和品质。社区管理显现其独特功能，不仅实现决策、计划、组织、协调目的，还在社区建设中推动社区经济发展、繁荣社区文化。

社区管理是一项复杂而系统的社会工程。从我国城市管理体制来看，主要根据"小政府大社会"管理框架，在市、区、街道三级层面上进行分工，按照行政、执法、作业相分离原则，施行"政府推动、街道支持、居委会操作、各方参与、社区共建"[①]的社区管理模式。而在事实上，居委会也被纳入这一体系，城市社区管理逐渐形成了覆盖"市—区—街道—居委会"的四级社区管理体系。运行过程中，社区管理形成了"党委和政府领导、民政部门牵头、有关部门配合、社区居委会主办、社会力量支持、群众广泛参与"的机制。总体上看，我国社区管理是弥补单位制衰弱后城市管理缝隙的活动，本质上是国家治理下的政府调适行为，自治色彩整体上较薄弱[②]。

社区管理的发展趋势，从宏观层面看，主要有：第一，社区管理日益全球化、国际化，即"社区运动"从发展中国家向全球扩展，社区服务组

---

① 张宝峰.社区管理 [M].郑州：郑州大学出版社，2006：55.

② 魏娜.社区管理原理与案例 [M].北京：中国人民大学出版社，2013：5.

织越来越趋于联合，朝着国际化的方向发展；第二，社区管理逐步转向协调的、可持续发展的道路，既注重为本地发展打下坚实的基础，又主张促进社会的整体进步；第三，注意将社区发展与社会发展融合起来，促进二者的和谐共生。从微观层面看，包括：第一，组织体系趋于自治化、公众化；第二，社区经济管理趋于市场化、多元化；第三，社区管理日趋法治化、规范化。

4. 第四阶段：2013年至今，参与主体多元的社区治理阶段

2013年11月，党的十八届三中全会通过的《中共中央关于全面深化改革若干重大问题的决定》提出，"创新社会治理，必须着眼于维护最广大人民根本利益，最大限度增加和谐因素，增强社会发展活力，提高社会治理水平，维护国家安全，确保人民安居乐业、社会安定有序"，要改进社会治理方式，激发社会组织活力，创新有效预防和化解社会矛盾体制，健全公共安全体系，设立国家安全委员会，完善国家安全体制和国家安全战略，确保国家安全。"2017年6月，中共中央、国务院颁发《关于加强和完善城乡社区治理的意见》，明确指出"城乡社区是社会治理的基本单元。城乡社区治理事关党和国家大政方针贯彻落实，事关居民群众切身利益，事关城乡基层和谐稳定。为实现党领导下的政府治理和社会调节、居民自治良性互动，全面提升城乡社区治理法治化、科学化、精细化水平和组织化程度，促进城乡社区治理体系和治理能力现代化"。

2017年10月，党的十九大报告提出："加强社会治理制度建设，完善党委领导、政府负责、社会协同、公众参与、法治保障的社会治理体制，提高社会治理社会化、法治化、智能化、专业化水平。加强预防和化解社会矛盾机制建设，正确处理人民内部矛盾。树立安全发展理念，弘扬生命至上、安全第一的思想，健全公共安全体系，完善安全生产责任制，坚决遏制重特大安全事故，提升防灾减灾救灾能力。加快社会治安防控体系建设，依法打击和惩治黄赌毒黑拐骗等违法犯罪活动，保护人民人身权、财产权、人格权。加强社会心理服务体系建设，培育自尊自信、理性平和、积极向上的社会心态。加强社区治理体系建设，推动社会治理重心向基层下移，发挥社会

组织作用，实现政府治理和社会调节、居民自治良性互动。"2022年10月，党的二十大报告提出："健全共建共治共享的社会治理制度，提升社会治理效能。在社会基层坚持和发展新时代'枫桥经验'，完善正确处理新形势下人民内部矛盾机制，加强和改进人民信访工作，畅通和规范群众诉求表达、利益协调、权益保障通道，完善网格化管理、精细化服务、信息化支撑的基层治理平台，健全城乡社区治理体系，及时把矛盾纠纷化解在基层、化解在萌芽状态。加快推进市域社会治理现代化，提高市域社会治理能力。强化社会治安整体防控，推进扫黑除恶常态化，依法严惩群众反映强烈的各类违法犯罪活动。发展壮大群防群治力量，营造见义勇为社会氛围，建设人人有责、人人尽责、人人享有的社会治理共同体。"

这些重要文件的发布，推动中国城市发展建设由社区管理阶段进入全新的长期的社区治理阶段。改革开放前，政府在社区治理中包办过多事务，企事业单位隶属各级政府组织，个人则隶属各类"单位"组织，没有单位的个人则由居委会组织管理。居委会的主管部门是街道办事处，居委会管理下的个人属于没有单位的个人。进入新时代，社区治理转化为政府、居民、辖区企事业单位、社区组织、物管公司等多元主体，通过共同努力来改善社区环境、促进经济发展，提高居民的社区生活质量，社区治理创新成为社会治理创新的重要内容。

二、城市社区治理发展变迁的特点及趋势

（一）世界各国社区治理发展变迁特点与趋势

英国在城市社区治理中不断丰富社区服务，推进城市多元发展，实现社区主体化、社区治理多目标化、参与主体多元化、居民参与民主化。英国城市社区治理具有三个特点：（1）政府对社区治理实施去中心化和市场化；（2）社区治理参与主体的多方互助合作化；（3）政府鼓励第三方组织的参与。[①] 英国的社区治理注重市民参与及推动社区治理水平提升，尤其在社

①Greenwoodjr, Wilsondj. Public administration in Britain today[M]. New York: Routledge, 1989: 13-52.

会资源分配和公共服务供给过程中，强调决策中的多方合作与协同生产，推动政府和第三方部门的合作伙伴关系，提高居民利益最大化和社区服务供给效率。

英国社区治理具有明显政策驱动性，形成政府和公共及私有部门、政府与营利及非营利机构的多方互助合作参与社区治理模式，见图7-1。通过对第三方部门提供财政拨款和减税减息等政策，政府引导和监督各部门配合推动社区治理目标实现。

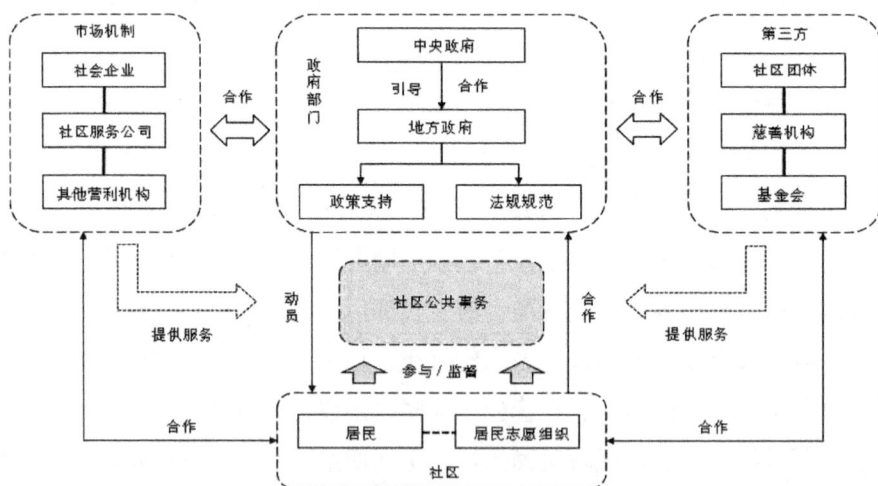

图7-1　英国多方互助合作参与社区治理模式图

日本城市社区治理起源于衰败社区的环境改造和历史街区的遗产保全，以社区营造方式，推进居民参与社区治理的意愿和激情不断提升，实现从"市民参与"到"市民主体"的巨大转变。日本的社区治理技术愈加成熟、社会组织不断完善、市民参与意识不断增强，形成具有日本地域特色的社区治理模式，见图7-2。日本的社区营造是建立在公民积极参与、社会资本积累、法律规范、市场开放以及非营利和非政府组织多方参与因素等基础之上，及日本的城市社区治理态势依赖于这些要素的完整性，而这些要素未来对其治理形态同样会产生决定性影响。

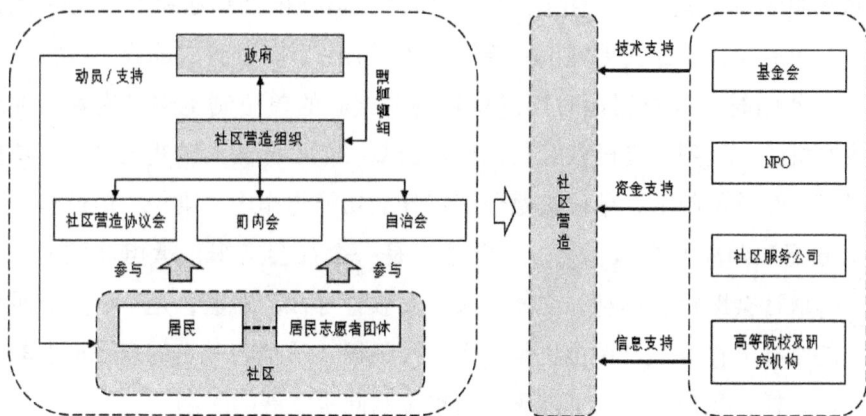

图7-2　日本社区营造模式图[1]

（二）中国城市社区治理发展变迁特点与趋势

相较西方而言，中国城市社区治理起步较晚，经历了从"社区服务—社区建设—社区管理—社区治理"发展和变迁。在城市社区治理不同发展阶段，社区治理的实际载体发生巨大改变，从"街居制与单位制齐头并进、同步发展"到"单位制进入全盛时期、街居制被边缘化"再到"单位制衰落、街居制占据主导"。

1. 社区治理初期：街居制与单位制的同步建立

1949年新中国诞生，旧的国家机器终结，其在城市的基层组织保甲制度也随之被废除。如何通过一定的组织形式既实现政府对城市尤其是基层的管理，又能把城市居民组织起来，满足其当家作主的需求，就成为一个迫切的问题。在这种背景下，街居制和单位制诞生，其标志是1954年12月全国人民代表大会常务委员会第四次会议通过的《城市街道办事处组织条例》和《城市居民委员会组织条例》，这是新中国第一次用法律的形式确定城市街道办事处和居民委员会的性质、地位和作用。这两个条例实施后，各城市依法对混乱的街、居组织进行了整顿。至1956年，全国各地相继完成了街、

---

[1] Fukuyamaf. Socialcapital, civil society and development[J].Third World Quarterly, 2001, 22 (1): 7-20.

159 ‹

居两级组织的组建工作。我国城市社区的街道办事处和居民委员会从此正式、全面形成，成为我国城市社会管理体制的一个有机组成部分。

与此同时，以根据地时期的供给制为核心的单位制也逐步完善，并从党政军机关扩展到所有国营和集团性质的基层企事业法人，我国进入了单位制时期。在单位制下，单位被赋予了特殊的功能与作用。第一，单位是一个资源分配和调控的组织；第二，单位又是一个社会组织，承担着职工的劳动、获取社会医疗、福利、交通以及子女教育等社会职能，是一个"五脏俱全"的小社会；第三，单位也是一个教育组织，承担着一定的意识形态教育功能。这样，我国便进入了街居制与单位制同步发展的时期。

2. 社区治理变化期：单位制全面发力与街居制为"壁花"

20世纪六七十年代，通过街道社区单位化和单位社区化的双向发展，单位制度得到全面发展，作为城市法定社区的街居组织逐渐沦为城市社会的边缘地带。首先，20世纪50年代末至60年代初，党和政府曾尝试在城市社区中建立政社合一的人民公社组织，废除街道办事处和居委会，实现社区的单位化。然而，由于协调困难，效果不佳，各地的城市人民公社于1962年先后被撤销，街道办事处重新恢复，街道社区的单位化转型半途而废。不过，很快又开始了单位社区化进程。所谓"单位社区化"，一是指单位和社区在城市地理空间上重叠，二是指用单位的多元化功能取代社区功能。因此，随着单位制度的强化，街道和居委会等城市社区组织的作用日益衰落，我国的城市社区管理进入了以单位制管理为主、街居制管理为辅的时代。

3. 社区治理发展期：单位制逐渐衰落、街居制开始发力

1979年7月1日通过的《中华人民共和国地方各级人民代表大会和地方各级人民政府组织法》，重新确定了街道办事处的性质。1980年1月8日，全国人大常委会确认《城市街道办事处组织条例》继续有效。在此前后的一段时间里，城市社区组织的作用开始显现出来。然而，随着经济体制改革的深入，我国的社会结构发生了巨大变化，单位制受到强烈的冲击。一方面是民营企事业的蓬勃兴起；另一方面是国营企事业的"非单位化"，单位制逐渐萎缩、衰落。单位制的衰落首先意味着政府通过单位控制社会的基础

发生了动摇，因此如何在市场经济条件下，建构政府与基层社会的关系是各级政府迫切需要解决的一大现实问题，单位制向社区制转变就是顺应这一形势的结果。社区取代单位，成为基层城市整合社会秩序、配置各种资源、提供各种服务、开展群众自治的主要载体。社区制的兴起，其标志是街道办事处和居委会在基层城市的作用越来越大。一直到现在，虽然某些单位还在发挥作用，但随着社区力量的不断壮大，街居制成为我国城市区域基层社会治理的主要管理载体。

三、不同国家和我国不同城市、街区城市社区治理的差异

从英国和日本的城市社区治理发展过程及其模式来看，不同国家的社区治理动因、过程、目标，皆与其特殊背景、社区发展需求和区域经济社会水平息息相关。

英国的城市社区治理则主要起源于英国城市的旧城更新，主要针对社区贫困和社区环境恶化的问题，政府在对社区进行治理的过程中，通过放权于社区，促进了英国城市社区的自治水平，居民的民主意识不断提高。不仅如此，英国社区治理通过"多方互助合作关系"促进政府与非政府组织、社区、私人部门和各公共部门的合作和协调。

日本的城市社区治理的主要形式是社区营造，其发生的主要背景是日本历史街区和环境的破坏。日本具有较高社区自治水平，为社区治理提供了较好基础。其社区治理的主要主体是町内会和市民组织，是居民参与社区治理的重要途径和方式。

相较而言，中国现代城市社区治理起步较晚。随着改革开放以来，经济的快速发展，城市社区治理载体从"单位制"转向"街居制"，调整居委规模，且不同地区探索出不同模式来弥补政府和市场机制的局限性，提升社区服务质量、激发社区成员的公共事务参与积极性，推动地方经济社会文化的整体协调发展，形成"上海模式""沈阳模式"和"江汉模式"等社区治理模式。截至 2021 年底，我国有 667 个城市，149 个市辖区，5904 个街道，此范围内已建立 11.6 万个居委会、17.2 万个居民小组，配备社区服务设施

约 13 万个，机构性服务中心有 5055 个、便民利民点 26 万多个，专职服务人员 36 万多人，兼职服务人员 57 万多人，志愿者队伍约 540 万人。11.5 万个居委会，17.2 万个居民小组。可以看出，中国社区不但数量庞大，而且发展速度较快；随着中国经济飞速发展，新型社区纷纷涌现，社区建设的内容正发生着变化。这就给社区社会工作提出了更高的要求，社区社会工作就显得更为重要。

中国的城市社区治理实行属地化管理制度，街道办事处和社区居委会是其直接管理机构，负责指导、协调和组织所辖社区的公共事务解决和公共服务提供。总体而言，中国城市社区治理主体越来越多元，社区治理水平不断提高，社区服务范围不断扩大。然而，由于我国城市社区治理发展过程的特殊性，且长期处于"强政府、弱社会"发展阶段，各社区治理行动主体对政府具有强依附性，自治能力相对较弱，未来需要不断完善社区治理机制、提高社区治理力和公共资源配置效率等来应对城市民众多元化、复杂化和碎片化发展需求。

第三节　理想社区治理

社区作为人类的地域性生活共同体，以产权利益和固定居住形式，成为联结城市中个体与组织、社会和政府等发生关联的重要组织形式。更随着治理理念的变化，社区治理摆脱其政府主导的单一性底色，越来越多的行动主体参加到社区治理中。一个理想的城市，其社区治理形态自然应该有最多元的治理主体、最高协同度的治理关系和最开放的治理形式。

一、社区治理主体的多元化

中国的城市社区治理，治理主体经历了从单一主体为主到多元主体共同参与的变迁过程。当下城市社区治理的主体主要有属地政府、社区党组织、居委会、社区居民、辖区企事业单位、业委会、物管公司，以及社区社会组织等。这些多元的社区治理行动主体，具备各自特征、职责和功能，在我国"党委领导、政府负责、社会协同、公众参与、法治保障"社区治理体系下，参与城市基层社会治理，在形成人人有责、人人尽责、人人享有社区治理共同体基础上实现政府治理、社会调节和居民自治的良性互动。

（一）居委会

居委会是具有中国特色的城市基层群众性自治组织，具有基层性、群众性、自治性和地域性等特点。在实践领域，居委会是城市社区治理中的最具功能性组织，负责辖区内居民的自我教育、自我服务、自我管理，也被称为是社区治理"三驾马车"中的头马。《宪法》第一百一十一条规定："城市和农村按居民居住地区设立的居民委员会或者村民委员会是基层群众性自治组织。"《城市居民委员会组织法》第二条规定："居民委员会是居民自我管理、自我教育、自我服务的基层群众性自治组织。"《城市居民委员会组织法》第十三条规定："居民委员会根据需要设人民调解、治安保卫、公共卫生等委员会。居民委员会成员可以兼任下属的委员会成员。居民较少的居民委员会可以不设下属的委员会，由居民委员会的成员分工负责有关工作。"

从各地实际情况来看，居委会内部一般设六大委员会：保卫委员会、社会福利委员会、文教卫生委员会、人民调解委员会、妇女委员会和青少年教育委员会。此外，居委会还能成立其他群众性组织机构，务志愿者分会、计划生育服务站、社会治安综合治理调解小组、外来人员小组、红十字分会、居委会社区服务站、居委会文化站等。

（二）社区党组织

中国共产党是我国的执政党，城市社区治理在党的统一领导指引下，这是中国城市社区治理的鲜明特征。社区治理中社区党组织发挥领导核心作用，总揽全局、协调各方，贯彻党的路线、方针、政策，指导社区开展各项工作，确保社区治理的正确方向；强化政治纪律、政治规矩，将党风廉政建设工作延伸向各个社区；健全基层社区的党组织架构，将组织从社区延伸到小区、楼栋，成为城市民众的"主心骨"；整合辖区内所有资源，以党建联建引领社区服务和管理创新，提升社区服务品质和居住质量。

（三）业委会

业委会，是小区业主委员会的简称，是指经业主大会选举产生并经房地产行政主管部门登记，在一定管理区域内代表全体业主实施自治管理的组织，被认为是城市社区治理中"三驾马车"之一。一般而言，一个物业管理区域应设一个业主委员会。首届业主委员会由物业管理行政主管部门会同开发建设单或物业管理公司、业主代表组成等委会，由筹委会推荐本会候选人名单，提交第一次业主大会或业主代表大会选举产生，业主委员会的组织机构在设置时，根据物业规模的大小设 5—15 名委员。

业委会负责维护城市居民通过购买房屋产权所带来的系列居住权益的维护和保障。具体来说，业委会权利包括召集和主持业主代表大会；采取招标或其他方式，聘请物业管理公司对本物业进行管理，并与其签订物业管理合同；与物业管理单位议定管理费、房屋紧急维修基金等费用的收取标准及使用方法；与物业管理单位议定年度管理计划、年度费用大概预算、决算报告等。业委会亦履行相关义务，主要包括筹备业主大会并向业主大会报告工作，执行业主大会通过的各项决议；贯彻执行并督促业主遵守物业管理及其他有关法律、政策规定，对住户开展多种形式的宣传教育；保障本物业各项管理目标的实现；执行市、区物业管理部门对本会工作提出的指令和要求；调解业主和物业使用人与物业管理企业发生的纠纷；建立业委会的档案制度等。

（四）社区社会组织

从非政府组织理论视角看，社区社会组织对社区治理具有重要现实意义，在社区治理中起到重要作用，是推动社区发展的重要力量，吸引并动员城市居民参与各类兴趣类、志愿类活动，提供直接、具体和个性化公共服务，融洽城市个体及群体间的陌生邻里关系、提升治理主体的社区参与能力和水平。

我国的社区社会组织分为两种类型：一类是社区社团，即由社区居民因共同的志趣，彼此自愿组成并开展活动的非营利性社团组织，如牌类棋类俱乐部、歌舞演唱表演队、各种球类组织学习组织等；另一类是社区民办非营利服务组织和机构，该类型社区社会组织的活动领域广泛，涉及社区文化、社区服务、社区卫生、社区环境、社区治安等各类社区事务，通过政府向其购买服务形式，负责提供城市居民所需的个性化社区服务。

（五）物管公司

物管公司是物业管理公司的简称，是具备相应资质条件并按照法定程序成立的从事物业管理服务的经营性法人企业。城市社区治理实践中，被认为是社区治理"三驾马车"之一。物管公司工作内容广泛，包含社区内基础设施设备和工程的维护管理，社区安全、环境卫生、园林绿化和车辆道路等日常化生活性内容。

物管公司通常享有八项权利：（1）根据有关法规，结合实际情况，制定小区管理办法；（2）依照物业管理合同和管理办法对住宅小区实施管理；（3）依照物业管理合同和有关规定收取管理费用；（4）有权制止违反规章制度的行为；（5）有权要求业委会协助管理；（6）有权选聘专营公司承担专项管理业务；（7）可以实行多种经营，以其收益补充小区管理经费；（8）根据实际需要，制订物业的大修计划，并经业委会审核同意，申请使用物业维修基金。

与此同时，物管公司必须履行相应义务：（1）履行物业管理合同，依法经营；（2）接受业委会和住宅小区居民的监督；（3）重大的管理措施应交业委会审议，并经业委会认可；（4）接受房地产行政主管部门、有关行政主管部门及住宅小区所在地人民政府的监督指导。

（六）辖区企事业单位

在城市社区范围内，除了居住在住宅区中的城市居民、代表城市居民居住权利益的业主委员会、社区成员的自治性组织居委会、社区党组织、社区社会组织，以及负责小区综合性服务管理的物管公司外，还存在着大量的教育、医疗、卫生、商铺、企业等各类企事业单位。这些企事业单位也是地域范围内的社区开展治理的重要主体，应积极参与到所在区域的公共事务处理和应对当中，支持所在社区的建设和发展项目，为社区的健康美好发展尽其职责。

（七）理想的社区治理结构与主体关系

根据社区治理主体的不同性质，可将它们分为政府、企业和社会（社区）组织三类，社区、企业和政府三者之间是具有各自独立利益的行动主体，其结构性特征应为社区自治、企业自主经营、政府行政管理。政府要调整与企业、社区之间的行政关系，通过分权授权、协商对话、决策听证、公众监督等方式，在三方利益独立基础上实现政府主导、企业和社会广泛参与的城市社区治理模式。

当前我国城市社区治理处于由传统治理关系向未来治理关系转变的过渡期。具有如下特征：（1）三大利益主体的独立化已然成为事实，但不稳定。除企业的自律性外，社区的自治性和个人有组织、有渠道的参与最为薄弱。作为城市基层组织的社区内部权力关系很不清晰，虽然许多社区有各种治理关系建构的尝试，但真正能够通过"四位一体"权力关系重新建设邻里社区的极少。（2）小区、社区、大社区之间的关系没有理顺，社区居民自由参与、便捷表达意见的新型"公共场域"建设欠缺，政府对社区居民诉求的回应性不够迅速，社区居民公共事务参与的社会成本非常高，缺乏制度性的社区参与，对公共服务、公共事务决策实施的结果缺乏社区民众评价机制。连接三方的纽带多靠网络、新媒体等构成的社区舆论和社会舆论，缺乏制度性和协同性联络、沟通、对话来实现居民需求的社会协作。

理想城市理想社区治理关系应当是以利益主体独立化和分散化为前提的关系重新整合，政府是公共事务主导者、企业和由社区组织起来的居民是参与者。三者之间有正常沟通渠道和制度性组织协作关系，彼此间能建立起经常、有效的制度化沟通，具有稳固的对话和协商机制，形成三者间的强凝聚力，能多方协商、共同解决社区中出现的问题和难题。

二、社区治理的协同度

社区治理作为城市基层多元行动主体，共同聚焦社区治理任务和目标，来提供社区服务、塑造美好环境、提升公共福祉的过程，对社区治理行动主体间的紧密关系和协同行动有着高要求。任何一项社区事务，不管是基础设施设备建设优化、小区道路管道维护维修、社区环境塑造美化，还是所在辖区整体秩序和稳定安全都需要各方行动主体投入于其中。但凡有一方不够关注，都会直接影响整体的结果，甚至导致任务或目标的最终失败。

理想城市的多元社区治理主体，其自身活动应是频繁的，同时不同主体间的互动也应该是经常的和充分的。这些互动包括居委会召开小区居民参加的活动、社区党组织召开的活动、居民主动参与的社区活动和处理公共事务的活动、社区社会组织举办的活动、辖区企事业单位参与社区共建的活动、业委会召开业主议事会、物管公司召开服务听证会等等。这些既影响所在区域居民的生活感受和居住品质，也是所居住社区理想程度的外化体现。

三、社区治理的开放性

社区事务的内容多元、错综复杂及纷繁细碎却又关乎所有社区治理主体的各方利益，这使得理想城市中的社区治理方式必须是开放性的。要有制度化的政策机制支持、足够多的参与沟通渠道和平台，让多元化的治理主体可以非常便利、快速地参与到社区的共建共治中去。

首先，最为基础和重要的是城市居民间的互动与交流载体、机制和平台的构建。这是城市社区治理中打破居民之间从陌生冷漠走向熟悉关爱的前提和基础。其次，是居民或业主需求、意见、建议表达的渠道或平台的构建。在城市日常生活中，总是会有各种不同事务频繁发生，大多数通过居委会、业委会、物管公司等已有治理组织和运行机制的整体架构就能得到基本解决。然而，除此之外，还有许多偶发或预料之外的突发性事件产生，这些年就时有此类事件。一时之间，民意民情没法及时了解和掌握，在应对和处理之时就变得非常被动，导致事件越发拖沓、复杂，最终难以应对和解决。这就对社区治理中城市居民和业主的意见反映、诉求表达、问题反馈等的渠道和平台建设提出迫切要求。当然，这也是获取城市民众有关城市发展最现实意见、最直接需求的需要。

再次，是物管公司开展工作和提供服务项目时，与社区居委会、业委会的互动，以及居民、辖区单位等其他治理主体间的沟通机制和平台构建。

城市社区治理中，物管公司作为企业类型组织的代表，其天然属性是市场的、遵循利益最大化原则，而社区服务和工作的部门公益性促使其必须消解其部分市场属性，更多考虑公共需求和公共利益。这使得物管公司在工作和服务当中，必须重视和业委会、居委会之间的关系的密切和协同，必须重视小区的问题和业主的需求，必须重视和辖区单位间的往来和合作。最后，是社区社会组织成立和活动组织便捷化的制度与机制的构建。社区社会组织，作为社区成员自发形成和组成的社会组织类型，一方面成为融洽城市居民彼此间关系的重要载体、增强社区凝聚力；另一方面又因为日益熟悉更有助于公共服务的供给针对性和供给质量、提升社区服务品质。显然，这两项是理想城市社区的重要考量指标，社区社会组织的成立便利性、成立后活动的情况及频次就变得非常要紧。

第四节　理想社区治理对理想城市建设的意义

一、理想社区治理能够优化城市发展建设水平

理想城市概念自提出以来，就成为各个时代人们所关注重要话题，人们都希望自己居住和生活在一个生态环境美好、社会秩序安定、邻里关系和谐的城市当中。千百年来，世人经历并苦于城市化快速发展所引发的城市病问题，在应对和思考的过程中产生了一系列有关理想城市的理论和实践。此过程中，大量经验现实表明理想的社区治理会使得理想城市更接近人们的具体期待和现实目标，通过不同领域的治理形态的优化，让城市当中的人们感受到城市的发展进步。显然，理想的社区治理及其形态，能给理想城市目标的实现带来更强的动力，并优化和放大理想城市不同阶段的发展建设水平。

二、理想社区治理能够全面支持理想城市构建

社区治理过程中，各个要素的成熟和完善将成为城市发展的重要因子，为理想城市形成和塑造提供最大可能和全面支撑。

第一，理想的社区治理可以获得更多的经费支持。中国社区的运行经费主要来自政府拨款，极少部分来自社区经济税收或所在企事业单位、社会组织的捐赠。良好的社区治理，一方面会推动社区经济发展和增长，另一方面其增长会扩大社区经费来源、创造就业机会、拓展就业渠道。

第二，理想的社区治理可以繁荣社区文化并强化情感与认同。社区文化是社区成员在治理过程中，所遵循的规章制度，所形成的社区氛围，以及对所在区域发自内心的喜爱和依恋等真挚情感与复杂心理。社区治理的过程就是社区文化繁荣和强化社区成员对所在区域社区归属感与认同感的过程。

第三，理想的社区治理有助于美化社区环境。社区环境需要社区治理过程中各方力量的共同参与，无论哪一个治理主体的缺席都将影响社区环境的治理效果。而理想的社区治理能通过多元主体的共同参与和努力，实现所在区域生态环境的最优状态。

第四，理想的社区治理有助于社区秩序的稳定和谐。多元治理主体的积极互动与通力合作，能消除不同主体间的冷漠、隔阂与冲突，减少社区矛盾，预防社区犯罪，同时各治理主体间关系亦变得和谐。

此外，理想的社区治理能带来完备社区设施设备、主动积极公众参与、互动良好的行动主体、完整社区组织等，这些都有利于理想城市不同层面工作的开展，推动整个城市便利高效运行，为城市当中生活的人们带来高品质的生活体验和美好感受。

第八章　社区安全

第一节　社区安全概念

一、社区安全的一般性认知

社区作为社会的基本组成部分，是构成城市的基本单元，也是城市管理和功能完善的主要载体。社区和谐是社会和谐的基础，社区安全是生产安全、社会安定和谐的基石；城市社区安全保障不仅是城市发展和稳定的前提，而且直接影响着城市居民的生活水平和生活质量，反映着城市发展的现代化程度和整个社会的和谐文明程度。

影响城市社区安全的主要因素是缺乏社会团结和信任。信任的缺乏与社区归属感的缺乏密切相关，这可能导致居民之间的社会关系不佳。此外，缺乏公共责任、社区管理效率不高可能会导致社区不安全。政治和经济不稳定、社会边缘化和贫困加剧也会给社区带来一系列的安全问题。社区完全不仅需要完善的安全保障体系，还需要营造良好的社会环境，加强社区居民的团结协作。社区安全是社区治理各行为主体（包括政府、非政府部队机构），依靠社区力量，强化社区控制手段，促进社区环境的有序状态。

二、学术界对社区安全的探讨

（一）学界对"安全"概念的争议

到目前为止，人类对安全的认识还存在很大的局限性。各种文献资料中，关于"安全"概念有许多不同的定义。中国职业安全健康协会刘潜教授认为，安全是指人的身心免受外界因素危害的存在状态（健康状况）及其保障条件。中国安全生产科学研究院何学秋教授认为，安全是指人和物在社会生产生活实践中没有或不受或免除了侵害、损伤和威胁的状况。首都经济贸易大学毛海峰教授认为，安全是具有特定功能或属性的事物，在内部和外部因素及其相互作用下，足以保持其正常的、完好的状态，而免遭非期望损害的现象。原国家安全生产监督管理总局发布的《安全社区建设基本要求》（AQ/T 9001—2006）中的定义：安全是指免除了不可接受的事故与伤害风险的状态。

从上可见，安全的现象不仅存在于生产安全领域，而且广泛存在于公共安全领域，不同领域的有关问题既然都被冠"安全"二字，然则其共同的安全属性应该是存在的。因此，安全科学的范畴应该具有足够的广泛性，能够将各种类型的安全问题包括在内，而不能仅仅"从人体免受外界因素（即事物）危害的角度出发"进行研究和讨论。只有这样，才能使安全摆脱局限于特定安全问题领域的束缚，从而建立在反映普遍安全规律的基础之上，安全的根基才能更加深入和牢固。[1]

（二）社区安全的内涵

"社区安全"是在 20 世纪 60 年代由瑞典创办的一种预防伤害、促进安全的模式，得到了世界卫生组织（WHO）的支持，其概念于 1989 年世界卫生组织在瑞典举行的第一届世界预防意外及创伤会议的安全宣言中正式提出。宣言指出：任何人都享有健康和安全的权利。此后世界卫生组织不断督促和倡导在各个国家、地区、部门、组织等不同社会层面开展关于社区安全

---

[1] 李又华. 现代社区安全管理理论与实践 [M]. 北京：人民出版社，2021：23.

的伤害预防工作。^①目前，国内外学者对社区安全的认识，存在着较大的差异，通常有广义和狭义之分。

1.狭义的社区安全

国内外有不少学者主张把社区安全等同于社区治安，这是对社区安全的狭义理解。即加强社区安全管理，采取有效措施预防违法犯罪行为的发生，把各种不安定的因素消灭在萌芽状态，及时调解可能出现的社会矛盾，可以保护公民的人身与财产安全，满足居民的安全需要，保护国家、集体的财产安全，维护社区的正常秩序，确保社区建设的顺利进行。社区警务战略、社区治安思想、平安社区创建等都持相似或相近的观点，这与我国当前所处的经济社会发展阶段有很大的关系。由于我国正处于经济快速发展、城市化进程快速推进、社会结构转型、社会建设起步的阶段，我国的城乡差距、地区差距、贫富差距依然较大，所以，人们对社区安全的关注点还主要是社区治安问题。

2.广义的社区安全

世界卫生组织是主张广义"社区安全"的代表。世界卫生组织认为，社区安全包括交通安全、体育运动安全、家居安全、老年人安全、工作场所安全、公共场所安全、涉水安全、儿童安全和学校安全9个方面。^②显然，广义"社区安全"远远超出了社区治安的范畴。这表明，发达国家在经济比较发达、社会保障体系比较健全的情况下，违法犯罪特别是财产侵犯问题并不是影响社区安全的主要问题，因此，他们对社区安全的关注范围已经大幅扩展。

综上所述，社区安全的范围应略宽于社区治安，社区安全面临的问题主要包括犯罪行为、治安侵害、安全隐患、意外伤害、矛盾纠纷等多项内容。^③

社区安全就是在政府有关部门的指导和支持下，社区有关组织积极整合社区内外各方面力量和资源，积极采取各种有效措施防范犯罪行为和治安

---

① 闫加伟.社区治理方法论：社会创新者说 [M].上海：上海三联书店，2020：50.

② 天平社邻学院.社区治理方法论 [M].上海：上海三联书店，2019：151.

③ 任国友.社区安全教程 [M].北京：清华大学出版社，2021：238.

侵害，杜绝安全隐患，防止意外伤害，减少社区成员之间的矛盾纠纷，避免社会断裂等，努力为社区成员创造安定和谐、安全有序、安居乐业的社区环境。正如鲍曼所说，社区共同体应该是一个温馨的家，在这里我们相互依靠，相互帮扶。

中国人民大学危机管理研究中心龚琬岚认为：社区安全是社区范围内的人员、财产、环境等所有主体和要素的安全状态。社区安全，侧重于"安全"，主要从风险、问题、隐患、危机等负面因素的角度对社区安全进行界定和理解。

社区安全是"总体国家安全观"涉及的政治安全、国土安全、军事安全、经济安全、文化安全、社会安全、科技安全、信息安全、生态安全、资源安全、核安全的十一类安全在社区层面的延伸，是公共安全体系涉及的各行业领域在社区层面的表现，既涉及社区辖区内居民生产生活、衣食住行、生老病死的方方面面，也涉及社区辖区内各类地点、场所、设施、设备、产业、活动等的安全问题和风险隐患。[1]

根据国内外理论研究和实践，安全社区主要从社区的体制机制、组织架构、管理制度、技术设备、规划实施、环境改造等角度对社区安全进行界定和理解。安全社区强调针对所有的伤害预防，包括所有年龄的人员、各种环境和条件，强调社区内人人参与全方位的预防工作，形成持续改进的工作机制。

建设安全社区的目标是整合社区内各类组织的资源，调动一切积极因素开展各类伤害预防和安全促进活动，以提高人民在安全及健康方面的生活质量。世界卫生组织社区安全促进合作中心认为，安全社区并非以社区的安全水平为评判的唯一标准，安全社区可以是一个城市、一个县或一个区域，开展包括所有不同年龄、性别和区域的安全促进和伤害、暴力、自杀预防工作，同时是获得国际认可的安全社区网络的组成部分。[2]

---

[1] 中安华邦北京安全生产技术研究院. 社区安全知识手册 [M]. 北京：团结出版社，2018：63.
[2] 邱梦华. 城市社区治理 [M]. 北京：清华大学出版社，2019：93.

（三）本书所论及的社区安全

社区安全涉及社区范围内的人员、财产、环境等所有主体和要素，是"总体国家安全观"涉及的政治安全、国土安全、军事安全、经济安全、文化安全、社会安全、科技安全、信息安全、生态安全、资源安全、核安全十一类安全在"最后一公里"社区层面的延伸，是公共安全领域"抓基层、打基础、苦练基本功"的"三基建设"在重点行业领域的表现，也是应对自然灾害、事故灾难、公共卫生事件、社会安全事件法定四类突发事件的应急管理工作终端。[①]

社区安全，事关城乡基层防灾减灾救灾能力，事关平安中国的建设和总体国家安全观的贯彻，事关发展和安全的有效统筹，事关防风险、保安全、护稳定、促发展的实际成效，事关应急管理、国家治理的体系和能力现代化，事关人民群众获得感、幸福感、安全感。本书论及的社区安全包含社区公共安全、社区交通安全、社区消防安全和社区应急安全。

第二节　社区安全发展变迁回溯与分析

一、社区安全发展变迁历史

社区安全的发展历程是一个不断变化和演进的过程，社区安全的定义、范围和重点都在不断变化。

（一）古代城市社区安全

在古代城市社会，社区安全主要涉及城墙、护城河、警戒塔等防御设施的建设。这些设施旨在防止外敌入侵，保护城市居民的生命财产安全。例如，中国古代的西安城墙、古罗马的竞技场等都是为了防卫和保护城市居民而建。除此之外，古代城市的社区安全还与治安管理、消防、公共卫生等方面有关。然而，由于当时技术和管理水平的限制，古代城市的社区安全还有

---

① 何维. 共建共治共享社区治理视角下的社区营造 [M]. 北京：中国社会出版社，2020：29.

着诸多问题。

在古罗马时期，火灾是主要的社区安全问题之一。由于古代建筑多为木质结构，火灾经常发生，给城市社区带来了巨大的安全隐患。为了应对火灾，罗马政府采取了多种措施，包括加强火灾巡逻、提高建筑防火等级等。然而，由于缺乏有效的消防设施，火灾仍然频发，给城市社区带来了巨大的损失。[①]

（二）中世纪城市社区安全

随着城市的发展和居民人口的增长，中世纪的城市社区安全问题逐渐凸显。这一时期，社区安全的主要问题是犯罪活动、瘟疫和火灾等。为了应对这些问题，城市管理者采取了一系列措施来维护社区安全。

中世纪的欧洲，城市管理者加强了治安管理，设立了警务机构和监狱等设施来打击犯罪活动。同时，为了防止瘟疫的传播，城市管理者加强了卫生管理，建立了清洁卫生制度，并建设了医院和诊所来治疗患者。此外，为了防止火灾的发生，城市管理者加强了火灾巡逻和消防设施的建设，提高了建筑的防火等级。[②]

（三）工业革命时期的城市社区安全

随着工业革命的兴起，城市化进程加速，城市人口迅速增加。这一时期，社区安全的主要问题转为贫困、事故、环境污染等。由于城市规划和管理的滞后，工人阶级的生活条件恶劣，工伤事故频发，环境污染严重，给城市社区带来了巨大的安全隐患。

以英国为例，曼彻斯特是工业革命的发源地之一，曼彻斯特的工人阶级在工业化进程中遭受了严重的压迫和不公。他们的工作环境恶劣，工伤事故频发，生活条件极度贫困。为了争取权益，工人阶级开展了多轮罢工和抗议活动，最终促成了英国政府对于工人权益的保护和城市规划的改革。[③]

---

① 张华.社区公共设施安全隐患分析及防治策略 [J].城市规划与管理，2021，（2）：43.

② 任国友.社区安全教程 [M].北京：清华大学出版社，2021：38.

③ 连会青.社区公共危机治理概论 [M].北京：应急管理出版社，2022：65.

（四）现代城市社区安全

随着现代科技的发展和城市化进程的加速，城市社区安全面临着更加复杂的问题。除了传统的治安、消防、环保等问题外，还出现了如网络安全、生物安全、交通安全等新的问题。现代城市社区安全更加注重预防和综合治理，强调多部门协同合作，提高社区居民的安全意识和防范能力。

美国纽约的"9·11"事件给纽约市带来了前所未有的社区安全危机。事件之后，纽约市政府采取了多种措施加强社区安全建设，包括加强网络安全建设、提高反恐意识、加强应急救援能力等。此外，纽约市政府还积极与社区居民沟通互动，提高社区居民的安全意识和防范能力。

（五）未来城市社区安全

未来城市社区安全将更加注重智能化、信息化和绿色化。通过引入先进的科技手段和管理方法，提高社区安全的预防和应急处理能力。同时随着人们对生活质量要求的提高，社区安全也将更加注重人性化、便民化和环保化。未来的城市社区将更加注重居民的参与和自治，形成政府与居民共同参与的社区安全治理模式。为未来城市社区安全的发展提供了有益的借鉴和参考。①

二、社区安全发展变迁的特点及趋势

（一）社区安全定义和范围的扩展

从古代到现代，社区安全的定义和范围不断扩展。在古代，社区安全主要涉及城墙、护城河、警戒塔等防御设施的建设，目的是防止外敌入侵和保护城市居民的生命财产安全。然而，随着社会经济的发展和城市化进程的加速，社区安全的内涵和外延不断变化。

在现代城市中，社区安全已经不再仅仅局限于传统的治安、消防、环保等领域，而是扩展到了网络安全、生物安全、交通安全等多个方面。这些新领域的安全问题与城市居民的生活息息相关，对于构建理想城市具有重要

---

① 侯利文. 城市社区治理中整合性服务模式建构研究 [M]. 上海：华东理工大学出版社，2020：176.

的意义。[①]

（二）技术和管理水平的提升

随着科技的不断进步和管理水平的提高，社区安全治理的手段和方法也在不断更新和优化。古代城市的社区安全由于技术和管理水平的限制，存在诸多问题，如火灾频发、犯罪活动猖獗等。而现代城市则通过引入先进的科技手段和管理方法，提高了社区安全的预防和应急处理能力。

例如，在消防领域，现代城市引入了智能化的消防报警系统和高效的灭火设备，大大提高了火灾的应对能力；在治安管理方面，现代城市采用了视频监控系统和高科技警务装备，加强了对犯罪活动的打击力度；在环保领域，现代城市积极推广绿色建筑和清洁能源，减少了对环境的污染和破坏。[②]

（三）居民参与和自治的加强

在古代，社区安全治理主要由政府或城市管理者来负责，居民的参与程度相对较低。然而，在现代城市中，居民已经成为社区安全治理的重要力量。居民参与不仅可以提高社区安全的治理效果，还可以增强社区的凝聚力。此外，随着社区自治的发展，社区居民也逐渐成为社区安全治理的主角。社区居民通过参与社区自治组织、开展邻里守望等活动，积极参与到社区安全治理中来。这种居民参与和自治的加强，有助于提高社区的安全水平，同时也促进了社区的和谐稳定。

（四）综合治理和预防为主的发展趋势

现代城市社区安全治理正朝着综合治理和预防为主的方向发展。综合治理意味着社区安全的治理需要多部门协同合作，包括公安、消防、环保、卫生等多个部门。这些部门之间需要形成有效的联动机制，以便更好地应对各种安全问题。[③]

---

① 邱梦华. 城市社区治理 [M]. 北京：清华大学出版社，2019：103.

② 张华. 社区公共设施安全隐患分析及防治策略 [J]. 城市规划与管理，2021（2）：34.

③ 侯利文. 城市社区治理中整合性服务模式建构研究 [M]. 上海：华东理工大学出版社，2020：98.

同时，预防为主也成为现代城市社区安全治理的重要原则。通过加强预防措施，可以减少安全问题的发生，提高社区的安全水平。

例如，在网络安全领域，加强网络安全教育和技术防范措施可以减少网络安全问题的发生；在消防领域，加强火灾预防措施和消防宣传教育可以减少火灾的发生。

（五）智能化、信息化和绿色化的趋势

未来城市社区安全治理将更加注重智能化、信息化和绿色化。随着人工智能、大数据等技术的不断发展，现代城市社区安全治理的手段不断丰富，治理能力也不断提升。[①]

例如，通过智能化监控系统和人脸识别技术，可以提高对犯罪活动的监测和打击能力；通过信息化技术可以加强各部门之间的信息共享和协同作战能力；通过绿色建筑和清洁能源可以减少对环境的污染与破坏。

同时，未来城市社区安全治理也将更加注重人性化、便民化和生态环境保护。例如，在交通安全领域推广智能交通系统和技术手段，提高道路通行效率和安全性减少交通事故的发生；在环保领域加强环保宣传教育和推广活动，提高公众环保意识和参与度，营造绿色生态宜居环境；在公共卫生领域，建立健全公共卫生服务体系，提高应对突发公共卫生事件的能力保障居民的健康安全。[②]

三、不同国家、不同城市、不同街区社区安全的差异

（一）不同国家、不同城市社区安全的差异

第一，社区安全的状况与国家的经济水平有一定关系。一般来说，相对于发展中国家而言，发达国家在公共安全、社会福利、教育水平等方面有更高的投入，法律制度和社会治理体系相对更加完善。

第二，不同国家的文化背景和社会结构也会影响社区安全。例如，一

---

① 之江实验室.探路智慧社区：人工智能赋能下的社区治理 [M].北京：中国科学技术出版社，2022：121.

② 何绍辉.再造社区：城市社区治理质量及提升 [M].北京：社会科学文献出版社，2022：213.

些国家的人民更加注重个人隐私和私人空间，对社区安全的关注程度可能更高。而一些国家则更加强调集体主义和社区精神，因此对社区安全的重视程度可能相对较低。

如美国是一个多元化的国家，不同族裔、不同文化背景的人们共同生活在一个社区中。美国社区安全问题比较复杂，涉及种族、民族、宗教、政治等多个方面。此外，美国枪支文化盛行，枪支泛滥是美国社会长期存在的问题。

欧洲国家的经济水平相对较高，但是也存在一些社会问题，如移民融合、宗教信仰等，这些问题也可能对社区安全造成影响。

中国是一个统一的多民族国家，中国人普遍认同"以和为贵""和睦友好"的价值规范，中国的社区安全问题相对较少。但是，随着城市化进程的加速，城市社区的数量不断增加，社区安全问题也日益突出。[1]

第三，不同城市在社区安全方面也存在差异，这主要与城市的发展水平、人口密度、治安状况等因素有关。如大城市的人口密度大，人口流动性强，因此社区安全问题相对较多。此外，大城市的治安状况也相对较差，犯罪率较高，这也给社区安全带来了很大的威胁。小城市的人口密度较小，人口流动性较弱，因此社区安全问题相对较少。此外，小城市的治安状况也相对较好，犯罪率较低，这也为社区安全提供了更好的保障。

第四，一些老旧城市或正在进行大规模城市改造的城市，由于其基础设施不完善、社会治理不规范等问题，也可能存在一定的社区安全问题。

第五，不同城市的地理位置和气候条件也会影响社区安全。例如，处于地震带上的城市，其建筑物和公共设施的安全标准需要更高；而一些气候恶劣的城市，如暴雪或洪水灾害频发的城市，也可能存在一定的社区安全问题。[2]

---

① 孙莉莉. 特大城市社会治理——立足基层社区的考察 [M]. 上海：上海交通大学出版社，2019：135.
② 天平社邻学院. 社区治理方法论 [M]. 上海：上海三联书店，2019：241.

（二）不同街区之间的社区安全差异

首先，街区的地理位置和周边环境会影响其社区安全。例如，位于市中心的街区由于人员流动大、商业活动频繁，因此其社区安全问题相对于郊区或工业区的街区而言更加突出。

其次，街区的建筑质量和人口密度也会影响其社区安全。建筑质量差的老旧街区由于存在一定的安全隐患，因此其社区安全问题可能更加突出。而人口密度高的街区由于人员复杂，因此也存在一定的社区安全问题。

最后，街区的公共设施和治安力量也会影响其社区安全。公共设施完善、治安力量充足的街区，其社区安全状况相对较好。而公共设施不完善、治安力量不足的街区，其社区安全问题可能更加突出。①

不同国家、不同城市、不同街区社区安全的差异主要体现在法律制度、治安状况、公共安全系统、人口密度、社会经济状况、居民素质等多个方面。提高社区安全水平，需要综合考虑不同地区的特点和实际情况，采取针对性的措施。

第三节　理想社区安全

理想型城市社区安全是一个综合性的概念，它涉及多个方面，包括基础设施、环境质量、应急机制、居民参与和自治、技术应用以及文化传承和创新等。

一、完善的基础设施

理想型城市社区应该有完善的基础设施，以满足居民的基本生活需求。这些设施包括道路、交通、水电、通信等。道路是城市社区的重要基础设施之一，应该具备宽敞、平整、绿化良好等特点，同时还要有完善的交通标志，确保居民出行安全。

---

① 侯利文 . 城市社区治理中整合性服务模式建构研究 [M]. 上海：华东理工大学出版社，2020：139.

理想型城市社区应该提供多种交通出行方式，包括公共交通、自行车道、步行道等，以减少私家车的使用，降低交通拥堵和空气污染。

居民生活所需的水电设施是城市社区的基础设施之一，应该保证用水安全、供电稳定，同时还要有完善的排水系统，确保居民生活正常运转。

理想型城市社区应该提供高速、稳定、安全的网络通信服务，以满足居民的通信需求。

二、良好的环境质量

环境质量是理想型城市社区的重要指标之一，环境质量监测应该包括对空气质量、水质、噪声等方面的监测。

理想型城市社区应该有良好的空气质量，这需要政府采取有效的措施来控制和减少污染源，提高空气质量。理想型城市社区应该提供优良的水质，这需要政府加强水质监管，确保供水安全。同时，理想型城市社区还应该有有效的噪声控制措施，以减少噪声对居民生活的影响。

三、高效的应急机制

理想型城市社区应该建立高效的应急机制，以应对各种突发事件。

理想型城市社区应该制定完善的应急预案，明确应急响应流程和责任人，确保在突发事件发生时能够迅速响应。同时，理想型城市社区应该具备高效的应急救援能力，包括专业的救援队伍和先进的救援设备，以确保能够及时救援受灾居民。

四、居民的参与和自治

理想型城市社区应该鼓励居民的参与和自治，让居民参与到社区安全建设中来，形成政府与居民共同参与的社区安全治理模式。

居民可以通过参加社区委员会或志愿者组织等方式参与到社区安全建设中来，也可以通过提供线索信息协助警方打击犯罪行为等，为社区的安全稳定作出贡献。同时通过参与社区自治还可以增强居民的归属感和责任感提高社区的凝聚力。①

此外，政府应该为居民参与社区安全治理提供更多的机会和平台。例如，定期举办公民论坛，鼓励居民发表意见和建议，为社区的发展和安全治理提供参考等。通过这种方式可以促进政府与居民之间的沟通和互动，使政府能够更好地了解居民的需求和意见，并采取有效的措施来回应这些需求和意见，形成政府与居民共同参与的社区安全治理模式，为构建理想型城市社区提供有力支撑。

五、先进的技术应用

随着科技的飞速发展及其广泛应用，一些先进的技术手段也被应用到社区安全治理中来。如智能化监控系统可以通过视频监控对社区进行全方位的实时监管，生物识别技术可以通过人脸识别等技术手段对进出社区的人员进行身份认证和管理，智能消防系统可以通过智能感知设备对火灾进行预警和自动扑灭。② 这些技术手段的应用可以大大提高社区的安全性和防范能力，为构建理想型城市社区提供强有力的技术支持。

六、文化的传承和创新

文化是一个城市的灵魂，也是构建理想型城市社区不可或缺的重要因素之一。在城市社区安全治理中文化的传承和创新也起着至关重要的作用。一方面通过对历史文化的保护可以增强居民的文化认同感和自豪感，从而促进社区的和谐稳定。③ 另一方面通过鼓励文化的创新可以提升城市的文化软实力，增强城市的竞争力，为构建理想型城市社区提供强大的文化支撑。同时通过开展各种文化活动还可以增进居民之间的交流和互动培养居民的综合素质与生活情趣。为构建和谐稳定的理想型城市社区提供有力的文化保障。

---

① 孙莉莉.特大城市社会治理 —— 立足基层社区的考察 [M].上海：上海交通大学出版社，2019：178.

② 赵鸣.智慧社区安全与风险管理 [M].北京：科学出版社，2022：39.

③ 颜玉凡.大都市社区协同治理视域下的公共文化服务 [M].北京：中国社会科学出版社，2019：219.

七、构建全方位智慧化安全防护系统

城市规模的扩大、人口流动活动增加，对城市的安全防范管理提出了更高的要求。现代园区、建筑楼宇、工厂、学校等的发展，同样也对安全防范系统提出了越来越高的需求，智慧安全防范管理系统应运而生（相关内容具体见第 10 章）。理想型城市社区的安全防护需要政府、社区、居民等多个层面的参与，共同打造全方位、多层次的安全防护体系。

（一）政府层面

政府在理想型城市社区的安全防护中扮演着重要角色。政府需要制定相关法律法规和政策，为社区安全提供制度保障；同时，政府还需要加大对社区安全建设的投入，提高社区安全防范能力。[①] 政府需要制定和完善社区安全相关的法律法规，明确社区安全的责任主体和行为规范，为社区安全治理提供法律依据；政府需要加强对社区安全的监管力度，特别是对物业公司、安保公司等安全服务机构的监管，确保其服务质量和安全防范措施的有效性；政府可以组织开展社区安全宣传教育活动，提高居民的安全意识和防范能力。

（二）社区层面

社区是理想型城市社区安全防护的主体之一。社区需要加强安全管理，提高安全防范水平，同时还需要加强与居民的互动和沟通，形成良好的社区安全氛围。[②] 社区需要建立包括安全巡查、隐患排查、应急处置等方面在内的安全管理体系，同时提高安全防范水平，采用先进的安全防范技术手段，如智能化监控系统、生物识别技术等，提高社区的安全防范能力。[③] 社区可以通过宣传栏、微信公众号等方式，加强社区安全宣传教育，提高居民的安全意识和防范能力。社区还应通过举办公民论坛、居民大会等方式，加强与

---

① 中国共产党第十九届中央委员会第四次全体会议. 中共中央关于坚持和完善中国特色社会主义制度、推进国家治理体系和治理能力现代化若干重大问题的决定 [N]. 人民日报，2019-11-1.

② 社区安全治理研究报告编写组. 社区安全治理研究报告 [R]. 北京：社区安全治理研究中心，2023.

③ 中国城市社区安全现状与发展趋势研究报告 [R]. 北京：中国社会科学院，2021.

居民的互动和沟通，回应居民的需求。

（三）居民层面

居民是理想型城市社区的主体，也是社区安全防护的重要力量。居民需要加强自身的安全意识和防范能力，注意个人财产和人身安全，不轻易相信陌生人，不参与非法活动。同时还需要积极参与社区安全建设，形成良好的社区安全氛围。居民可以通过参加社区委员会或志愿者组织等方式，积极参与社区安全建设，为社区的安全稳定作出贡献。居民应当了解并遵守相关法律法规和政策，增强法律意识，维护自身权益的同时也要尊重他人的权益。此外，居民在日常生活中还应积极传播正能量，弘扬积极的社会风气，为构建理想型城市社区提供有力支撑。

（四）企业层面

企业特别是安保公司和物业公司等安全服务机构在理想型城市社区的安全防护中也扮演着重要角色。企业需要提供优质的安全服务，同时还需要加强自身的社会责任意识和管理能力。企业需要提供高效、专业、优质的安全服务，包括门禁管理、巡查巡逻、监控中心运营等措施保障社区的安全。企业需要加强自身的社会责任意识和管理能力，在追求经济效益的同时积极承担社会责任，积极参与社会公益事业回报社会，以提升自身的社会形象和公信力；同时企业还需要加强内部管理提高员工素质以保障其自身稳定发展，不断提高服务质量，为构建理想型城市社区提供有力支撑。[1]

（五）社会层面

社会层面的力量也是理想型城市社区安全防护的重要组成部分。社会力量可以为社区提供支持与帮助，同时也可以促进社区之间的交流与合作。社会上的公益组织和团体可以为社区提供资金、物资和技术支持，帮助社区提高安全防范能力和应对突发事件的能力，促进社区的和谐稳定；同时还可以开展各种公益活动如义诊、义教等为居民提供更好的公共服务，提升居民的生活品质。

---

[1] 中国社会科学院社会学研究所.中国城市社区安全现状与发展趋势研究报告（2023）[R].北京：社会科学文献出版社，2023.

第四节　理想社区安全对理想城市建设的意义

社区安全是构建理想城市不可或缺的重要因素。一个安全的社区可以为理想城市的构建提供稳定的基础和有力的保障，同时体现城市治理能力和社会文明水平。

一、理想社区安全能够保障居民生命财产安全

理想社区安全的首要价值功能是保障居民生命财产安全。一个安全的社区可以为居民提供稳定、和谐的生活环境，降低居民受到犯罪行为侵害的风险。对于社区居民而言，社区安全是他们生活的基础，也是他们能够安心工作、学习和生活的保障。一个安全的社区可以增强居民的归属感和幸福感，提高居民的生活质量。[①]

二、理想社区安全能够提升城市形象和吸引力

一个安全的社区可以提升整个城市的形象和吸引力。当一个城市拥有较高的安全水平时，会吸引更多的人前来居住、投资和工作，从而促进城市的经济发展和社会进步。对于城市而言，社区安全是城市形象的重要组成部分，也是城市吸引人才、留住人才的重要保障。一个安全的社区可以增强城市的竞争力，提高城市的声誉和影响力。

三、理想社区安全能够促进社会和谐稳定

理想社区安全对于促进社会和谐稳定具有重要作用。当社区的安全得到保障时，居民的利益诉求和矛盾纠纷就容易得到妥善处理和解决，从而减少社会的不稳定因素。[②]同时，安全的社区也可以为居民提供更多的参与

---

① 王德福. 城市社会转型与社区治理体系构建 [J]. 政治学研究，2023，3（3）.
② 澎湃新闻. 从"自治"到"共治"：社区治理"出实招"，解锁群众"幸福密码"[OL]. 澎湃新闻，2024-04-13. https://m.thepaper.cn/baijiahao_27023992.

和互动机会，促进社会的多元化和包容性发展，为构建和谐社会提供有力支撑。一个安全的社区可以减少社会的不稳定因素，为社会长期发展提供有力支撑。

四、理想社区安全能够推动社区的可持续发展

理想社区安全不仅是构建理想城市的重要一环，也是推动社区可持续发展的重要保障。一个安全的社区可以吸引更多的居民入住，提高社区的人口密度和多样性，为社区的发展提供持续的动力。同时，安全的社区也可以促进社区的经济发展和社会进步，提高居民的生活质量，推动社区的可持续发展。

五、理想社区安全能够强化社会应急管理能力

理想社区安全的建设还可以加强社会应急管理能力。在面对自然灾害、公共卫生事件等突发事件时，安全的社区可以为居民提供及时有效的应急管理和救援服务。通过加强社区应急管理体系建设，可以增强社会的应急响应能力，减少人员伤亡和经济损失，为构建更加安全、稳定的社会提供有力支撑。

综上所述，理想社区安全对于构建理想城市具有非常重要的价值功能，不仅可以保障居民生命财产安全、提升城市形象和吸引力，还可以促进社会和谐稳定发展、推动社区的可持续发展以及加强社会应急管理能力。因此，我们应该高度重视社区安全建设，加强安全管理体系建设、加强宣传教育、加强科技创新等方面的努力共同构建一个安全、和谐、宜居的理想城市。

第九章　社区环境

第一节　社区环境概念

社区环境的概念是指围绕着社区居民这一主体，影响其生活质量与社区活动的各种自然、社会、人文及经济要素的总和。社区环境可以视为一个综合空间，承载着支持居民生活及社会互动的多样条件，基本上属于物质空间的范畴。

一、社区环境的一般性认知

通常情况下，社区环境被理解为影响居民日常生活的多种环境要素，这些要素在社区范围内存在，并可细分为生态环境、人工环境和人文社区环境三大方面。这是狭义上的社区环境[①]。生态环境特指社区内部的自然资源，诸如绿地、水域、植被等。这些自然要素不仅提供了居民休憩的空间，还对空气质量产生积极影响。近年来，对于美化景观、空间重构、文化建设、休闲设施规划等方面的重视程度日益提高。人工构建环境则涵盖了社区的建筑设计布局、交通网络和基础服务设施，构成了社区居民日常活动与互动的物理场景。人文社区环境，则涉及社区内部文化活动所孕育的物质文化和精神

---

① 周晨虹.社区管理学 [M].武汉：华中科技大学出版社，2018：55-156.

文化的总和，具体展现在文化氛围、教育水准及社区活动等方面，这些因素深受社区居民生活方式及社交模式的影响。

针对社区个体成员而言，对社区环境的理解可细分为三个基本层面：卫生清洁、安全保障及生活便捷性。

保持社区环境的整洁是提升居住质量的直接诉求，这包括确保公共场所无垃圾污染、维护公共设施的完好与更新、妥善保养绿化区域以及保证给排水系统的通畅等方面。一个干净的社区不仅营造了宜人的居住环境，增强居民身心健康，亦有效控制疾病传播风险，减轻环境污染问题，同时也是提升社区整体形象的关键因素。

安全保障构成了社区居民的基本需求，是实现居民安定与福祉的先决条件，其内涵包括物理安全与心理安全两个方面。物理安全确保社区成员及其财物免受威胁，涉及高效的社区安全防控体系、犯罪预防策略及应急响应机制的建立健全。心理安全则体现在居民在社区环境中感受到的安全感与舒适度，这需要社区营造一个兼收并蓄、相互扶持的友好环境。

居民日常生活的便捷性则涉及满足就业、休闲、服务及交通等基本需求。这些范畴比较广，不仅包括畅通的交通网络和便利的商业设施近距离可达，还应提供充足的休闲娱乐资源。通过构建"15分钟生活圈"及高效的生活服务系统，能够切实有效的提升社区居民的生活质量，减轻日常生活的负担。

综上所述，社区环境不仅是居民生活的背景，更是影响其生活质量的重要因素。理解和优化社区环境，对于提升居民的生活满意度而言至关重要。

二、学术界对社区环境的探讨

（一）社区环境定义

学术界对社区环境的研究始于对其广义与狭义定义的区分。从宏观层来看，广义的社区环境的概念涵盖了所有影响社区生存与发展的外部条件，包括自然生态、政治氛围、经济态势及文化背景等诸多方面。而狭义上的社区环境的界定，则更多关注于社区内部与居民日常生活息息相关的环境要素。

在广义的视角下，魏娜在其著作《社区管理原理与案例》中，将社区环境定义为社区外部环境的总和，并着重强调了社区主体与外部环境之间的互动关系。周晨虹在《社区管理学》中探讨了一系列影响社区居民日常生活的外部变量，指出这些因素对社区发展的重要性。甘鸿与易大江合著的《社区治理标准化指南》则指出了一种以人为本的环境观，这观点融合了自然与社会两大范畴的因素。

在狭义的定义中，魏娜将社区环境视为直接影响居民生活的一系列环境要素，主要包括自然、文化和社交环境三个维度。周晨虹与娄成武、孙萍进一步细化了这一分类，提出了生态环境、人造环境和人文社区环境的区分。张兴杰主编的《社区管理》明确指出，狭义社区环境由多维度要素构成，特别清掉了居民作为环境影响接收主体的重要性。在娄成武与孙萍合著的《社区管理学》第四版中，尽管未明确阐述狭义的定义，但他们引入了"硬"环境与"软"环境的理论划分。"硬"环境包括自然要素与人造设施，而"软"环境则深入探讨了社区的文化特质、社会结构及福利服务体系。甘鸿与易大江也提到了"硬"环境与"软"环境的二分法，他们更为聚焦居住区的物理特征，如绿化布局、场地设计、道路建设等硬件环境，以及社会道德风气、居民文明素养等软件设施的重要性。

（二）社区环境建设理念

在当今学术界，社区环境建设的理论体系涵盖了多种模式，如绿色社区、环境导向型社区、生态型社区、低碳社区、零碳排放社区、可持续性社区和综合性社区等。这些模式各具特色，旨在通过多维度策略提升生活品质，促进社区的长期可持续发展。

具体而言，绿色社区理念强调最小化环境足迹以及社会、经济、环境资源的系统整合；环境导向型社区则关注资源使用的效率与居民的积极参与；生态型社区的核心在于生态保护与环境质量的维护；低碳社区则致力于减少碳排放，而零碳排放社区追求实现无碳排放的目标；可持续性社区关注于经济繁荣、社会公正与环境保护的均衡发展；综合性社区则强调社区内部结构的完善与服务设施的优化。

"生态型社区"这一理念最早由施耐德在 20 世纪 60 年代的著作《机器人与人类》及《群落的空间结构》中首次提出。随后，迈克哈格在 1969 年的《设计结合自然》中引入生态观念，探讨了人类与自然界的紧密联系，并着重强调自然因素在城市规划中的重要性。社区环境的定义围绕资源的节约利用、环境的友好及社会和谐发展等核心原则展开，生态理念贯穿始终。

理想社区环境建设的理论根源可以追溯到 20 世纪 70 年代兴起的环境保护运动。随着经济的迅猛增长及城镇化进程加快，公众对环境质量的要求不断提高。因此，构建理想社区环境的目标在于创造一个清新、健康、安全且绿色的生活空间，以增进居民生活品质与幸福感。该领域的核心理论涉及可持续发展理论、生态城市理念及绿色建筑设计理论等多个理论。可持续发展理论关注社区环境建设的持久性与综合性，力求在经济发展、社会进步与环境保护间实现均衡与协同。生态城市理论倡导城市与自然界之间的和谐共存，强调城市生态环境的自然化与生态化，旨在应对城镇化带来的生态环境挑战。绿色建筑设计理论则侧重于实现建筑物与周围环境的和谐统一，推广低碳排放、节能高效及环境友好的建筑设计与社区规划实践。

生态导向型开发（EOD）作为一种城市发展策略，强调在生态保护与治理的基础上，融合城市综合建设，推动生态环境与区域开发、资源产业的有机结合，从而驱动中国新型城镇化的高质量发展[1]。"生态导向"这一核心概念，最初由美国学者霍纳蔡夫斯基于 1999 年提出，迅速在全球范围内获得了积极反响。该模式从最初的生态优化转向更加主动地运用生态系统引导区域发展[2]，强调生态环境改善与城市建设的协同作业，力求在推进城市化进

---

① 陈超. 生态导向发展模式（EOD）下的城市设计研究——以龙岗河两岸城市设计为例 [C]// 中国城市规划学会，重庆市人民政府. 活力城乡 美好人居——2019 中国城市规划年会论文集（07 城市设计）. 深圳大学建筑与城市规划学院，2019：8.

② 陈海涛. 生态导向发展模式（EOD）下的城市绿地系统规划应对策略研究 [D]. 华中科技大学，2012.

程中全面考量生态效益，促进建设、居住与自然生态的同步发展。

国内外社区环境发展演变出不同的概念，具体内容如表9-1所示。

表9-1　国内外不同社区环境概念的发展演变

概念	定义	建设特色	建设问题	解决对策
绿色社区[①]	旨在促进可持续发展，通过资源的系统整合，力求将对环境的影响降至最低，同步提升居民的生活品质与环境的整体质量	绿色建筑、低能耗设计、绿化空间	高额建设成本、技术推广限制	政策激励、绿色金融、教育普及
环境友好型社区[②]	旨在实现环境保护与可持续性发展之目标，减轻对环境的影响，提升资源利用效率，并激发居民的参与热情	废物回收、清洁能源、节水措施	居民参与度低、资源回收成本	社区项目、环保教育、政府支持
生态社区[③]	以生态环境保护为目标，实现人与自然和谐共生	自然栖息地保护、可持续土地利用、生态教育	生态保护与发展需求矛盾	生态规划、生态补偿、社区参与
低碳社区[④]	以减少碳排放为目标，建立低碳环保社区	能源管理系统、碳足迹监测、低碳交通	碳减排技术投资大、生活习惯转变	低碳政策、技术创新、公共宣传
零碳社区[⑤]	通过节能、新能源、绿色交通等措施达到零碳排放	零碳排放标准、绿色建筑和设施	技术实施难度、成本问题	政策支持、技术创新、居民教育
可持续社区[⑥]	以社会、经济、环境协调发展为目标	均衡规划、社会公平、环境管理	多方利益协调困难、策略执行	持续性评估、政策框架、社区动员
完整社区[⑦]	具有完整社会功能和服务设施，满足居民需求	功能完善、服务设施多样、内部循环系统	土地使用冲突、社区治理挑战	一体化规划、社区协商、自治体系

（作者根据资料梳理）

---

① 彭倩. 绿色社区评价研究 [D]. 山东建筑大学，2021.

② 朱群芳. 构建环境友好型社区发展评价指标体系 [C]. //2017 中国环境科学学会科学与技术年会论文集，2017：4033-4041.

③ 沈杰，李世元，岳淼. 生态社区构建策略 [J]. 建筑学报，2011（2）：13-16.

④ 陈奇梅. 低碳社区的建设探析 [J]. 安徽建筑，2022，29（8）：64-65.

⑤ 王梓晨，朱隆斌. 零碳社区概念辨析 [J]. 城市建筑，2017（14）：21-24.

⑥ 金涛，张小林. 国际可持续社区规划模式评述 [J]. 国外城市规划，2004，19（3）：47-50.

⑦ 汪萍. 以完整社区建设提升社区治理效能 [J]. 领导科学论坛，2024（2）：100-104.

尽管各种社区模式的侧重点各异，但社区环境建设普遍面临一系列共性问题。这些问题包括高昂的构建成本、技术应用推广的困难、居民融入程度不足、生态保护与发展的冲突、碳减排技术的高投入，以及复杂的多方利益协调。

为应对这些挑战，研究者们设计并实践了一系列策略，旨在缓解或解决上述难题。这些策略涵盖政策激励措施、绿色融资机制、环保知识普、以社区为主导的项目、生态系统规划、生态补偿机制、减碳政策、科技创新、公众意识提升、持续性效果评估、政策架构构建，以及社区力量的动员等。

这些策略的成功实施依赖于政府机构、私营部门、社区成员及民间社会的共同携手的努力，通过跨界别和跨领域的合作，社区环境建设的原则与愿景得以转化为实践行动，从而推动社区的可持续发展与居民幸福感的提升。

三、本书所论及的社区环境

社区环境涵盖广泛，涉及社区规划、治理结构、公众参与、社会资本积累、资源调控、环境保护措施、公共设施服务等领域。其复杂多维性亟须跨学科协同，通过综合性规划与管理，实现自然生态、人造环境与社会氛围的和谐共生，以推动社区朝着健康、福祉与可持续发展迈进。

本书将社区环境要素细分为若干核心板块，包括社区卫生、绿化建设、声环境等，详述每一板块的建设标准与要求。同时，探讨理想社区环境的实施策略，全方位优化社区环境，提升居民生活品质，助推城市整体升级。

第二节　社区环境发展变迁回溯与分析

一、社区环境发展变迁历史

社区环境的演进历程是一幅人类文明进步、社会结构变迁与自然环境相互影响的历史画卷。从古代农耕社会的朴素乡村，到中世纪初步形成的城镇社区，再到工业革命带来的深刻变革，直至当代城镇社区对绿色生态、智慧科技及人文关怀的追求，各个时期都折射出当时独特的经济社会面貌与人们的生活形态。

（一）早期城市社区环境的特征

古代社区的空间组织往往顺应自然地貌，兼顾水利与防卫需求，围绕水源和农田布局，展现出清晰的功能划分。社区生活以市集、宗教场所和行政中枢为核心，成员之间关系紧密，构建了血缘与地缘相结合的社会结构。尽管物质环境简朴，但却孕育了丰富的文化积淀与稳固的社会秩序。

在中世纪，城堡与教堂成为城市社区的物理与精神核心。随着手工业和贸易的兴起，职业分化和社会结构经历了深刻转型，社区环境逐渐呈现多样化与分层化的特征。城市内部根据职业属性和经济条件形成了界限分明的社区，这些社区的形成反映了社会地位与经济实力的差异，为更复杂的社会交往与文化融合提供了沃土。

（二）工业化时期城市社区环境的变迁

工业化进程引发了前所未有的城市化浪潮，社区环境因此面临巨大的挑战与转型。人口的快速增长导致了住房短缺，社区空间极度拥挤，环境污染和公共卫生问题日益凸显。在这样的背景下，社区环境的退化激发了环境保护思潮的兴起，并推动了社区升级改造的实践，为现代社区理论的发展奠定了基础。

随着全球城市化步伐的加快，大量人口向都市迁移使得城市空间不断扩展，社区环境发生了深刻的变化。这一进程不仅体现在社区形态的多样化上，还反映在社区功能、构成、文化和社交纽带的复杂性方面。尽管城市社区面临资源稀缺、生态破坏、交通拥堵和住房短缺等诸多挑战，但也迎来了创新与升级的契机。智能泊车系统、垃圾分类方案和能源管理模式等科技手段的应用，旨在提升治理效率；而屋顶绿化与雨水收集体系等环保设计理念的实践，显著改善了环境质量，并有效缓解了城市热岛效应。

（三）现代城市社区环境的发展

进入现代社会，社区环境构建经历了深刻的变革，逐渐趋向于营造更加宜居、智慧管理、绿色环保、包容性强和可持续发展的城市社区。

绿色设计的广泛应用不仅提升了生态环境质量，还增强了社区的包容性。智能技术的应用使得社区服务更加高效，居民的生活品质得以提高。以人为本的设计理念强调社区成员的主动参与和多样化需求的满足，促进了社区内部的和谐与居民幸福感的提升。

社区环境的发展是一个持续演化的过程，映射出人类对理想居住环境的不断探索。从古代的和谐共存，到工业化带来的挑战与反思，再到现今对绿色智能化的追求，每一阶段都成为前一时期问题的解决方案，同时又带来了新的挑战。

二、社区环境发展变迁的特点及趋势

社区环境的演化是城市化进程中的动态结果，受社会经济状况、技术革新及居民多样化需求的共同影响。

（一）社区环境发展的特点

随着城市人口的增长和社区规模的扩展，现代科技与绿色技术的融入使得社区环境呈现出新的多样性和复杂性。这一变化反映了城市化进程中的几个关键影响因素，如人口的增加、经济活动的扩展和社会结构的深刻变迁，共同推动了社区环境的演变。

社区环境的多元性体现在其丰富的内容和多维的挑战。此外，社区环境问题具有明显的时空特征和地域性特征，因此解决方案必须因时制宜、因地制宜，无法一概而论。

（二）城市化进程中社区环境的变迁趋势

在城市化进程中，社区环境的演变不仅反映了社会经济发展、科技进步和政策引导，也体现了居民环境意识的提升及对更高生活质量的追求。整体而言，这一进程呈现出以下几个特征。

首先，随着都市化进程的加速，社区建设愈加人性化，居民的参与度显著提升。社区规划日益注重满足居民实际需求，并鼓励积极参与，这反映了居民对舒适、便捷和富有意义的社区环境的需求增强。

其次，面对全球气候变迁与资源短缺的挑战，社区环境正向绿色化和低碳化的可持续发展模式迈进。各国积极推动绿色、低碳环保策略，力求在环境保护与经济增长之间找到平衡点，具体措施包括构建绿色基础设施、利用可再生资源和实施节能减排计划等。

最后，数字化和智能化趋势在社区环境中愈发显著。科技进步推动社区向数字化、智能化发展，这已成为未来社区环境演进的关键路径，具体表现在运用智能装置提高社区服务效率，以及利用大数据与人工智能优化社区管理和提升服务质量。新材料的应用和生物技术的革新也正在重塑社区建设与维护的传统模式。

三、不同国家、城市、街区社区环境的差异

（一）各国社区环境的异同探究

1. 发达国家社区环境的特点

发达国家在经济、社会和文化等方面展现出独特优势，其社区环境尤为引人注目。这些国家的社区环境通常强调人性化设计与社区环境保护，在社区规划中充分建立考虑居民的需求与参与机制。

发达国家还注重社区间的连通性与公共交通的便捷性。伦敦、纽约、悉尼和巴黎等城市的公共交通网络均相当完善，居民可轻松使用地铁、公交和出租车等多种交通方式。东京以其密集的地铁和巴士网络而闻名，确保了社区间的顺畅通行。

此外，发达国家的住宅、商业与工业区域分明。例如，美国的住宅区以宽敞空间和绿地为特色，而商业区则由大型购物中心与多样餐饮组成。悉尼的社区则围绕海滨住宅与繁华商业区交织而成，形成独特的地域风貌。这些国家还强调与自然的融合，促进人类与自然的和谐共存。悉尼的社区享

有迷人的海滨环境，瑞士和加拿大的城市则以丰富的公园和自然保护区而著称。

最后，发达国家普遍重视环境的清洁与安全。东京的社区以高整洁度和良好治安著称；瑞士则强调社区环境宁静与安全。

2.发展中国家社区环境的特点

与发达国家相比，发展中国家的社区环境面临更多挑战。这些挑战包括高人口密度、基础设施不足等。政府、社区及居民正在努力改善这些问题，以提升居民生活质量。

基础设施的不完善是另一个突出问题，包括供水、电力、交通及排水系统的滞后，影响了居民的生活舒适度和社区环境的整体面貌。

尽管发展中国家拥有丰富的自然资源，但在追求经济增长的过程中，过度开发和利用资源也对生态环境构成威胁。

通过对比发达国家与发展中国家社区环境的特点，我们能够更深入地理解不同社会背景下社区发展的多样性与复杂性。这不仅反映了经济发展水平的差异，也体现了文化、历史与环境因素交织的影响。

（二）不同城市社区环境的差异

1.大城市社区环境的特点

大城市社区环境展现出显著的特性：人群集中、人口密度高，导致社区空间受限，进而引发资源分配不均。环境问题尤为突出，空气和水质的恶化与工业扩张及交通运输活动密切相关。此外，大城市公共设施的不足也是其发展的一大挑战。

2.中小城市社区环境的特点

相比之下，中小城市的社区环境具有独特的优势：人口密度较低，居民总数有限，使得社区空间更加宽敞；环境污染问题相对轻微，空气质量和水质普遍优于大城市。然而，中小城市也面临挑战。边缘地区虽然环境宁静，但地理位置偏远，公共设施和服务的供给往往不足。此外，交通基础设施的不健全，限制了居民的出行便利性。

（三）不同街区社区环境的差异

1. 市中心街区社区环境的特点

市中心街区作为城市的心脏，是商业与文化发展的核心地带。各类商铺和大型购物中心汇聚于此，吸引了众多消费者和商家。得益于完善的公共交通网络，市中心具有高度的交通通达性，市民与游客的日常出行较为便利。此外，市中心文化氛围浓厚，博物馆、艺术画廊、剧院等文化设施星罗棋布，为居民提供了丰富的文化享受与娱乐选择。

2. 城市边缘街区社区环境的特点

相较于繁忙的市中心，城市边缘社区（街区），通常位于市郊或乡村区域，享有得天独厚的自然风光，拥有广阔的绿地空间和公园，空气质量优良。同时，由于地理位置偏远，房价普遍较为亲民，使得这一地区成为性价比高的居住选择。

（四）社区环境发展变迁的原因

1. 人口增长和城市化

人口增长与城市化进程是社区环境动态演进的核心驱动力。随着人口数量的持续攀升，社区规模不断扩展，其环境特性也愈发复杂多变。同时，在都市化进程的推动下，大量乡村居民迁入城市，给城市社区环境带来了巨大的挑战与压力。

2. 经济发展和社会变革

社区环境的变迁深受经济发展和社会转型的影响。经济的增长促进了社区内基础设施建设与公共服务质量的显著提升，使社区环境更加人性化及智能化。社会结构的变化则引领了新趋势的出现，如绿色环保、低碳生活等观念的兴起与普及，正逐步塑造着社区环境的未来面貌。

3. 科技进步和创新

科技创新在社区环境的演进中发挥了重要作用。智能设备及系统的普及极大提升了社区服务的效能与便捷性，而大数据与人工智能技术的融合，深刻改变了社区管理模式与服务手段。

（五）社区环境发展变迁的影响

1. 对居民生活质量的影响

社区环境的演进直接影响居民的生活质量。社区设施与服务的优化提升了居民生活的便捷性和满意度，而绿色环保的社区环境建设则有利于居民的身心健康。

2. 对城市发展的影响

社区环境的变迁对城市发展同样具有深远影响。注重人性化和智能化的社区环境，吸引了大量人才和资本，为城市的经济增长注入了强大的动力。同时，秉持绿色环保理念的社区环境，提升了城市的生态环境质量，增强了其可持续发展的能力。

第三节　理想社区环境

工业革命后，能源消耗和污染排放增加导致环境问题愈发严峻，环境污染、气候变化已经成为全球面临的共同问题。为了降低排放、保护环境，我国提出了2030年前实现碳达峰，2060年前实现碳中和的"双碳"目标。

社区环境作为环境保护的重要载体，是促进人类与自然和谐共生的关键要素，在城市建设与发展中扮演着不可或缺的角色，同时也是居民日常生活的基础平台。构建优良的社区环境旨在确保居住环境的清洁性、安全性和舒适度，从而积极影响居民的身心健康及幸福感。展望未来，社区发展应秉承人与自然和谐共融的原则，采取低碳环保的生态循环策略，努力创造一个既能维持自然平衡又符合低碳生态标准的可持续性、智慧宜居的环境。这一愿景具体体现在对社区环境整洁程度、绿化率提升及噪音控制等方面。

一、社区整洁程度

在理想的社区环境构建中，社区的整洁状态成为反映居民文明素养与社区管理效能的直观标尺。它不仅仅关联到环境的视觉美感，更深层次地，直接影响到居民的身体健康、心理福祉及生活品质。具体来说，这一议题涵括以下几个核心维度。

楼宇及其周边的秩序管理是构建理想社区的基石，该环境中应杜绝随意张贴与胡乱涂鸦行为，落实居民与物业管理双方对墙面清洁的共同责任。此外，楼道、电梯厅及出入通道等公区，需严禁私自占用或堆积物品，以此确保公共空间的畅通及居住环境的安全。

对于公共区域的卫生维护，诸如广场、庭院及儿童游乐场所等社区共享空间，应当实施规律性的清扫措施，并确保及时清除纸张碎片、烟蒂等垃圾物质。这一过程不仅需要物业管理团队的积极服务，还离不开居民们的协作与配合。

废弃物的日常管理和清除应当采纳日清理的原则，以保证社区内部不出现垃圾过夜的现象。物业管理部门需对废弃物存放区域进行有效消毒，防止害虫滋生。

社区应当建立和完善环境卫生管理系统、周期性地检查机制、居民意见收集渠道及针对保洁不足情况的惩处规则。社区管理层应当积极推动以绿色、低碳为导向的生活方式倡议，诸如鼓励居民采纳环保材质的产品、削减非必要的一次性产品使用等措施，携手共创一个绿色、纯净的居住环境。

二、社区绿化

在理想的社区环境中，社区绿化建设不仅美化居住环境，更显著提升居民的幸福感，推动生态平衡，并在构建一个健康、活力与可持续发展的社区方面发挥着重要作用。在理想社区的构建中，绿化程度成为评估居民生活质量及社区可持续发展水平的关键标尺。

为实现既定的社区绿化目标，必须达到国家标准，并积极响应地方政策，确保居民享有广阔的绿色空间与自然景观。植被覆盖比例是这一目标的重要指标，需要结合国家设定的最低标准与地方实际情况进行调整。优质的社区绿化不仅改善城市微气候，还为生物多样性提供必需的生态栖息地。

在社区绿地规划中，应追求多元化，超越单一的观赏性设计，融入公园、儿童游乐区、居民共管花园、屋顶绿植以及集水绿地等多功能空间，满足社区居民多样化的休闲娱乐与亲近自然的需求。

提升绿化品质不仅涉及数量的增加，更需关注质量的优化。这包括确保树木的存活率，丰富植被种类以增强生态系统的稳定性和观赏价值；优先选用本土植物及耐旱型植被以减少水资源消耗并通过合理搭配花草，为社区居民营造四季更迭的视觉享受。

社区绿化项目的持续维护至关重要，涵盖定期修剪、系统灌溉、合理施肥及有效病虫害防治等多个方面，以确保绿化设施长期保持良好状态与美观效果。

在探讨环境保护与社区发展的兼容性时，应采纳促进环境持久性的绿化措施，包括选择本土植被以降低维护成本、实施雨水收集系统供灌溉、推广有机耕种实践，从而减少对化肥及农药的依赖。

三、社区声环境

在理想的社区环境中，居民生活品质的提升与社区声环境息息相关。噪声治理作为一项综合性工作，不仅涉及常规的噪声监测与抑制措施，还包括对潜在噪声污染源的预见性防范与应对策略。

在社区的规划与设计阶段，科学布局与增植隔音绿化带显得尤为重要。此外，使用隔音材料以减轻噪声干扰，并且为可能引发噪声问题的公共服务设施（如变压器与空调系统等），实施严格的隔音措施，确保其与居民区保持适当距离，都是有效的管理手段。

建立健全噪声管理规范体系是社区安静的重要保障。这包括噪声抑制准则、夜间静谧时段的设定及施工时段的明确限制等方面。同时，确立有效的投诉反馈渠道与违规惩处机制，进一步增强管理的有效性。

通过教育与文化引导，社区应提升居民对噪声控制的认知。利用社区活动平台，强调优良声环境环境的价值，鼓励居民在日常生活中采取减噪举措，如限制高分贝电器的使用频率，并遵守规定的静谧时段。

现代科技的应用也为噪声管理提供了新思路。部署智能噪音监控系统，实现实时的社区噪声水平监测，并运用数据分析技术预判潜在的噪声问题，能够有效提升管理效能和居民生活质量。

第四节　理想社区环境对理想城市的意义

优良社区环境是理想城市的重要指标和要求，对强地方经济活力、提升居民生活品质及增强城市可持续发展潜力等均有深远影响。

一、理想社区环境增强地方经济活力

理想的社区环境能够有效吸引居民安家落户，从而提升居民的消费能力和需求，为本土商业活动的繁荣奠定基础。社区内部商业设施和服务行业的兴旺，为居民提供便捷的购物与休闲等服务的选择，形成消费与经济增长之间的良性循环。此外，宜人的社区环境还吸引了大量投资者与创业者入驻，不仅促进资本流入与经济增长，还大幅度增加就业机会，提高了居民的就业比例和收入水平。

二、理想社区环境提升居民生活品质

理想的社区环境通过提供高品质住房、完善优质的公共服务体系以及对自然资源的有效保护，构建出一个舒适、安全且便捷的生活空间。这种环境显著增强了居民的幸福感。理想的社区环境富有多元的公共空间和设施，激励居民之间的对话与互助，增强了社区内部的凝聚力。居民通过参与社区活动和社交聚会，建立起积极的交流联系网络，促进和睦的邻里关系和广泛的社会联系网。这种互动不仅提升了生活品质，也为社区发展注入了活力。

三、理想社区环境增强城市可持续发展潜力

理想的社区环境通过保护和扩展绿地面积、改善空气质量与水质环境，能有效改善城市的自然生态，减少环境污染和生态系统的破坏，从而提升居民的生活环境质量。推广绿色能源的和实施节能减碳策略，能够降低对自然资源的依赖，减轻碳足迹与环境承载压力，从而促进城市的可持续发展。

第十章　智慧社区

第一节　智慧社区概念

一、智慧社区概念起源

1992 年，国际通讯中心第一次正式提出了"智慧社区"建设口号。2008 年 11 月，IBM 总裁兼首席执行官彭明盛首次提出"智慧的地球"概念。"智慧地球"是 IBM 公司提出的人类社会发展愿景。

二、智慧社区的内涵

社区是群众生产生活的基本场所，每一个社区都希望为社区居民创造一个安全、舒适的生活环境，为社区居民提供现代政商、教育、家庭医护、生活便利等多种服务，推动社区全面发展，提高居民的生活水平和质量。智慧社区的建设与管理可以更好地完成上述目标[①]。

社区是城市居民生活的基本单元，智慧社区则是智慧城市的基本单元。智慧社区建设需围绕社区基本业务展开，即"政务""商务""服务""家务"，统称为"四务"[②]。随着基层治理体系和治理能力现代化相关工作的推

---

① 李阳，马娜. 大数据驱动下智慧社区管理研究 [J]. 产业与科技论坛，2017（04）：211–212.
② 陆瑶. 智慧社区建设现状与问题研究 [J]. 居舍，2023（36）：141–142.

进，数据信息成为重要的资源和管理要素，社区基层工作者对各类信息收集的工作也日益重要。

管理上，智慧社区本质是一种新型管理形态的社区；技术上，智慧社区是充分运用了物联网、云计算、传感网等网络通信技术的社区；最终目标上，智慧社区是以提高人们生活质量、方便人们生活为目的的社区。

三、本书所指向的智慧社区

智慧社区是城市智慧化建设的重要内容，也是城市基层治理创新的重要抓手。

对于智慧社区的定义，国外学者普遍认为，智慧社区应当是指通过信息技术和智能化设备将社区进行一体化管理，提高社区居民的参与度，进而实现社区的高效管理的状态。国内学者则更加注重社区服务，认为智慧社区应当是指"以社区为基础，依托全球信息化基础设施建设，集成社区信息资源，构建服务智能化、管理极致化、居民参与化的智慧社区"。

2021年10月国家信息中心智慧城市发展研究中心发布了《智慧社区建设运营指南（2021）》（以下简称《指南》）。《指南》对智慧社区建设运营的概念内涵、业务需求与建设要点、技术路线、建设运营模式等进行了全面深入分析，并就数字中国建设大背景下的智慧社区持续健康发展提出了建设指引。

本书认为，智慧社区是利用物联网、大数据、人工智能等新技术与通信、自动控制等传统技术相结合，以新兴的社区治理模式，融合社区场景下的人、地、物等多种要素，围绕社区居民的公共利益，促进社区居民交往互助，统筹公共管理、公共服务和商业服务等多样资源，促进社区治理向数字化、网络化和智能化转型升级，最终实现人们对所生活区域的幸福感和归属感，为居民提供安全、高效、便捷的智慧化服务，全面满足居民的生存和发展需要。

第二节 智慧社区发展变迁回溯与分析

一、智慧社区国内外发展历程

（一）国外智慧社区发展

在 20 世纪 90 年代，智慧社区成为世界各国信息化发展的目标。受到多种因素影响，各个国家和地区在发展智慧社区方面是不均衡的，欧洲、新加坡以及北美等国家和地区智慧发展已经比较成熟。部分国家和地区围绕绿色低碳、精准治理、惠民服务等方面开展了一些智慧社区实践。

国外智慧社区的运作方式主要有这几个特点：国家设立，社区主管，企业、非营利部门及居民共同参与；由社区指定完整的建设方案，对社区资源的管理，有效利用进行分析；进行多渠道融资及资金管理，并向社区成员汇报使用情况；在国家的引导下优化建设效率，进行有序竞争[1]。

国外智慧社区应用的普遍形式有社区网站、远程教学、电子商务、在线公共服务等。门户网站是打造智慧社区过程中采取最有效最直接的方法，实现社区自治管理和商务贸易参与等，意在提高居民的社区意识，促进社区的发展。

欧洲注重公民参与，在拟定智慧城市和社区倡议时，在官方渠道广泛征求公众意见，例如，德国慕尼黑成立了智慧社区实验室，让公民参与智慧社区规划全过程。在 2007 年至 2013 年间，欧盟为信息和通信技术研发投入资金超过 20 亿欧元，如瑞典在智慧交通上取得进展，使用 RFID 技术减少车流，交通拥堵降低了 25%，交通排队所需时间下降了 50%，道路废弃排放减少了 8%—14%，二氧化碳等温室气体排放下降了 40%[2]。

新加坡则以规划先行为思路，建屋发展局积极鼓励各类信息技术运用

① 李三琴 .A 物业公司智慧社区建设及管理效能提升研究 [D] 南京邮电大学，2022：8-10.
② 全国智标委智慧居住区分技术委员会 . 以城市数字化转型为契机，加快智慧社区建设 [J]. 中国建设信息化，2021：36-38.

到城镇和房地产项目建设中，涉及智慧环境、智慧住宅、智慧规划、智慧生活等领域。日本则采取政企共建的形式，由政府负责总体规划，企业负责具体落实和推进。

（二）国内智慧社区发展

智慧社区是在智慧城市的建设理念上提出来的，目前，全球有 200 多个城市处于正在建设"智慧城市"的阶段。我国上百个城市在建设智慧城市的过程中提出了建设智慧社区的理念并付诸实践，目前，我国智慧城市试点单位已经达到了 400 多个[①]。

2012 年我国开启智慧城市建设试点工作后，2014 年，住房和城乡建设部发布《智慧社区建设指南（试行）》指导各地开展智慧社区建设。在住建部、科技部、民政部联合推动下，各地积极开展智慧社区星级评选工作，促成全国智慧社区建设的蓬勃发展。

此外，国家层面还出台了智慧社区建设的相关标准规范，2020 年发布《智慧城市建筑及居住区第 1 部分：智慧社区建设规范（征求意见稿）》，对智慧社区的建设进行了重要部署。《中华人民共和国国民经济和社会发展第十四个五年规划和 2035 年远景目标纲要》明确提出，推进智慧社区建设，依托社区数字化平台和线下社区服务机构，建设便民惠民智慧服务圈，提供线上线下融合的社区生活服务、社区治理及公共服务、智能小区等服务。

2021 年出台的《中共中央　国务院关于加强基层治理体系和治理能力现代化建设的意见》提出，构建网格化管理、精细化服务、信息化支撑、开放共享的基层管理服务平台。

2022 年民政部等九部门联合印发《关于深入推进智慧社区建设的意见》，其中明确提出，到 2025 年，基本构建起网格化管理、精细化服务、信息化支撑、开放共享的智慧社区服务平台，初步打造成智慧共享、和睦共治的新型数字社区，社区治理和服务智能化水平显著提高，更好感知社会态

---

① 张丹媚. 智慧社区管理 [M]. 重庆：重庆大学出版社，2023：7.

势、畅通沟通渠道、辅助决策施政、方便群众办事。[①]

近年来，各省市密集出台智慧社区建设的相关文件，推动智慧社区试点，很大程度上鼓励和引导了地方的智慧社区建设。部分地区将智慧社区建设融入智慧城市相关规划中，另有部分地区出台了智慧社区的专项规划和指导文件。

二、智慧社区的特点与探索

（一）智慧社区的特点

围绕智慧社区发展，涉及主体包括政府、通信运营商、互联网企业、房地产开发商、居委会、物业公司等。这些主体通过单独合作或者跨界合作，初步形成智慧社区生态圈。政府在智慧社区建设中发挥着引导规范、标准制定等作用，在包括政务服务、智慧党建、智慧安防等场景中承担着建设和运营职责。互联网企业发挥着技术优势，提供丰富、专业的智慧社区解决方案。其他主体都基于各自的专业优势，打通服务流、信息流、资金流全链条资源，共同构建智慧社区健康持续发展的新格局。

我国智慧社区管理是由居委会和物业公司共同管理的。居委会作为社区居民自我管理、自我教育、自我服务的基层群众性自治组织，是政府对社区居民服务的主要机构。物业公司对社区内的物业进行相应的管理，主要接受社区内业主的委托，依照有关法律法规的规定或合同的约定，对社区内的物业实施专业化管理并获得相应的报酬。居民作为社区的主体，则希望社区管理能为自己的日常生活提供便捷、全面的服务，以满足自身多样化的需求。因此，目前我国智慧社区的规划主要是建立政府主体、市场主体和应用主体的协同机制。[②]

行政主体。行政主体负责顶层设计及统一规划。智慧社区规划是智慧城市的主要组成部分，需要资金上的大力支持和投入，需要较强的硬件基础

---

① 王俊文，唐鑫．当前智慧社区建设主要问题及对策研究 [J]．中国建设信息化，2023：60．

② 李静．关于智慧社区的建设与思考 [J]．管理观察，2015：32．

及能够使用现代化信息技术的居民。因此，根据城市总体的经济实力及硬件
条件统一设计是智慧社区建设的理性选择。在这方面，政府具体负责组织公
共基础设施建设、购买市场主体产品及服务并推广。行政主体处于主导地
位，负责设计提供何种公共产品和公共服务，与市场主体进行协调、谈判，
并形成合作伙伴关系。行政主体还要为应用主体（尤其是社区和社区非营利
组织）提供政策支持。要处理好政府和社区的关系，要特别明确社区自治是
在政府指导下的自治，社区自治要求获得政府的支持，政府也需依靠社区实
现基层的有效治理。两者既是指导与被指导、扶持与被扶持的关系，同时也
是相互依赖的关系[①]。

市场主体。市场主体主要负责技术研发、产品设计与生产工作。智慧
社区建设离不开物联网、宽带移动互联网、云计算、数据挖掘等新一代信息
技术，其最终的承载体是社会社区运行管理与服务平台，也就是一系列基于
信息技术的应用系统的集合。在具体操作中，需要建立信息管理平台、社区
服务平台和应用平台，这些问题将主要由市场中的软件开发设计企业及通信
企业完成。

应用主体。应用主体包括社区、社会组织、家庭及居民个人，是智慧
社区建设中的受益者和基础设施的使用者。智慧社区建设需要有若干个应用
主体配合才能具体落到实处，需要家庭配备终端系统、社区建立信息服务与
管理平台，各个社会组织也要配备相应的服务平台。社区管理机构负责接受
行政主体的政策支持与市场主体的技术服务，实现社区有限自治，与社区非
营利组织一起提供智慧民生服务，并负责完善虚拟服务平台及提供实体服
务。驻社区企业通过电子商务平台，为居民提供智慧商务服务。

（二）智慧社区的实践探索

上海市在 2012 年底实施的智慧社区建设即覆盖了闵行、长宁、浦东等
多个区域，打造了 20 个智慧社区试点小区，已拥有几十种便民应用。例如，
宝山区开通了"市民百事通"平台，友谊路街道为首批试点单位，建设内容

---

① 李静.关于智慧社区的建设与思考 [J]. 管理观察，2015：33.

包括完善基础设施、推进便民服务项目、建立网上协同办公机制，以及推进社区管理网格化、协同化、智能化[①]。

上海市政府官网于 2021 年 1 月发布《社区新型基础设施建设行动计划》（以下简称《行动计划》），旨在更高质量提升社区治理服务效能，更高水平满足居民群众美好生活向往。《行动计划》提出，到 2022 年，5G、人工智能、物联网、大数据等新技术全面融入社区生活，上海市社区新型基础设施建设不断夯实，运营服务体系日益完善，智慧社区支持体系更加优化，社区治理更加智慧、社区生活更有品质[②]。为实现目标，《行动计划》提出五大行动，分别是：

（1）数字底座建设行动，包括夯实信息基础设施建设、加快数据汇集机制建设、推进"社区云"平台建设；

（2）应用场景拓展行动，包括完善社区智能末端配送、加强社区智能安防、推广社区智慧停车、推动社区智慧能源设施建设、推进智慧养老、深化智慧健康服务；

（3）应急管理强化行动，包括实施社区灾害综合监测预警平台建设、推进社区微型消防站调度通知平台建设、丰富应急管理智慧场景（聚焦电梯专用设备安全、消防、气象灾害预防、燃气、公共安全等应急管理重点）；

（4）规范管理提升行动，包括规范服务场所、规范社区准入、规范日常维护；

（5）支持体系优化行动，包括加大正常供给力度、链接供需资源、鼓励贴息支持。

三、我国智慧社区的发展趋势

未来的智慧社区发展主要以社区居民实际需求为导向，旨在解决民生

---

① 李静. 关于智慧社区的建设与思考 [J]. 管理观察，2015：31.

② 上海发布社区新型基础设施建设行动计划 将推动 5G、人工智能等新技术全面融入社区生活 [EB/OL]. 中国证券网，2021-01-07. https://www.cs.com.cn/xwzx/hg/202101/t2021 0107_612 8172.html.

问题。我国智慧社区未来发展的趋势，主要有以下几方面：

信息化建设：随着5G技术的普及和物联网技术的成熟，智慧社区的信息化建设将更加深入，通过完备的社区局域网络和物联网实现社区机电设备和家庭住宅的自动化、智能化，社区居民可以通过智能终端实现更加便捷、高效的生活服务。

智能化管理：通过自动化技术、物联网技术、云计算技术的应用，使居民信息得到集中的数字化管理，基础设施与家庭家居设备通过互联网进行连接，通过互联网对这些设备进行监控及控制，设备之间可以通过一定的规则协同工作。通过各种人、物、事的信息综合处理，更加智能化、主动化、个性化。

人性化服务：智慧社区将更加注重居民的需求和体验，提供更加人性化、个性化的生活服务。例如，智能化家居服务、智能化医疗服务、居家养老等。

社区生态绿色可持续发展：随着环保生态学、生物工程学、仿生学、新材料学等飞速发展，生态化理念与技术正在深入渗透到建筑智能化领域，以实现人类居住环境的舒适和可持续发展目标。

我国智慧社区建设和管理，需要在实践中接受检验，并逐步探索出适合我国特色的发展道路。智慧社区立足于各类社区成员的多样化需求之上，需要将现有信息化、智能化技术更好地应用到具体环境，坚持以需求为导向，坚持"以人为本"的理念[①]。遵循城市总体规划，以社区需求调整相关资源配置。为此，还应加强以下几个方面的工作。

（一）集约建设智慧社区平台

充分依托已有平台，因地制宜推进智慧社区综合信息平台建设，推动部署在不同层级、不同部门的各类社区信息系统与智慧社区综合信息平台联网对接或向其迁移集成。依法向社区下放政务服务审批受理权限，扩大社区政务服务事项网上受理、办理数量和种类，拓展政务事项查询、办理、反馈

---

① 何遥. 智慧社区的现状与发展 [J]. 中国公共安全，2014：72-74.

功能。完善电子政务服务流程，实行"前台一口受理、后台分工协同"运行模式，推动跨部门业务协同、信息实时共享。以设区的市为单位，大幅度优化精简部署在社区的业务应用系统，整合功能相对单一、相近或重复的办公类、管理类、学习类等 APP，整治"指尖上的形式主义"。推进智慧社区综合信息平台与城市运行管理服务平台、智慧物业管理服务平台、智能家庭终端互联互通和融合应用，提供一体化管理和服务①。

（二）拓展智慧社区治理场景

依托智慧社区综合信息平台建立健全民情反馈、风险研判、应急响应、舆情应对机制，提升社区全周期管理水平。全面推进"互联网＋社区党建"，推动社区党建工作和党员管理服务信息化，做好网上群众工作。优化社区网格管理平台，推行"社区输入＋网上推送＋部门响应"工作模式，健全即时响应机制及时回应群众诉求。搭建社区灾害风险预警模型，发展实时监测、智能预警、应急管理和疫情防控智能应用，全面提升社区预警和应急处置能力。加强网络文明建设，更好满足人民群众日益增长的精神文化需求，增进居民对社区生活共同体的归属感。探索推进村（居）民委员会换届网上选民登记、社区协商、村（居）务公开、民主监督等，畅通群众参与渠道。促进智慧小区建设，拓展智能门禁、车辆管理、视频监控等物联网和云服务。

（三）构筑社区数字生活新图景

依托智慧社区综合信息平台，创新政务服务、公共服务提供方式，推动就业、健康、卫生、医疗、救助、养老、助残、托育、未成年人保护等服务。聚合社区周边商超、物业、维修、家政、养老、餐饮、零售、美容美发、体育等生活性服务业资源，链接社区周边商户，建设便民惠民智慧生活服务圈。推动社区购物消费、居家生活、公共文化生活、休闲娱乐、交通出行等各类生活场景数字化，支持村（社区）史馆、智慧家庭、智能体育场地等建设，打造多端互联、多方互动、智慧共享的数字社区生活。强化数字技能教育培训服务，助力未成年人、老年人、残疾人共享智慧生活，消除数字鸿沟。

---

① 九部委印发《关于深入推进智慧社区建设的意见》的通知 [N]. 中华人民共和国国务院公报，2022-08-10.

（四）推进大数据在社区应用

充分依托自然资源和地理空间基础信息库，加强地名地址信息管理，完善社区重点场所、常住居民、流动人口、失能老年人、未成年人和精神障碍患者等重点人群基础数据，深化大数据挖掘应用，提高基于高频大数据精准动态监测预测预警水平。加快构建数字技术辅助决策机制，科学配置社区服务资源、优化社区综合服务设施功能布局。

（五）精简归并社区数据录入

制定社区信息共享清单，完善统一采集、统一制表、统一报送机制，加快建立标准统一、动态管理的社区数据资源体系，大幅减少工作台账报表。完善乡镇（街道）与部门政务信息系统数据资源共享交换机制，根据服务群众需要向社区开放数据资源。加强社区数据安全管理和保障，重点加强对小区物业服务企业数据管理使用情况的监管，依法保护居民个人信息和隐私。

（六）加强智慧社区基础设施建设改造

实施城乡社区综合服务设施智慧化改造工程，完善社区政务、便利店、智能快递柜等自助便民服务网络布局。合理布建社区公共安全视频监控点位。加强社区信息交流无障碍建设，充分考虑未成年人、老年人、残疾人等群体的基本需求和使用习惯，提供适老化和无障碍服务。优化社区智慧电网、水网、气网和热网布局，推进小区智能感知设施建设，扩大智能感知设施和技术在安全管理、群防群治、非机动车管理、机动车车位管理、生活垃圾处理等领域应用。在维护公共安全等领域，依照相关法律法规稳妥慎重使用人脸识别技术。

第三节　理想智慧社区

一、理想智慧社区建设的总体框架

按照"大数据、大平台、大应用"原则，理想智慧社区建设总体框架，应包括"三层架构、两大体系"。"三层架构"分别是：基础设施层、平台

层、应用层，"两大体系"分别是安全保障体系、运维保障体系[①]。如图 10-1
所示。

图 10-1　智慧社区总体框架

_____

① GB/T 42455.1-2023. 智慧城市 建筑及居住区 第 1 部分：智慧社区信息系统技术要求 [S]. 北京：中国标准出版社，2023.

（一）基础设施层

智慧社区系统基础设施层主要包括公用基础设施、智能基础设施、通信网络设施和计算存储设施。

公用基础设施主要指用于构建社区公共运行环境的设施，包括燃气设施、给排水设施、供配电设施、照明设施、环卫设施等；智能基础设施通过运用物联网技术、人工智能技术等新兴信息技术，实现对社区基础数据的智能感知与采集，主要包括智能安防设施、智能消防监测设施、公用设施智能监测设施、智能环境监测设施及智能家居设施等类别，应向平台层提供标准化数据采集接口；通信网络设施主要包括光通信网、移动通信网、低功耗广域网、广播电视网等，主要用于建立社区信息传输网络，为智慧社区系统提供高速的信息传输通道，支持海量数据的高并发低延时传输[①]；计算存储设施主要为智慧社区系统提供计算存储资源，提供海量数据高效存储与强大计算能力，应包括边缘计算节点、本地计算设施、云计算资源等。

（二）平台层

智慧社区系统平台层实现对社区基础对象信息数据、动态感知信息数据及其他业务信息数据等多维数据的汇聚接入、治理、存储、分析、智能建模及共享交换等能力，并面向社区管理与社区服务两大场景，提供应用能力支撑。

平台层分为数据资源能力层、数据服务能力层与应用支撑能力层。数据资源能力层主要对系统的数据资源管理能力进行要求，数据资源能力层应支持建立数据标准化格式，进行分类分库管理，可分为社区基础信息数据库、社区动态感知数据库、其他业务数据库等大类[②]；数据服务能力层主要对系统的数据处理能力进行要求，包括数据汇聚、数据存储、数据治理、数据检索、数据分析、数据智能建模、数据共享交换等方面的能力；应用支撑

---

① 李玉琳，吕宝龙，张恩韶，马宏欣. 数字孪生技术推动智慧社区建设的应用研究 []. 智能城，2023：12.

② 李玉琳，吕宝龙，张恩韶，马宏欣. 数字孪生技术推动智慧社区建设的应用研究 []. 智能城，2023：13.

能力层主要对系统的应用支撑能力进行要求，包括统一门户管理、用户管理、角色管理、权限管理、组织机构管理、资源管理等基础管理功能。

（三）应用层

应用层主要包括社区管理和社区服务两大类应用，社区管理类应用分为社区治理类应用和物业管理类应用，直接面向政府和物业用户，社区服务应用分为便民服务类应用和商业服务类应用，面向居民和企业用户。

社区管理类应用主要服务对象是政府和物业，面向政府的应用包括人口管控、车辆管控、房屋管理、重点单位管理、治安防控、群防群治管理、群租治理、消防管理等应用，面向物业的应用包括物业管理、设施管理、消防管理、停车管理、垃圾分类等应用。

社区服务类应用主要服务对象是社区居民和社区企业，面向社区居民的服务应用包括智慧家庭、家政服务、社区医疗、社保服务、报事报修等应用，面向社区企业的服务应用包括无人超市、设施维修、快递服务、汽车养护、教育培训、房产租售、货运服务等应用。

（四）安全保障体系

安全保障体系是为了保护系统及其信息的保密性、完整性、可靠性和可用性，安全保障体系包括物理安全、网络安全、数据安全等方面。

物理安全：智慧社区建设应遵照《网络安全审查办法》，以确保智慧社区系统的供应链安全，维护国家安全；智慧社区建设过程中所需设备（包括通用计算机、操作系统、办公软件等）、物联网感知网关、所需密码设备及其他设备都应满足物理安全要求。

网络安全：非涉密信息系统网络及其他公共信息网络应实行逻辑隔离，对涉密信息系统与网络及其他公共信息网络应实行物理隔离；涉及政府部门的网络边界防护应符合国家相应要求；应对网络设备和安全事件进行监测、监控及审计；涉及网络安全中使用的商用密码技术，应遵循国家密码管理部门相关规范标准。

数据安全：智慧社区系统的数据安全应遵循国家相关法律、法规；明确数据资产所有者及最终责任人，经数据所有者授权，制定负责数据授权管理的责任人；制定数据分类规则、数据管理策略，根据数据分类和管理策略对存储的数据进行分级保护；应支持多种数据容灾备份方式，智慧社区关键数据存储采用高安全性的数据备份保护机制；在跨部门、跨行业、跨系统数据交互时，防止高等级安全的数据信息向低等级的区域流动；涉及涉密数据的管理，应遵循《中华人民共和国保守国家秘密法》。

（五）运维保障体系

运维保障体系主要实现对整个系统的运维管理，应包括资产管理、日志管理、运维策略设置、设施异常监测、告警管理等方面。

资产管理：系统所有资产应建立统一的标识；系统所有资产应明确所有权、使用权、运维权；应建立管理台账，台账至少覆盖从设备使用的全生命周期；台账应具有明确的资产状态标记。

日志管理：系统应建立完备的运维日志体系；运维日志应至少包含操作事件、操作者、操作类型等信息；运维日志应根据用户的不同，设置不同审计策略；运维日志至少应包括主机系统日志、应用日志、数据库日志和平台日志。

运维策略设置：智慧社区建立完善的运维策略体系，满足运维体系可管理、可维护、可扩展的要求。系统应建立完整、统一的运维策略体系和运维策略标识；系统运维策略应至少涵盖主机、接口、资产、日志、备份、组织等方面要求。

二、智慧社区关键技术

智慧社区服务系统可以从最基础的方面分为两个部分：硬件环境和软件环境。

硬件环境的关键技术主要有：物联网技术、卫星定位与导航技术、RFID 技术、通信网络技术。这些技术偏重于硬件，进行信息的收集，充当智慧社区服务系统的"感官"。

软件环境的关键技术主要有：云计算技术、大数据技术、系统安全技术、人工智能技术、区块链技术等。

（一）物联网技术

物联网技术（Internet of Things，IoT），是将各种物理设备、传感器、系统和服务通过互联网互联起来，基于一定的协议规则进行通信形成的网络，实现在任何时间、任何地点、任何物体之间的互联互通和信息交换。

物联网技术的架构分为：感知层、网络层和应用层。其中，感知层是指物联网环境中的节点设备，主要负责采集和接收信息；网络层是指将感知层获取的信息进行传输和交换的通信网络；应用层是指将处理后的信息进行分析和应用的业务层。

物联网技术的应用非常广泛，包括智能家居、智能交通、智能医疗、智能城市等。例如，通过物联网技术，可以实现智能家居中的设备自动化控制、安防系统的远程监控和自动报警。

（二）大数据技术

通过采集、存储、处理、分析和挖掘大量的数据，通过对这些数据的处理，从中获取有价值的信息和知识，以支持决策、创新和发展的技术和方法。

大数据技术包括多个方面，如数据采集、数据存储、数据处理、数据分析、数据挖掘、数据安全等。其中，数据采集是大数据技术的基础，需要通过各种手段采集数据，如传感器、社交网络、移动设备等。数据存储和处理也是非常重要的环节，需要采用分布式存储和计算技术，以便于存储和管理海量数据。数据处理技术可以对采集的数据进行清洗、分析和挖掘，以提取有价值的信息和知识。数据分析技术可以对数据进行深入的分析和挖掘，以发现隐藏在数据中的规律和趋势。数据挖掘技术可以从数据中挖掘出预测模型和关联规则等知识，从而为决策提供支持。

通过大数据技术的应用，实现对社区居民的行为、需求、偏好等信息的收集和分析，为社区提供更加个性化和精准的服务。

（三）人工智能技术

人工智能技术，是指利用计算机、算法和数据处理等技术，模拟人类智能的理论、方法和技术，以实现人机交互、语音识别、图像识别、自然语言处理、机器学习、推理等功能。通过人工智能技术，实现对社区居民的语音、图像等信息的识别和处理，实现智能化交互和服务。

人工智能技术包括机器人、语言识别、图像识别、自然语言处理、专家系统等方面的研究。其中，机器人技术是人工智能技术的重要领域之一，可以实现自动化控制和操作。语音识别技术可以将人类语音转换为计算机可读的形式，实现语音交互。图像识别技术可以识别图像中的文字、物体、人脸等信息，实现图像搜索和智能监控。自然语言处理技术可以处理自然语言文本，实现智能问答和语义理解。专家系统技术可以利用专家知识和经验，进行问题解答、决策和规划。

（四）云计算技术

通过云计算技术，实现社区内各种信息和数据的集中存储与管理，方便社区居民获取和使用。

云计算是一种基于互联网的计算方式，它将计算资源和服务通过互联网进行交付和管理。云计算的核心思想是通过互联网提供各种计算资源和服务，使得用户可以通过网络访问和使用这些资源和服务，而不必关心底层设施的具体细节。

云计算的基础设施由一系列服务器、网络设备、存储设备等组成，这些设备通过互联网进行连接，形成一个虚拟的资源池。用户可以通过网络向云计算服务提供商租用这些资源，并通过网络对这些资源进行访问和使用。云计算服务提供商根据用户的需求和资源使用情况进行计费，并提供相应的技术支持和服务。

（五）边缘计算技术

通过边缘计算技术，实现社区内各种设备的智能化处理和决策，提高社区管理的效率和精度。

边缘计算技术是一种将计算和存储等资源移到数据源头附近的计算模型，以提高计算和存储能力并增强数据处理效率的技术。在边缘计算中，数据通常是实时产生和处理的，这意味着数据需要在靠近数据源头的地方进行处理，以减少网络带宽的使用和延迟。边缘计算技术可以在数据产生的现场快速地处理数据，并将处理结果直接返回给用户，从而减少数据在网络中的传输量和延迟。

边缘计算技术通常涉及多个领域，如计算机视觉、自然语言处理、机器学习、实时通信等。边缘计算技术可以在数据产生的现场进行处理，并将处理结果直接返回给用户，从而提高数据处理效率和实时性。

（六）区块链技术

通过区块链技术，实现社区内各种信息和数据的安全存储和传输，保障社区居民的隐私和安全。

区块链技术是一种分布式数据库技术，它以块的形式记录和存储交易数据，并使用密码学方式保证数据的安全性和不可篡改性。区块链技术的核心思想是将交易数据存储在多个节点上，并使用共识算法来达成一致，从而实现去中心化的信任传递。

区块链技术的基本原理是将交易数据存储在多个节点上，每个节点都有一个数据快照，该数据快照记录了前一个交易的数据内容。当一个新的交易数据被写入时，所有节点都会同步更新自己的数据快照，从而确保数据的安全性和不可篡改性。区块链技术的优点包括去中心化、安全性高、透明度高、可追溯等。

三、智慧社区的功能应用

（一）物联网感知平台

在智慧社区管理中，通过物联网把社区中的感知设备全部连接到一个网络中，实现社区感知系统整合，通过网络对海量数据和信息进行分析和处理，实现对物的智能化控制，达到精细化、动态化管理社区。

物联网感知平台共分为物联网感知接入平台、物联网感知运维平台、物联网感知展示平台、物联网感知数据中心、应用支撑子平台。物联网感知接入平台提供设备管理接入、数据获取、数据解析、数据存储等功能，实时获取传感设备获取的基础数据。物联网感知运维平台提供各类采集数据的基本查询功能，主要包括设备管理、监测设备运行指标、应用配置等。物联网感知展示平台为管理部门展示物联感知工作成果，主要包括基本信息展示、总体态势、详细态势、数据统计等。物联网感知数据中心由感知数据库、业务数据库两类数据组成。物联网应用支撑子平台提供业务支撑及业务协同相关各类组建服务，主要提供统一身份认证、图表工具等应用服务。

（二）智慧治理

智慧治理以社区为单位，整合社区内外资源，依托社区基础设施、网络、平台和数据中心，坚持党建引领原则，推动线上线下融合，构建社区"服务＋治理"的基层社会管理体系，提升社区精细化服务和系统化治理水平，形成社区治理和服务的创新模式。

1.社区运营指挥中心

实时采集数据与分析处理，让社区管理智慧化、精细化。对社区状态全方位实时掌控，提高应急事件决策效率，保障重大活动安全，实现事前事中事后全流程跟踪处理。

社区运营智慧中心对大数据分析、挖掘，并提供可视化展示，打造社区名片，展示社区智慧化建设成果，展现社区"软实力"，为社区形象展示、宣传交流提供服务能力。

2.社区网格化管理业务

网格化综合治理以区、街道、社区管理为基础，以网格管理为思路，实现对社区各类基础信息的动态采集，通过对居民各类信息采集上报，保证数据录入的准确性，主要包括：基础信息采集、业委会管理、居民议事、市容环境、问题投诉、安全稳定环境管理等。

3.党建引领

党建引领以网格化管理，完善党员管理、党组织管理，提升党建工作效率和管理。党建引领主要包括：党建门户、党务管理、党群活动、在线学习等功能。

社区党群服务中心集党务、政务、服务等为一体，为社区居民提供24小时"全方位、一站式"公共服务。社区党群服务中心包括：综合服务大厅、自助便民服务、党员服务、居民活动空间、养老健康、社区老年食堂、阅览室、心理咨询、和睦邻里问题调解等。

（三）智慧安防

社区智慧安防系统旨在充分利用视频监控、物联网监测、大数据分析、智能识别等技术手段，接入并及时掌握社区重点监管领域的安全运行状态，自动识别并上报区域运行的异常事件，将事后处置转变为事件自动预警发现，助力社区从传统安防向科技安防转型，大大提升社区安全防控水平和能力。

1. 出入口控制系统

出入口控制系统包括：小区出入口、楼道单元门、居民家门等出入口设置防护屏障，阻止非授权人员／车辆进入，方便业主进出，同时统计人员出入情况，实现社区人员、车辆精准管控。

2. 安全防范系统

社区安全防范通过智能视频监控系统对实时视频或离线录像进行分析及处理，提取视频中的人、活动目标等信息，实现一体化可视监管、出入口实时监控、防高空抛物、陌生人员轨迹分析追踪、电瓶车入电梯管理等。

3. 周界报警系统

周界报警系统是用于监控和保护社区周边的安全系统，通过安装在围栏、墙壁或地面的传感器或视频监控设备，实时监视周界区域，一旦发现异常活动，可以立即采取措施，可以有效地提高周界安全性，防止入侵和盗窃行为，保护人员和财产安全。

4. 重点区域监测

社区重点区域包括：消防通道、出入口、垃圾清理站、社区水景或假山景观区域、高层建筑等，重点区域监测主要是通过视频监控方式实时监测，对区域内的一些不规范行为或存在安全隐患及时告警，并立即处理。如违规占道、消防通道堵塞、垃圾未分类放入垃圾站、违规进入景观区域、高空抛物等。

5. 消防联动系统

针对社区消防安全需求，建设智慧消防系统，对火灾、消防设施、烟雾等进行实时监控，24小时上报消防事件，预警安全隐患。

通过部署烟雾探测器，实时监测环境中烟雾浓度，一旦浓度超过阈值，发送预警信息到平台，并与社区微型消防站联动。火灾报警控制器及时获取联网区域火灾自动报警系统的报警信息及设备运行状态信息，实现实时报警，报警信息推送、报警视频联动，消防设施联动，火灾前期自动扑灭。

部署消防用水监控及时获取建筑消防、室外消防用水状态信息，包括室外消防栓数据、消防水箱液位数据、喷淋管网压力数据、消防栓管管网压力数据等。

（四）智慧生活

1.社区综合信息平台

社区综合信息采集社区内的人、事、房屋、物品、单位企业等基础信息，各类政务服务数据，如民政、计生、基础设施建设、政务公开等，社区内居民需求，如出行需求、入学需求、健康照护需求、家政需求、购物需求等。

社区综合信息采集通过各种渠道汇集，如网格员、物联网感知、业务系统数据整理提炼等，社区管理建设过程中不断更新丰富数据。

社区综合信息平台及时发布通知公告，让社区群众及时了解最新社区动态，如最新政策法规信息、社区活动信息、停水停电停气信息、恶劣天气报警、家政信息等。

社区居民通过社区综合信息平台便民服务，实时查询社区各类服务资源，政务咨询等。提供参加社区志愿者线上通道，发布志愿活动，招募活动志愿者。

开通居民投诉反馈渠道，开展线上民意调查，全面了解居民诉求，重点解决居民反映强烈、呼声最高的急难愁盼问题。提高社区居民议事协商能力，社区党组织、居委会可以就居民群众实际问题，组织居民群众协商解决，可以通过线上决议、投票等方式进行议事决策。

2.智慧物业服务平台

智慧物业服务平台旨在提供高效、便捷的物业服务，提高物业服务质量和效率。主要提供报事报修、投诉处理、信息公开、安防巡查、在线缴费等。

社区不同人群通过物业服务平台 APP 或小程序，以图片、小视频或留言等方式反馈报修需求，物业公司组织服务人员根据需求开展维修工作，并将维修结果以图片、视频等形式反馈，从需求到结果全流程管理，业主监督维修进度及结果。

物业服务人员通过 APP 可以及时知悉居民投诉意见，安排人员处理投诉，处理后及时反馈处理结果，同时居民对处理结果进行评价。物业安保人员对社区巡查情况进行记录，便于日后查询。

物业服务平台 APP 提供社区停车位情况查询、车位智能导航、单元楼门禁远程控制、共享资源预约等，社区居民可以在线缴纳水、电、气费、物业费、停车费，能够查询历史缴费记录，提供欠费提醒。物业服务平台提供优质的电商平台，物业公司严格审查入驻物业服务平台的商家资质，提供线上购物、家政服务信息等。

物业公司通过物业服务平台提供信息发布和管理功能，发布需要公开的信息，如社区环境信息、物业服务电话、收费标准、物业费收缴情况、物业费用支出情况等。

（五）智慧健康

1. 重点特殊人群服务台账

针对老年人、残疾人、社区矫正人员等重点特殊人群，主动提供探访、慰问、居家康复服务等相应服务，建立工作台账，对其服务需求和服务内容进行跟踪记录。

2. 居家养老及一键呼叫

人口老龄化问题日益严重，越来越多老年人选择在家中度过晚年，社区可以提供日常生活照顾、医疗护理服务、定期体检、心理咨询和支持、组织老年人参与社交活动、社区老年活动中心、社区养老食堂等。智慧养老包括老年人身体健康监测设备、智能家居、环境监测、家用电器语音控制或一键控制、智能马桶、摔倒监测、卧床一键呼叫。

社区与家人建立联系征得同意，老人可以通过一键呼叫，对老人位置进行定位进行上门服务，遇到特殊情况可以预先选择好相关救援电话或与家人紧急联系。

3. 健康咨询

组织专项医生定期开展健康咨询，关爱老人，开展各种老年人群健康检查，通过线上平台上传体检报告、日常身体检查数据（血压、血糖、心率等），社区医生可以给出相关建议。

第四节　理想智慧社区对理想城市建设的意义

智慧社区的建设是以信息化为驱动，推动社区生态转型，旨在通过先进适用技术应用和开发建设模式创新，综合运用信息科学和技术、消费方式、决策和管理方法，挖掘社区范围内外资源潜力，建设生态高效、信息发达、经济繁荣，更宜居、更便捷、更和美的新型现代化理想城市。

一、理想智慧社区能够提升理想城市目标建设效能

改革开放以来，我国经济飞速发展，科技水平日新月异，产业链生态链逐渐形成了各方参与、互利共赢的局面。智慧城市将实现人与物、物与物的信息交换和无缝对接，达到对城市实时控制、精准管理和科学决策，势必迎来广阔的应用前景，并引导未来发展方向。构建智慧城市，推进经济社会发展及城市管理智慧化，推进实体经济依托虚拟经济而提升，实现城市各个系统以及系统之间能够高效地协调运作，有利于提高经济社会发展效率和城市管理水平。智慧社区作为智慧城市的基础应用之一，可以平衡社会需求，充分调用各方资源，促进社区生活质量升级以及可持续发展。政府层面，大数据给予更多的政策指导参考因素，用数据反馈民生、民意；企业层面，充分挖掘潜在需求，给社区创造极大商业价值；居民层面，满足个性化需求，提高了被服务的质量，提高居民幸福感。

二、理想智慧社区能够提升城市发展核心竞争力

智慧社区建设是城市发展核心竞争力根本所在。通过对以社区为单位

进行数字化、智能化建设，以点带面逐渐实现整个城市的智能化，对先进技术和人才进行战略布局规划，从而构建城市发展的核心竞争力[①]。

三、理想智慧社区能够提高社会管理水平

借助数字化、信息化的手段，以社区为单位传递政府的新政策、新举措，进一步加快电子政务向社区延伸。一方面，政府部门通过社区综合管理与服务系统，多渠道服务社区居民；另一方面，加强常住人口和流动人口信息化建设，实现人与屋关联动态管理，进一步提高社区服务功能。

四、理想智慧社区能够促进产业结构优化

发展智慧社区应用服务体系，探索可持续发展的智慧社区服务平台和应用服务运作模式，可促进物联网产业、软件和信息服务业等产业结构的优化升级，进而形成良好的经济圈。

五、理想智慧社区能够提升民生福祉

智慧社区所承载的应用涵盖人们的生活、工作、学习、医疗、娱乐等各个方面，与人们的生活息息相关，为居民享受数字化、信息化带来便利[②]。

理想智慧社区，可以为社区居民提供更加安全便利的现代化、智慧化生活环境，满足居民的多元化需求，让人民群众更能获得幸福感。我国社区情况复杂，需要因地制宜分类规划建设，如各类老旧小区需要进行智慧改造更新，新建社区需要开展智慧化提升，涉及楼宇、物业、安防、家居等多个方面，突破难点、协调推进。坚持以人民为中心，统筹规划、需求导向、安全发展，让社区更加和谐有序、服务更有温度，不断增强城市居住者的获得感、幸福感和安全感。

---

① 吴海琳. 探寻我国智慧社区的发展路径 [N]. 中国社会科学网，2021-03-30.
② 王德发，代晓康. 我国智慧社区建设存在的问题及对策思考 [J]. 智慧城市，2021：170-172.